Unvollkommenheit wagen

Coverbilder: © Aaron Kohr - fotolia.com und Heidi W. - pantherMedia

Sybille Unique:
Unvollkommenheit wagen
Lektorat: Stephanie Ehrenschwendner

info@j-kamphausen.de

Grafiken: Mentalent,
Jürgen Kiefner
Umschlaggestaltung,
Typografie/Satz: Wilfried Klei
Druck & Verarbeitung:
Westermann Druck Zwickau

www.weltinnenraum.de

1. Auflage 2009
Die Deutsche Bibliothek - CIP-Einheitsaufnahme

Ein Titelsatz für diese Publikation
ist bei der Deutschen Bibliothek erhältlich

ISBN 978-3-89901-173-9

Dieses Buch wurde auf 100% Altpapier gedruckt und ist alterungsbeständig.
Weitere Informationen hierzu finden Sie unter www.weltinnenraum.de

SYBILLE UNIQUE
unter Mitarbeit von JÜRGEN KIEFNER

Unvollkommenheit wagen

DAS PERMEAGRAMM: ANLEITUNG FÜR GEGLÜCKTE BEZIEHUNGEN

Widmung

Im Angedenken an meine Schwester Renate Dorothea, für die diese Welt zu kalt war und die mich mit ihrer Entscheidung wegzugehen zwang, nach Wegen zu suchen, wie Menschen einander besser verstehen und glücklicher zusammen leben können. Dieses Buch sei auch all den wunderbaren Menschen gewidmet, die tief in sich spüren, dass es ein anderes, ein besseres Miteinander geben kann.

Dank

Ganz besonders möchte ich meiner Lektorin Stephanie Ehrenschwendner danken! Ohne ihr kompetentes Engagement und ihre Begeisterung wäre es nicht gelungen, die Methode aus dem Seminarraum heraus und für den Leser anwendbar in ein Buch zu bringen. Meinem Verleger Joachim Kamphausen danke ich, dass er eine Auszeit zum Schreiben auf La Palma ermöglichte. Soony Syska-Kissling und Anja Hass danke ich, dass sie den Manuskriptentwurf mit ihrer Fachkompetenz aus Psychologie und angewandter Therapie überprüften. Herrn Dr. Wolfgang Kessler, Chefredakteur Publik-Forum, und Michael Hass, freier Journalist, gilt mein Dank, weil sie mich ermutigten, den erzählerischen Stil meiner Seminare im Buch beizubehalten. Ich danke Anja Schmidt für ihre konstruktiven Fragen, die das Buch noch aktiver gemacht haben, und Ulrike Reißfelder für den Motivationsschub.
Ich möchte auch meiner Mutter danken, die mir in vielen Dingen den Rücken frei gehalten hat, damit ich diese große Arbeit bewältigen konnte.

Großen Dank möchte ich auch all den Managern, Arbeitnehmern und Privatpersonen sagen, die mir ihr Vertrauen geschenkt haben, in Seminaren, Workshops, Coachings und Vorträgen ihre Probleme und Nöte aussprachen und einen Wachstumsweg mit mir eingeschlagen haben. Besonderer Dank gebührt meinem Berufskollegen und Partner Jürgen Kiefner, der in vielen Gesprächen, Seminar- und Coachingsituationen mit mir zusammen das Permeagramm entwickelte, in der Praxis erprobte und optimierte.

Stimmen zum Buch

Sie kennen das: Sie selbst oder Ihre Mitarbeiter kommen von einem Kommunikations- oder Gesprächsführungstraining, alle sind angetan von den neuen Erkenntnissen, aber spätestens am nächsten Tag in der Firma ist alles verflogen. Weiter geht's im alten Trott.

Nicht so bei den Trainings und Workshops von Sybille Unique. Vor einigen Jahren war ich auf der Suche nach nicht ausgetretenen Pfaden für die Weiterentwicklung meiner Führungskräfte. Da begegnete mir Sybille Unique. Wir entschlossen uns, einige unserer Führungskräfte auf eines ihrer Seminare zu schicken. Ich war gespannt auf das Resultat und mehr als skeptisch. Nach der ersten Runde war ich erfreut über das außergewöhnlich gute Feedback über eine wohl außergewöhnliche Erfahrung der Teilnehmer. Nach der zweiten Runde war ich nicht mehr nur erfreut, sondern total verblüfft. Verblüfft über die Wirkung, die in nur wenigen Tagen Training erzielt wurde. Die Führungskräfte änderten ihr Verhalten mit spürbarer Wirkung gegenüber ihren Mitarbeitern und mir selbst. Die „harschen Macher" gingen stärker auf die Mitarbeiter ein, die Statthalter der „Kuschelclubs" traten plötzlich selbstbewusst auf und verstanden auf einmal, die Forderungen und die Erwartungshaltung gegenüber ihren Mitarbeitern und ihrer Umwelt klar und unmissverständlich zu formulieren und – diese auch mit geeigneten Mitteln durchzusetzen. Ein gelungenes Experiment!

Dass das nicht das Ende war, versteht sich von selbst. Sybille Unique verstand es auch vortrefflich, maßgeschneiderte Workshops zu gestalten, zum Beispiel: „Emotionale Intelligenz", „Psychologie der Massen" oder „Konfliktlösungsstrategien und Verhandlungstechnik für alle Situationen".

Im vorliegenden Buch hat sie die zentrale Methode ihrer Seminare und Workshops anschaulich und lesefreundlich dargestellt. Lesen Sie und probieren Sie es aus! Es wird Ihnen helfen, erfolgreicher im Umgang mit Menschen zu sein. Vielleicht sogar schon ein bisschen glücklicher. Schließlich wird ein ganzheitlicher Ansatz verfolgt, der den Horizont erweitert und den ganzen Menschen umfasst.

Thomas Leitermann,
Vice President,
Infineon Technologies Dresden

Nein, dieses Buch führt nicht in fünf einfachen Schritten zum Glück. Dieses Buch ist kein gewöhnlicher Ratgeber. Es ist mehr. Es bietet die Grundlage für ein entspannteres Leben in der Familie, im Beruf, ja in der Gesellschaft überhaupt. Allerdings stellt sich diese Wirkung nur unter einer Voraussetzung ein: Die Leserinnen und Leser müssen sich auf den außergewöhnlichen Ansatz einlassen. Sie müssen auf die Bühne des Lebens springen und sich ehrlich mit allen Aspekten ihrer Persönlichkeit beschäftigen, mit den guten wie mit den schlechten. Dies ist gemeinhin schwierig. Doch dieses Buch macht es leicht, sich auch zu seinen schlechten Charakterzügen zu bekennen. Denn es zeigt, dass keine Eigenschaft im Ursprung schlecht ist. Als Leser kommt man mit bemerkenswert wenig Empörung aus, man schmunzelt sogar über jene Eigenschaften, die man am liebsten selbst für immer in das eigene Kellerverlies verbannen würde. Und hat so die Chance, diese Eigenschaft auf die eigene Bühne zu holen, um die Gegenspieler zu mobilisieren. Dies ist eine große Chance für einen besseren Umgang mit anderen Menschen.

Das Buch leistet einen großen Beitrag zu einer lockeren und dennoch konsequenteren Gestaltung der Beziehungen im Beruf und im Privatleben. Und nicht nur dies. Wer täglich erlebt, wie die großen Krisen dieser Gesellschaft die Spannungen zwischen den Menschen in der gesamten Gesellschaft ständig weiter wachsen lassen, muss diesem Buch möglichst viele Leserinnen und Leser wünschen.

Dr. Wolfgang Kessler,
Chefredakteur der Zeitung
Publik Forum

1 Das Permeagramm, der Bauplan unserer Psyche

Weshalb verläuft mein Leben nicht entspannter? Wieso gerate ich immer an einen überkritischen Chef? Warum schaffe ich es einfach nicht, die Dinge mal locker zu nehmen, mich nicht aufzuregen, wenn mein Partner wieder diesen Blick drauf hat und die Augenbrauen hochzieht oder meine Partnerin weinerlich wird? Wieso gerate ich immer in Beziehungen mit Partnern, die sich am einen Tag ganz viel Nähe wünschen und am nächsten Tag eisig und abstoßend sind?

Wenn Sie sich solche oder ähnliche Fragen stellen, immer wieder unzufrieden mit sich selbst sind oder finden, dass Sie zu viel Ärger mit Ihren Mitmenschen haben, dann lade ich Sie ein, sich mit Hilfe dieses Buches einmal Ihr persönliches Permeagramm, den Bauplan Ihrer Psyche, zu erstellen. Sie werden erleben, dass Sie damit Ihre Beziehungen, die beruflichen wie die privaten, neu und glückvoll gestalten können.

Die eigenen Potenziale entdecken

„Wer nicht genießt, wird ungenießbar!“

heißt es in einem Lied von Konstantin Wecker und das ist viel mehr als ein witziger Song oder ein verkaufsfördernder Werbespruch. Darin steckt eine Lebensweisheit. Nicht genießen zu können, heißt sich Lebensfreude zu verkneifen. Viele von uns konsumieren intensiv, ja vielleicht sogar exzessiv, und können doch nicht genießen. Sie befinden sich in Anspannung. Andere können vor Arbeit oder vor lauter Ängsten und Sorgen nicht mehr genießen. Sie sind verspannt und getrieben. Es gibt ungezählte Möglichkeiten, wie wir in unseren modernen Zeiten unter Spannung geraten. Die Anspannung ist, wie wir sehen werden, ein wesentlicher Grund, weshalb so viele Begegnungen missglücken und wir schmerzliche Situationen erleben. Dieses Buch will Ihnen jedoch nicht die ultimative Entspannungstechnik nahe bringen, wenn auch die Kenntnis von Entspannungstechniken hilfreich ist. Das Permeagramm und die dazu gehörende Commedia della Vita, die Ihnen hier vorgestellt werden, bilden ein wirkungsvolles Problemlösungsmodell, mit dem Sie Ihre Beziehungen grundlegend verbessern können. Damit eignen Sie sich eine Methode an, mit der Sie Herr oder Herrin Ihrer problematischen Alltagssituationen werden. Sie lernen, wie Sie sich selbst aus Lebensfallen befreien können und von auszehrender Anspannung in eine innere Balance gelangen. Sie sehen klar, was gespielt wird, und wer die Stücke inszeniert, die auf Ihrer Lebensbühne gegeben werden, und schließlich schreiben Sie Ihr Lebensskript um. Sie erreichen, freudvoll mit sich selbst und mit Ihren Mitmenschen leben zu können. „Unvollkommenheit wagen“ fordert Sie dazu auf, toleranter mit sich selbst zu sein, Ihr Selbstbewusstsein und Ihren Selbstwert zu stärken. Mit der Bewusstheit, die Sie durch das Permeagramm erlangen, werden Sie sich Erlaubnisse ausstellen, die Ihre Beziehungen glückvoller gestalten. Permeagramm kommt von

„permeable – durchlässig", „perma – dauerhaft" und auch von „permettre – erlauben". Ihr persönliches Permeagramm wird Ihnen zeigen, wo es sinnvoll ist, Erlaubnisse auszustellen. Die Kenntnis dieses Bauplans der Psyche ermöglicht Ihnen auch, Antworten darauf zu finden, womit wir anziehend auf andere Menschen wirken und was uns an anderen lockt.

Nicht gelebte Persönlichkeitsaspekte werden unangenehm, sagt uns Konstantin Wecker mit seinem Lied. Und wahrscheinlich ist das ja der eigentliche Sündenfall des Menschen – dass er hinter seinen Möglichkeiten zurückbleibt. Dass er große Teile in sich brachliegen lässt. Dass er vergessen hat, um wie viel größer und großartiger er ist. Und vielleicht liegt bereits hier das ganze Geheimnis für alle privaten und beruflichen Beziehungsprobleme?!

„Zwei Männer sitzen abends gelangweilt in der Hotelbar. Der eine fragt den anderen: „Sag mal, was reizt dich eigentlich an deiner Frau." Der andere schaut kurz auf und antwortet: „Jedes Wort."

Was reizt uns an anderen Menschen – positiv wie negativ? Wenn wir das wüssten, könnten wir ganz anders planen. Dann verliefe unser Leben mit weniger bösen Überraschungen. Unsere Wünsche an private und berufliche Partnerschaften könnten wahr werden. Männer und Frauen könnten endlich den Geschlechterkrieg beenden und sich gegenseitig ihre Hoffnungen erfüllen. Die Welt wäre erfreulicher. Tatsächlich ist es gar nicht so schwer, hinter die Masken der Menschen zu schauen und herauszufinden, was im Moment gespielt wird und warum gerade wieder dieses Stück zur Aufführung kommt. Ja, es kann zu einer vergnüglichen Praxis werden. Mit ein bisschen Übung können Sie sogar voraussehen, wie sich Ihre Begegnungen mit den unterschiedlichsten Personen gestalten werden. Und was noch aufregender ist, Sie entwickeln Fähigkeiten, wie Sie konstruktiv und zum Wohle aller Einfluss darauf nehmen können. Damit werden Sie zum Gestalter Ihres Lebens und Ihrer Beziehungen. An dieser Stelle möchte ich den Leserinnen sagen: Ich glaube an die Macht der Worte und bin davon überzeugt, dass Sprache Denken und Fühlen beeinflusst. Ich halte allerdings die Schreibweise „der/die Teilnehmer/Innen“ für so lesehinderlich, dass ich es vorziehe, Gleichwertigkeit und ein positives Miteinander der Geschlechter auf andere Weise zu unterstützen. Wie, das lesen Sie insbesondere in den Kapiteln 7 und 8.

Der Volksmund sagt: „Gleich und gleich gesellt sich gerne.“ Er sagt aber auch: „Gegensätze ziehen sich an.“ Was ist denn nun richtig? Mir persönlich ist es in meinem Leben viele Male passiert, dass mir gerade die Menschen, die ich auf den ersten Blick abgelehnt habe, zu den wertvollsten wurden. Woran liegt das, dass sich Beziehungen auf diese Weise entwickeln können – von Abstoßung zu Anziehung? Und wieso ziehen sich Gegensätze manchmal wie durch Magnetismus an, sodass sogar der Fall eintreten kann, dass wir von Menschen nicht mehr loskommen, deren Verhalten wir missbilligen?

Hierzu verrät Ihnen das Permeagramm, wie sich Charaktere beziehungsweise Persönlichkeitsaspekte herausgebildet haben. Erstaunlich dabei ist für manchen gewiss, dass wir gar nicht so festgelegt sind, wie wir gemeinhin annehmen. Die resignierte Haltung, „Das ist eben meine Natur, ich kann einfach nicht anders“, dürfen wir hoffnungsfroh über Bord werfen. Wir sind nicht ein Leben lang mit unseren unliebsamen Charaktereigenschaften geschlagen. Genauso wenig müssen wir uns mit dem schlechten Benehmen unserer Mitmenschen abfinden, das sie mit einem Schulterzucken entschuldigen und einem resignierten „Ich bin halt so“.

Jahrzehntelang habe ich zwischenmenschliche Konfliktsituationen beobachtet und Verläufe von zwischenmenschlichen Beziehungen analysiert und mit Kollegen besprochen. So habe ich zum Beispiel untersucht, wie es bestimmten Personen immer wieder gelingen konnte, mich oder andere auf die Palme zu bringen, selbst wenn wir beschlossen haben, dass wir da nicht mehr raufgehen. Ich habe durch die Brillen der Transaktionsanalytiker ebenso geblickt, wie in viele Arbeiten anderer psychologischer Schulen, sie mit meinen Feldstudien verglichen – und schließlich – habe ich den Mechanismus gefunden. Er ließ sich sogar aufzeichnen in einem Schaubild, das so klar und einfach ist, dass die vielen Teilnehmer meiner Seminare, Workshops und Coachings begeistert damit arbeiten und ihre Lebenssituationen positiv verändern. Deshalb habe ich beschlossen, ihn in diesem Buch einer größeren Zahl von Menschen zur Verfügung zu stellen.

Allen, die sich mit dem Permeagramm vertraut machen möchten, sei zuvorderst gesagt: Sie dürfen entspannen. Es geht hier nicht darum, wie man Mitmenschen manipuliert oder sich selbst dressiert. Sie finden keine weitere Methode, die vom Anwender verlangt, ein anderer zu werden, als er ist. Das Permeagramm unterscheidet sich damit von vielen „Psycho-Diäten“, in denen es darum geht, negative Charaktereigenschaften aufzugeben und sich opportune Verhaltensweisen anzueignen. Mit dem Permeagramm und der dazugehörenden Commedia della Vita geht es vielmehr darum, humorvoll auf sich selbst und den Rest der Welt zu blicken und von da aus neu und konstruktiv auch in schwierigen Situationen reagieren zu können.

Ein erfolgreiches und glückvolles Miteinander braucht Authentizität! Bleiben Sie, wer Sie sind, und werden Sie es noch viel mehr. Es stecken noch ungeheure Potenziale in Ihnen, ebenso wie in Ihren Mitmenschen. Von nun an legen Sie Ihr Augenmerk darauf, diese zu entwickeln, anstatt sich weiter zu beschneiden. Wir alle sind durch „Erziehung“ geschädigt. Noch immer wirken veraltete, disziplinarische Menschenbilder und einige Ansichten des Psychoanalytikers Siegmund Freud in unser Leben hinein. Er war es, der uns scheinbar wissenschaftliche Nachweise lieferte, dass das Kind unmäßig in seiner

Egozentrik und Lustbefriedigung sei. Es brauche Erziehung, um es sozusagen von seiner schwarzen Seite zu befreien und zur Vernunft hin zu entwickeln. Allerdings untersuchte Siegmund Freud nur psychisch kranke Menschen und schloss aus diesen Erkenntnissen auf die Psyche des Menschen generell. Unsere Erziehungssysteme schwanken seither zwischen disziplinarisch und zügellos – und verhindern damit eine ausgewogene Entwicklung, eine innere Balance. Anspannung ist programmiert.

Das Permeagramm macht Sie mit Ihrem ganzen Reichtum an Charaktereigenschaften und Persönlichkeitsaspekten bekannt, aus dem Sie schöpfen können – Sie wie auch der „nervensägende" Andere, dem man zum x-ten Mal erfolglos gesagt hat: „Jetzt sei doch mal anders, das ist ja unerträglich mit dir." Wir müssen ihn nicht ändern, und auch er muss kein anderer werden, wir brauchen nur wieder ganz wir selbst zu werden.

Raus aus der Verneinungsfalle

Wieso haben wir trotz der aktuellen psychologischen Methodenvielfalt so viele resignierte Menschen, die sagen, das nutzt ja doch alles nichts? Weil eine Vielzahl auch der modernen Methoden versucht, uns auf gewisse Rollen und gemäß wirtschaftlicher Anforderungsprofile zu funktionalisieren und weiter zu verformen. Selbst wenn sie, wie bei dem Psychoanalytiker C.G. Jung, sagen, wir sollen uns unserem Schatten stellen. Dann ist es doch immer noch ein Schatten, etwas Schlechtes, Böses, etwas, worauf man nicht stolz sein kann. Etwas, das man besser nicht zeigt. Weshalb sollte man sich in einer Welt, die ohnehin schon schwer genug ist, auch noch mit dem eigenen Schatten auseinandersetzen?

Das Permeagramm befreit Sie davon. Es beweist, dass es keine ursprünglich negativen Charaktereigenschaften gibt.

„Wer nicht genießt, wird ungenießbar." Wer Genuss verweigert, sieht ihn als Laster an. Die Folge davon ist, dass ein Mensch, der nicht als lasterhaft angesehen werden möchte, seine Genussfreude unterdrückt. Es ist jedoch mit großer Anstrengung verbunden, die als schlecht erklärten Eigenschaften in uns selbst verneinen zu müssen. Das bedeutet, Teile seiner selbst abzulehnen, zu verteufeln. Erst durch diese Verneinung wird der Charakterzug negativ, zum Schatten. Ihn nicht mehr zeigen zu dürfen, bedeutet Kraftanstrengung, die zu Unzufriedenheit führt und damit zu neuen Schatten und neuer Kraftanstrengung. Auf diesem Weg ist die Welt kein bisschen besser geworden, nur anstrengender. Wir sind alle überanstrengt und angespannt.

In den folgenden Kapiteln erfahren Sie, wie Sie aus dieser Anspannung herauskommen, wie Sie Ihre Potenziale, Ihre wahre Schönheit entfalten; und Sie erfahren, was Sie an anderen Menschen reizt oder anzieht und wie Sie anderen und sich selbst helfen können, bessere Beziehungen zu leben. Am besten können Sie sich auf die nachfolgenden Kapitel vorbereiten, indem Sie lernen, innerlich ruhiger und auch in Stresssituationen gelassener zu sein. Im nachfolgenden Übungsteil finden Sie hilfreiche Übungen dazu, die Sie auch später bei der Arbeit mit dem Permeagramm gut gebrauchen können.

Übungen

Vollatmung – um Kraft zu schöpfen

Sinn der Übung: Anspannung erzeugt Angst. Angst erzeugt noch mehr Anspannung. Über die Atmung lassen sich Angst und Anspannung abbauen oder auch verstärken. Viele Zeitgenossen sind kurzatmig, das heißt, sie benutzen vor allem den oberen Teil ihrer Lungen, atmen nur knapp in die Brust, nicht aber bis in die Lungenspitzen oder wie wir sagen, tief in den Bauchraum. Diese Atemtechnik ermöglicht Ihnen, mehr Sauerstoff in den Körper zu bekommen und damit energiereicher zu werden. Sie hilft Ihnen außerdem, innerlich freier zu werden, das heißt Angstgefühle abzubauen, entspannter und selbstsicherer zu werden. Ein Mehr an Atemvolumen fördert eine überzeugende Stimme, um „im Brustton der Überzeugung" zu sprechen.

Übungsanleitung: Legen Sie sich flach auf den Rücken. Eine Handfläche auf die Brust, eine Handfläche auf den Bauch. Atmen Sie tief in den Bauch ein, dass der Bauch sich wölbt. Atmen Sie dann in die Brust. Die Hände spüren nach, wie sich der jeweilige Körperteil hebt. Die Einatmung soll wie eine Wellenbewegung erst den Bauch, dann die Brust heben, die Ausatmung läuft entsprechend. Halten Sie zwischen Einatmung und Ausatmung die Luft kurz an und atmen Sie dann tief und lang aus. Ziehen Sie den Bauch dabei leicht nach innen. Auf diese Weise atmen Sie gründlich die verbrauchte Luft aus. Wiederholen Sie diese Übung immer wieder im Liegen, zum Beispiel jeden Abend vor dem Einschlafen. Bis sie die Vollatmung locker und natürlich in jeder Lebenslage praktizieren können, ja bis Sie sie ganz automatisch und von selbst ausüben, ohne daran denken zu müssen.

Tigermaul-Atmung – um sich durchzusetzen

Sinn der Übung: Diese Übung hilft Ihnen in schwierigen, emotionalen Alltagssituationen locker zu bleiben und dadurch die adäquate Erwiderung auf einen Affront zu finden.

Übungsanleitung: Stellen Sie sich aufrecht hin. Beine schulterbreit, gleichmäßig belastet. Machen Sie Fäuste und spannen Sie alle Körperpartien an. Atmen Sie und überprüfen Sie die Qualität Ihrer Atmung. Lockern Sie sodann den Körper komplett aus, stehen Sie mit entspannten, nicht durchgedrückten Beinen, vermeiden Sie jede Anspannung im Körper und den Händen. Öffnen Sie locker die Hände und spreizen Sie ohne Anspannung den Daumen ab. Diese Öffnung zwischen Daumen und Zeigefinger nennen die Chinesen „Tigermaul". Atmen Sie in dieser lockeren Haltung mit geöffnetem Tigermaul wieder ein und aus und überprüfen Sie erneut die Qualität Ihrer Atmung. In entspannter Haltung fließt der Atem weitaus leichter. Sie können tiefer atmen, das Gehirn und die Muskulatur weitaus besser mit Sauerstoff versorgen als in angespannter Haltung. Achten Sie in schwierigen, emotionalen Situationen bewusst darauf, dass sich Ihr Körper nicht anspannt, sondern lockert. Statt Fäuste in der Tasche zu machen, öffnen Sie das Tigermaul und praktizieren Vollatmung. Dadurch gewinnen Sie Energie, statt eine Unterversorgung des Gehirns zu riskieren. Diese Übung sofort ausprobieren und gelegentlich wiederholen.

Cool down respiration – um Stress abzubauen

Sinn der Übung: Mit dieser Übung trainieren Sie, in Stress-Situationen cool zu bleiben, wenn der andere beleidigend wird und Sie selbst Gefahr laufen, von Emotionen überflutet oder hingerissen zu werden. Sie trainieren in solchen Situationen, auf Ihre Emotionen zu achten. Denn wenn Sie hier nicht sofort gegensteuern und selbst wütend werden, weil sie sich beleidigt oder verletzt fühlen, sind Sie von Ihrem Denkhirn abgeschnitten.
Übungsanleitung: Bringen Sie sich eines dieser Ärgernisse aus der letzten Zeit in Erinnerung, eine beleidigende, verletzende Situation, in der Sie sich sehr aufgeregt haben. Spüren Sie, wie Sie sich gerade wieder aufregen wollen. Erinnern Sie jetzt die Tigermaul-Atmung und üben Sie diese aus.

1. Sie erleben, dass Sie bei jedem langen, entspannten Ausatmen den Boden unter den Füßen spüren – Sie fühlen sich geerdet, Sie gehen emotional nicht an die Decke wie bei der Kurzatmung.
2. Sie fühlen sich nicht vom Denken abgeschnitten, wie es so oft ist, wenn die Gefühle sehr stark sind.
3. Sie gewinnen Zeit, um darüber nachzudenken, wie Sie angemessen reagieren wollen.
   Spielen Sie immer wieder solche Situationen in Gedanken durch, üben Sie dabei die Tigermaul-Atmung, dann sind Sie für die nächste Live-Situation gut präpariert.

2 Die verschiedenen Persönlichkeitsaspekte des Menschen – wie das Permeagramm funktioniert

In diesem Kapitel möchte ich Ihnen das Permeagramm genauer vorstellen. Wie wir sehen werden, handelt es sich dabei um einen Bauplan der Psyche, der aus verschiedenen Teilaspekten besteht, die man sich als eine Art innerer Theatertruppe vorstellen kann, die ich „Commedia della Vita" nennen möchte. Betrachten wir zunächst dazu einige Alltagsbeispiele, in denen verschiedene Charaktereigenschaften oder anders gesagt, „Teilaspekte der Persönlichkeit" zutage treten.

Stellen Sie sich zum Beispiel diese Szenerie vor: In der Sportabteilung eines Kaufhauses arbeitet seit langem eine burschikose, sportinteressierte, gut informierte Verkäuferin. In ihrer Funktion ist sie Ihnen bekannt, sie hat Sie auch gut beraten, als Sie kürzlich etwas brauchten. Als Frau aber ist sie Ihnen noch nie aufgefallen. Sie wirkt wie ein guter Kumpel in ihren grauen Hosen und ihren sportlichen

Oberteilen. Ein Kompliment über ihr Aussehen haben Sie ihr gewiss noch nie gemacht. Die Sportabteilung läuft gut, die Personalabteilung stellt eine zweite Kraft für die Sportabteilung ein. Eine, die man nicht nur durch ihre Fachkompetenz erlebt, sondern auch durch ihre weibliche Präsenz. Sie betont, was sie hat, und flirtet gerne. Plötzlich finden sich Kollegen aus anderen Abteilungen ein, die sich bisher noch nie von ihrer sportlichen Seite gezeigt haben, und die erste Verkäuferin ist nicht mehr wiederzuerkennen. Sie ist mürrisch und reizt jeden mit ihren zänkischen Bemerkungen. Die beiden haben – Sie ahnen es schon – Zickenkrieg. Zwei gegensätzliche Permeagramme sind aufeinander geprallt.

„Ich kann halt nicht anders."

Das ist eine von unzähligen Situationen, vor denen wir bisher ratlos standen. Oder kennen Sie diese: Sie halten sich selbst für einen durchaus gemäßigten Menschen, aber wenn Sie in den Unterlagen Ihres Partners etwas suchen müssen, dann reißt Ihnen die Hutschnur. Wie man so ein Chaos haben kann, ist Ihnen unbegreiflich. Ja, Sie erleben es geradezu als persönliche Beleidigung.

Vielleicht haben Sie auch so einen Bekannten oder Kollegen: Wenn Sie mit ihm auf die Messe fahren müssten, würden Sie nach spätestens einer halben Stunde aus dem Auto springen. Sein aufgeblasenes Getue halten Sie einfach nicht aus. Zu allem muss er seinen Kommentar abgeben, ständig hat er die überlegene Lösung. Er weiß, wie die Welt funktioniert, kennt sich in allem aus, redet jedem rein und lässt andere unzulänglich erscheinen. Und zu allem Überfluss erwartet er auch noch, dass Sie ihn dafür bewundern. Er ist ein wahrer Scaramouche, leibhaftig der italienischen Commedia dell'arte entsprungen; ein Angeber und Aufschneider wie aus dem alten Neapel. Die Commedia dell'arte entstand im 17. Jahrhundert in Italien als

Stegreifspiel. „Commedia“ bezeichnete ursprünglich ganz allgemein das Theater und „arte“ bedeutete Handwerk und Beruf. Der Name wies darauf hin, dass die Schauspieler improvisierten. Sie beobachteten die Menschen und ihre Charaktere und bildeten sie ab. Sie hielten den Zuschauern einen Spiegel vor, indem sie deren Charaktereigenschaften überzeichneten und zum Lachen einluden. Die Commedia wurde zur Komödie und die Darstellung menschlicher Charaktereigenschaften wie später in Molières Theaterstücken „Der Geizige“, „Der eingebildete Kranke“, oder „Tartuffe“ zu humorvollen Lehrstücken über menschliches Wollen und Streben.

Wir kennen diese Komödien nur allzu gut. Mal gespielt vom Chef in der Firma, der in einer zehnseitigen Projektbeschreibung nicht Ihre Leistung und den Erfolg fürs Unternehmen, sondern je einen Rechtschreibfehler auf Seite drei und sieben findet. Mal von der übergenauen Schwiegermutter, die beim Tischdecken mit dem Zollstock abmisst, ob die Teller und Bestecke alle den gleichen Abstand haben.

In solchen Fällen scheint es einfach und augenfällig – „das Problem ist der unadäquate Andere“. Doch es gibt mindestens genauso viele Situationen, die verwickelter und subtiler sind und uns verärgert und verwirrt zurücklassen. Auch in diesen Fällen neigt man natürlich dazu, den anderen zu beschuldigen – es liegt ja auf der Hand, bevor er den Raum betrat, war die Welt noch in Ordnung. Aber was derjenige eigentlich getan oder gelassen hat, das Ärger und Unbehagen heraufbeschwor, kann man nicht benennen. „Ich kann mit dem halt nicht“, oder „Zwischen uns stimmt die Chemie nicht“, – so oder ähnlich klingen dann die landläufigen Erklärungen. Wie aber lautet die „chemische“ Formel für negative Gereiztheit? Wie die Formel für positive Gereiztheit? Solange wir das nicht wissen, tappen wir im Dunkeln, sind Opfer, den Situationen und Mitmenschen wehrlos ausgeliefert.

Andere haben Macht über uns, können uns ständig manipulieren. Wir lassen uns ausnutzen oder vor anderer Leute Karren spannen. Wir verlieben uns, machen uns abhängig, werden größer oder kleiner – je nachdem, was der andere gerade mit uns spielt. Wir lassen uns in unserer Stimmung beeinflussen, geraten in Wut, fühlen uns minderwertig oder reagieren mit Neid und merken noch nicht einmal, dass wir nicht nach unserem eigenen Willen handeln, sondern beeinflusst wurden. Ein konträres Permeagramm hat Einfluss auf unser Verhalten genommen. Wenn man doch bloß dahinter blicken könnte, verstehen könnte, was abläuft. Wenn man das abstellen könnte...

Der Weg dahin ist gar nicht so weit. Der wichtigste Schritt dabei ist, vom unbewusst ablaufenden Reaktionsmuster zu Klarheit darüber zu gelangen, was in der jeweiligen Situation beziehungsweise Interaktion geschieht. Wie das eigene innere System gerade von dem des anderen beeinflusst wird. Ab dem Moment ist man nicht mehr ausgeliefert, nicht mehr manipulierbar, sondern frei in der Entscheidung, wie man in der gegebenen Situation reagieren will.

Der Mensch lernt an Beispielen. Deshalb erzähle ich in meinen Seminaren und Coachings immer wieder Geschichten, die das Leben schrieb, manchmal auch Geschichten, die von Schriftstellern stammen, wenn es um sehr genaue Beobachtungen menschlichen Verhaltens geht. Hier möchte ich die Geschichte von Yves Paechter anfügen, um zu illustrieren, wie ein Mensch von seinen eigenen unterdrückten Wünschen und von einem Menschen manipuliert werden kann, der noch nicht einmal etwas davon weiß. Unbewusst haben einzelne Persönlichkeitsaspekte das Steuer übernommen und reagieren auf spezielle Persönlichkeitsaspekte des Mitmenschen. Zwei gegensätzliche Permeagramme, die sich negativ beeinflussen. Wir erleben, wie daraus eine scheinbar völlig irrationale Handlung entsteht. Jeder kennt gewiss den Schauder, den es einem den Nacken hinunter treibt, wenn man erfährt, dass ein Mensch sich plötzlich völlig konträr zu dem verhielt, wie man ihn bisher kannte. Wenn wir Zeitung lesen, dann fragen wir uns alle Tage: Was bringt einen unbescholtenen, wohlsituierten Menschen dazu, plötzlich zum Gewalttäter zu werden? Oder vielleicht vom Menschenfeind zum Salonlöwen? Oder vom Saulus zum Paulus?

Wie sich zwei Menschen mit unterschiedlichen Permeagrammen gegenseitig beeinflussen

„Bist du verrückt geworden?", schrie Bodo. Aber da hieb ihm das Messer schon ins Fleisch und er stürzte zu Boden. Er spürte Hitze und einen warmen Quell an seiner Seite, als der Stahl wieder zum Vorschein kam. Sein Leben lief aus ihm aus und gerann zugleich vor seinem Auge. Sie waren Freunde gewesen, Yves Paechter und er, die durch dick und dünn miteinander gingen. In der zweiten Klasse fing es an, als man sie zur Strafe zusammen in die Schulbank setzte. Die ganze Jugend hatten sie zusammen verbracht. Im Bach stocherten sie mit Stöcken und Netzen nach Fischen und Krebsen. Schlichen sich in den heißen Sommernächten zur Waldhütte hinaus, um sich vor den Geräuschen der Nacht zu gruseln. Mit sechzehn begannen sie zu sprayen, brannten ihre Zeichen in Betonwände. Dealten mit gefälschten Markenartikeln, um Zaster und Mädchen zu haben...

Aber dann verloren sie sich doch. Yves wurde ein piekfeiner BWL-Student. Während Bodo rumhing, sprayte und malte. Sie hatten ihn erwischt, und er war vorbestraft worden. Doch dann ging es irgendwie bergauf. Seine Kunst war plötzlich hip. Er bemalte Treppenhäuser in Banken und Kulissen für kultige Events...

Über mehrere Tage wurde Yves Paechter immer wieder zu seinem Mordversuch an Bodo Kwast verhört.

„Sie waren Freunde gewesen, wann haben Sie ihn zu hassen begonnen?“, fragte der Beamte nun zum dritten Mal. Dann fragte er: „Bodo Kwast sagte aus, Sie hätten das Auto seiner Freundin reparieren lassen. Sie machten sich also an die Freundin Ihres alten Kumpels heran. Und – auch das haben wir herausgefunden – Sie diskreditierten Ihren alten Freund bei seinen Kunden. Sie trafen den Vorstand der Hypobank, um ihn zu überreden, den Auftrag für die Jubiläumskulisse an jemand anderen zu geben...“

Der Beamte trommelte mit den Fingerknöcheln auf den Tisch, doch Yves Paechter schwieg. Sackte immer tiefer in sich zusammen, bis er plötzlich murmelte: „Ich war neidisch auf ihn.“

„Neidisch?? Mann, machen sie sich nicht lächerlich“, raunzte der Beamte ihn ungehalten an. „Sie in Ihrer Position, Geschäftsführer einer renommierten Unternehmensberatung – neidisch auf einen Bohèmien?“

„Ja!“, antworte Paechter jetzt mit festerer Stimme. „Ich wollte ihn isolieren, zurück in die Gosse bringen, nur um mir selbst zu beweisen, dass ich den besseren Weg gegangen bin. Dass es gut war, die Kunst aufzugeben, das ungebundene Leben. Dass es gut war, einen Anzug anzuziehen, die Fingernägel zu maniküren und in Phrasen zu reden. Dass es gut war, sich mit Zahlen zu beschäftigen, mit Marketing und Management; mit Balanced Scorecards und Inquire Matrix. Teure Weine zu sammeln, Golf zu spielen und es schick zu finden, 60 Stunden die Woche zu arbeiten. Süchtig danach zu werden, wichtig zu sein. Ständig auf der Hut sein zu müssen, was die anderen über dich denken ...“ Er stockte, fuhr sich mit den Händen durchs Gesicht, bedeckte die Augen mit seinen Fingern und drückte die Handballen tief in seine Wangen.

Gedrückt und leise sprach er weiter: „All die Jahre hatte ich mir eingeredet, das ist das Leben, so schmeckt Erfolg, du musst Opfer bringen. Da macht der Kwast ganz locker von sich reden. Lebt alles, was ich aufgegeben habe. Hat einfach Spaß an dem, was er tut, und kriegt noch Geld dafür. Redet niemandem nach dem Mund, sagt, wenn ihm was nicht passt, lässt fünfe grad sein, wenn ihm danach ist, und setzt sich im fleckigen Overall mit Vorständen an einen Tisch. Das hab ich einfach nicht ertragen!

Ich wollt ihn nicht umbringen. Er sollte nur einfach nicht so verdammt glücklich sein. Die Welt sollte sagen, dass er keine ernsthafte Arbeit macht, dass er ein Schmierfink ist. Und dass es gut war, dass ich mich von all dem abgewendet habe."

Neid ist eins der Gefühle, das wir am weitesten von uns weisen. Es zählt zu den Todsünden. (Stolz, Habsucht, Unkeuschheit, Zorn, Unmäßigkeit, Neid und Trägheit gelten seit dem Mittelalter als die sieben Todsünden.)Und doch – man glaubt es kaum – ist auch Neid in seinem Grundkern gut. Man wird nicht als Neidhammel geboren. Zu Anfang waren beide dicke Freunde. Yves Paechter wurde erst anfällig für Neid, als er seine Begabungen und Neigungen zugunsten eines angepassten und angesehenen Lebens aufgegeben hatte und feststellen musste, dass ein anderer nicht nur seinen alten Traum lebte, sondern damit sogar erfolgreich war. Erlebte Benachteiligung (berechtigt oder nicht) führt schließlich zu Neid. Yves Paechter hat in seinem Permeagramm einen Neider ausgebildet.

Unser Charakter – eine Schauspieltruppe der besonderen Art

Die Wissenschaft geht davon aus, dass alle Menschen bei Geburt gleichermaßen sozusagen mit einem kompletten Satz an Charaktereigenschaften ausgestattet ins Leben starten. Das, was wir dann Charakter nennen oder Persönlichkeit, bildet sich maßgeblich aufgrund der Erlebnisse heraus, die der Mensch insbesondere als hilfloses und abhängiges Kind durchläuft. Er entwickelt sein persönliches Permeagramm, seinen individuellen Bauplan der Psyche. Das heißt, er bildet seine Charaktereigenschaften oder Persönlichkeitsaspekte individuell aus. Diese Persönlichkeitsaspekte kann man wie Teilpersönlichkeiten ansehen, weil sie immer wieder ganz dominant und wie Personen auftreten und das Handeln des jeweiligen Menschen bestimmen. Yves Paechter, der wie jeder Mensch eine Vielzahl von Teilpersönlichkeiten in sich trägt, war in seinem Handeln plötzlich ganz und gar vom Neider bestimmt und gesteuert. Der Neider ist auf Yves Bühne plötzlich hoch hinauf auf die Empore gesprungen, von wo aus er alles dominierte. Ganz wie ein Schauspieler aus der italienischen Commedia dell'arte, in der einzelne Persönlichkeitsaspekte frech und holzschnitthaft als Figuren (der fröhliche Harlekin, der geizige Pantalone, der Betrüger Tartuffe, der machtgierige Capitano oder der prahlerische Scaramouche) karikiert wurden, kann man sich die Vielzahl der Teilpersönlichkeiten eines Menschen als innere Schauspieltruppe „Commedia della Vita" – also als Komödie des Lebens – vorstellen. Die italienische Commedia dell'arte war voller Humor. Sie zeigte die menschlichen Eigenarten und brachte die Zuschauer dazu, über sich selbst zu lachen. Wenn Ihnen das auch mit Ihrer eigenen „Commedia della Vita" gelingt, wenn Sie über Ihre Teilpersönlichkeiten und die Kapriolen, die sie auf, über und unterhalb der Bühne anstellen, lachen können, dann sind Sie dabei, Ihr Leben positiv zu verändern. Denn die

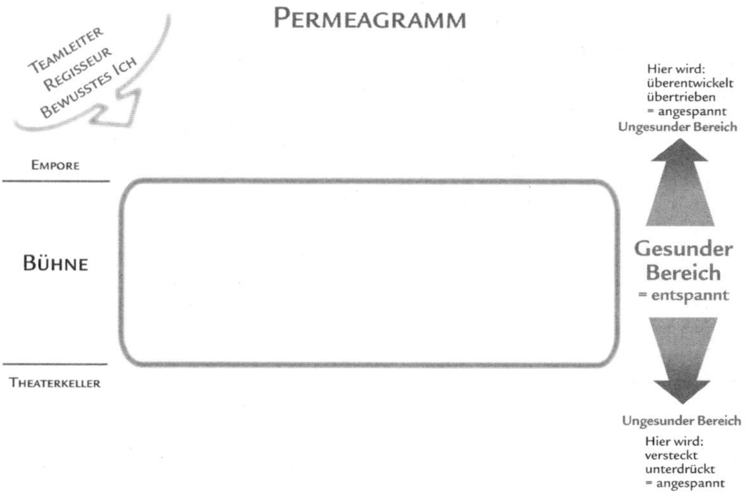

Abb. 1: Permeagramm simpel – ohne Spieler und ohne Regisseur und ohne Überlebenswille

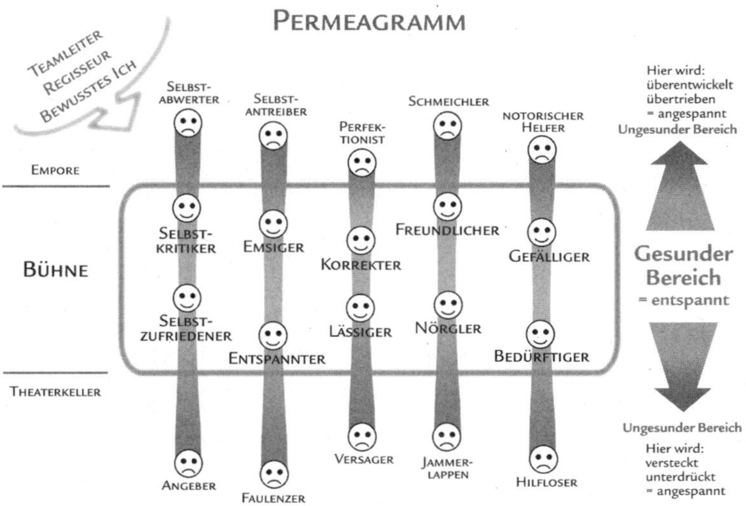

Abb. 2: Permeagramm mit Spielern – ohne Überlebenswille und Verletzlichkeit (s.auch Innenumschlag vorne)

Welt wird sich durch Humor und Nachsicht, nicht durch Regeln und Strafen verbessern.

Emporenspieler und Kellerasseln – die störenden Persönlichkeitsaspekte

Betrachtet man das abgedruckte Permeagramm, dann sieht man, dass die Spieler Gegensatzpaare – Antipoden – bilden. Immer die gegenteiligen Charaktereigenschaften sind miteinander verbunden. Es sind die zwei Seiten einer Medaille. Der Gegenspieler vom Neider ist der Naive. Man muss sich nur fragen, wovor fürchtet sich der jeweilige Emporenspieler, was will er um jeden Preis verhindern, dann kann man erahnen, wer sein Gegenspieler ist. Ein Perfektionist fürchtet sich zum Beispiel davor, Fehler zu machen, als Versager zu gelten. Der Neider fürchtet sich ganz schrecklich davor, zu kurz zu kommen, der Dumme zu sein, der nicht bedacht wird, der Naive.

Es gibt eine Vielzahl von Gegensatzpaaren, die jedem Menschen als Selbstausdruck zur Verfügung stehen. Sind sie im Bereich der Bühne (siehe Grafik Permeagramm), dann fallen sie gar nicht unangenehm auf, sie funktionieren stillvergnügt und wir befinden uns mit uns und der Welt in gutem Einvernehmen. Es gibt Bühnenspieler, die etwas stärker ausgeprägt sind, und andere etwas weniger. Es gibt welche, die größere Rollen spielen, und andere mit kleinen. Ja, es gibt auch etliche, die schon lange hinterm Vorhang stehen und auf ihren Auftritt warten, aber noch nicht wieder dran gekommen sind. Solange sie sich aber auf der Bühne aufhalten, sind sie entspannt und ausgeglichen. Erst wenn wir verletzt werden und Beschämung erleben, kippt das innere Gleichgewicht. Beschämung ist für uns Menschen eine so schwere Verletzung, dass wir dagegen angehen müssen – einer oder mehrere Bühnenspieler erklimmen die Empore, um von dort aus die Dinge zu kontrollieren. Er entwickelt sich zum Emporenspieler. Ein Emporenspieler beginnt, seinen Gegenspieler (seine andere, verborgene Seite) zu verachten, dem er die Schuld dafür gibt, dass die Welt so schlecht mit ihm umgeht. Er jagt ihn von der Bühne und sperrt ihn tief in den Theaterkeller. Die prominenten Emporenspieler stehen entsprechend unter Anspannung. Sie sollen den Menschen aus seiner prekären Situation retten. Das macht sie rechthaberisch, dominant und intolerant und sehr präsent. Ihre Gegenspieler, die sie von der Bühne verbannt haben, halten sie im Theaterkeller gefangen. Das führt zu weiterer Anspannung. Da die Kellerasseln im Theaterkeller rumoren, sich auf allerlei Weise bemerkbar machen und die Darbietungen oben zu stören suchen, bedeutet das viel Stress. Entsprechend sind die Bereiche Empore und Theaterkeller als ungesunde Bereiche gekennzeichnet. Der Mensch, den solche Spieler dominieren, ist angespannt, gestresst. Er neigt zu Aggression und Depression und verschiedenen psychosomatischen Krankheiten.

Das Permeagramm stellt also ein Theater dar, das aus einer Spielertruppe der Commedia della Vita und einem Regisseur besteht. Das Theater hat verschiedene Ebenen. Ohne Stress, Anspannung, ohne Zwang und Not bewegen sich die Spieler auf der Bühne. Hier sind sie spontan, tolerant, humorvoll und kooperativ. Sie wechseln sich gerne ab. Deshalb ist der Bereich der Bühne als gesunder Bereich gekennzeichnet, da er ohne innere Anspannung ist und nicht zu psychosomatischen Belastungen und Krankheiten führt. Befinden sich die Spieler im gesunden Bereich, ist der Mensch selbstbewusst, kritikfähig, tolerant, humorvoll und psychisch gesund. Erfährt der Mensch Beschämung, Tadel und innere Not, so reagiert er unbewusst damit, dass sich mindestens ein Spieler von der Bühne auf die Empore hinauf schwingt. Die Empore ist der prominente Teil der Bühne, eine Erhöhung, von wo aus man die Szene beherrschen kann. Unter der Bühne befindet sich der Theaterkeller. Wer da hin verdrängt wurde, wird am

Mitspielen gehindert. Die in den Theaterkeller verbannten sogenannten Kellerasseln sind alles andere als erfreut darüber. Sie versuchen, die Tür zur Bühne aufzudrücken und sich auf verschiedene andere Weise bemerkbar zu machen.

Abhängigkeiten, die Spannung erzeugen

Die Verbindung zwischen den beiden gegensätzlichen Spielern, auf der Empore und im Keller, kann man sich als Gummibänder vorstellen. Je stärker ich die Aspekte ausspiele, je höher sie steigen, um so tiefer muss ich die Antipoden verstecken. Der Emporenspieler hasst seinen Gegenspieler, die Kellerassel, am selben Gummiband und verbannt ihn in den Theaterkeller. Dadurch wird dieses Gummiband auseinandergezogen und angespannt. Es entsteht eine Spannung, die man übrigens auch auf den Gesichtern und den Schultern der Menschen sehen kann, die Emporenspieler und Kellerasseln ausgebildet haben. Sie führt zuerst zu Gereiztheit, zu Nervosität, Überlastung und Stress, irgendwann dann zu Kopfschmerzen, Magenproblemen, zu Herzrhythmus-Störungen und zu Burn-out.

Bei der Auswahl der Emporenspieler, die wir ursprünglich als unsere Beschützer eingesetzt haben, gehen wir nicht ganz und gar individuell vor, sondern werden stark von unserer Umwelt beeinflusst. So lassen sich in unserer westlichen Welt zwölf prominente Spielerpaare finden, die bei ganz vielen Menschen zu Tage treten. Die abgedruckten Paare können in unterschiedlichen Permeagrammen individuell aufgestellt sein. So können Sie einen Schwerarbeiter auf der Empore und einen Luftikus im Theaterkeller haben, und Ihr Nachbar hat einen Luftikus auf der Empore und einen Schwerarbeiter im Theaterkeller.

Die prominenten Spieler unseres Lebens – eine Übersicht

Die folgende Liste zeigt, welche Spieler sich im gesunden Bereich gegenüberstehen und wie sie sich entwickeln, wenn sie angespannt werden. Die als Emporenspieler dargestellten können in Ihrem Permeagramm mit denselben Eigenschaften als Kellerasseln auftreten. Dann ist einfach das jeweilige Gummiband gedreht. Am Ende der Beschreibungen finden Sie Anregungen für phantasievolle, individuellere Namen, die Sie Ihren Spielern geben können.
(s. Abbildungen 3 auf den folgenden Doppelseiten)

	1.	2.
Empore Ungesunder Bereich, weil diese Aspekte stark ausgeprägt gelebt und angespannt werden.	**Schwerarbeiter** Sie arbeiten viel und schwer und definieren sich über ihre Arbeit. Wenn sie viel, hart, gefährlich, schmutzig, schweißtreibend geschuftet haben, dann können sie mit sich zufrieden sein. Wenn sie in weniger strapaziösen Szenarien arbeiten, schätzen sie es nicht wert und glauben, von anderen nicht ernst genommen zu werden. *Eisenfresser*	**Kritiksüchtiger** Indem sie schlecht über andere reden, indem sie andere abwerten, können sie sich selbst aufwerten. Sie haben immer etwas an anderen, ihren Leistungen, ihrer Lebensweise auszusetzen. Sie nehmen dabei jeden aufs Korn.
Bühne Positive Spieler und positive Gegenspieler: Gesunder, entspannter Bereich	**Hartarbeitender** Sie erleben sich als lebendig, wenn sie gegen Widerstand arbeiten, den sie überwinden. Oder wenn sie viel Arbeit bewältigen. Dann erleben sie sich als jemand, der das Leben meistert. **Leicht Arbeitender** Sie bevorzugen Arbeiten, die ihnen leicht von der Hand gehen. Dann erleben sie sich als souverän, und das Leben macht ihnen Spaß.	**Zweifler** Sie haben ein wachsames Auge auf die Menschen um sie herum. Sie sind kritisch bis misstrauisch und fassen nicht leicht Vertrauen. Wenn Menschen sich anders verhalten als erwartet, stören sie sich daran und kritisieren. **Toleranter** Sie gewähren anderen Vorschuss an Vertrauen. Sie lassen sich auf das Leben mit seinen Unwägbarkeiten ein und können auch mal ein Auge zudrücken. Sie können andere Auffassungen und Verhaltensweisen tolerieren.
Theaterkeller Ungesunder Bereich, weil diese Aspekte unterdrückt werden.	**Luftikus** Ihre Begabung lässt sie manche Dinge tänzerisch ohne jede Anstrengung tun. Das hindert sie, sich Aufgaben zu stellen, die Anforderungen an sie stellen, und sich weiterzuentwickeln. Sie bleiben damit unter ihren Möglichkeiten. *Leichtfuß*	**Wegseher** Sie wollen den Problemen nicht ins Auge sehen, Fehlleistungen der Mitmenschen nicht wahrnehmen. In der Hoffnung: „Wenn ich es nicht sehe, ist es nicht da." Damit vermeiden sie, aktiv werden zu müssen und sich Schwierigkeiten auszusetzen.

3.	4.	
Selbstabwerter Sie machen sich selbst und alles, was sie leisten mies und schlecht. Keine ihrer Leistungen ist groß genug, um vor sich selbst bestehen zu können. Sie schauen auf ihre Fehler, nicht auf ihre Kompetenzen. *Maulwurf, Miesmuschel*	**Perfektionist** Sie sind übergenau in allem, was sie leisten, 150%. Sie sind nie mit dem Ergebnis zufrieden, weil sie mit ihrer scharfen Brille immer noch irgendwo eine Ungenauigkeit entdecken. Sie spüren einen starken Antrieb, eine Aufgabe zu lösen und ein erstklassiges Ergebnis zu erzielen. *Signore/Signora Millecento*	**Theaterkeller** Ungesunder Bereich, weil diese Aspekte unterdrückt werden.
Selbstkritiker Sie erkennen ihre Fehler und arbeiten hart daran, sie zu überwinden. Sie sind sich selbst ein Korrektiv, ehe andere den Fehler bemerken. **Selbstzufriedener** Sie kennen ihre Gaben und Fähigkeiten und sind ihren Schwächen gegenüber tolerant. Sie bemühen sich um gute Leistung, regen sich aber auch nicht auf, wenn etwas mal nicht klappt.	**Korrekter** Alles wird daran gesetzt, Fehler zu vermeiden. Sie sind genau auch im Detail. Sie kennen das Verhältnis von Einsatz und Erfolg, das heißt, es ist ihnen klar, dass die letzten 5% von 100% unvergleichlich viel Energie kosten. Nur wo 100% gebraucht werden, unterziehen sie sich dieser Mühe. **Lässiger** Sie können „fünfe gerade sein lassen" und halten Irren für eine natürliche menschliche Eigenschaft. Sie wissen, dass sie nicht vollkommen sind in dem was sie tun, und können gut damit leben. Aus kreativer Unordnung schöpfen sie.	**Bühne** Positive Spieler und positive Gegenspieler: Gesunder, entspannter Bereich
Angeber Sie sind narzisstisch, in sich selbst verliebt und fühlen sich über jeden Zweifel erhaben. Sie prahlen, reden sich und ihre Taten schön, um ihre Fehler nicht anschauen zu müssen. Denn diese können sie sich nicht eingestehen. *Glitzervogel, Pfau, Scaramouche*	**Versager** Sie erleben sich als Menschen, denen die Dinge misslingen. Aus diesem Grund mögen sie nichts anpacken. Oft investieren sie gar keine Gedankenenergie mehr in den Erfolg, sondern in den Misserfolg. Manchmal heischen sie dann nach Mitleid für ihre vermeintliche Unfähigkeit. *Signore/Signora Forata*	**Empore** Ungesunder Bereich, weil diese Aspekte stark ausgeprägt gelebt und angespannt werden.

Abb. 3a: Liste der 12 prominenten Spielerpaare

	5.	6.
Empore Ungesunder Bereich, weil diese Aspekte stark ausgeprägt gelebt und angespannt werden.	**Selbstantreiber** Sie treiben sich selbst ständig zur Tätigkeit an. Dabei ist es egal, was sie arbeiten. Was sie leisten, schätzen sie nicht wert, nehmen es kaum wahr. Sie sehen nur, was noch nicht gemacht ist und was sie auch noch leisten sollten. Sie quälen sich selbst mit endloser Aneinanderreihung von Tätigkeiten, bis in die Selbstzerstörung, und erleben kein Kompetenzvergnügen. *Egoschinder*	**Vielharmoniker** Harmoniesüchtig wird jede Unstimmigkeit mit anderen unter den Teppich gekehrt. Ärger, Beleidigungen und Beschämungen werden um des lieben Friedens willen geschluckt. Dabei verlieren sie zunehmend das Gefühl für ihre eigenen Bedürfnisse. *Harmonika*
Bühne Positive Spieler und positive Gegenspieler: Gesunder, entspannter Bereich	**Emsiger** Sie sind leistungswillige Arbeiter mit viel Energie. Sie sehen die Arbeit und packen zu. Anstrengung und Zeitnot nehmen sie bis zu einem bestimmten Punkt in Kauf. **Entspannter** Sie lassen sich nicht antreiben. Druck weichen sie aus, eher machen sie nichts, als dass sie sich so hetzen lassen. Sie machen ihre Arbeit mit Ruhe.	**Ausgleichender** Sie sind einfühlsam und verstehen es, aufgebrachte Personen wieder zu beruhigen. Sie können vermitteln und trösten. Dabei vergessen sie nicht anzusprechen, was für sie selbst stimmig ist. **Unterhändler** Probleme werden auf den Tisch gebracht und ausdiskutiert. Sie nehmen sich selbst und ihre Bedürfnisse wichtig und bringen sie zur Sprache, auch wenn dadurch die Harmonie gestört wird.
Theaterkeller Ungesunder Bereich, weil diese Aspekte unterdrückt werden.	**Faulenzer** Was ihnen Mühe bereiten könnte oder nicht ihrem Vergnügen dient, meiden sie. Sie sehen nicht, dass Anstrengung sich lohnen könnte, und kennen kein Kompetenzvergnügen. *Mühemeider*	**Kämpfer** Sie haben das Gefühl, über den Tisch gezogen zu werden, wenn sie nicht ständig kämpfen. Deshalb setzen sie sich krampfhaft immer und überall zur Wehr. Sie erleben die Welt als hart und ungerecht und sehen in den Mitmenschen Gegner, die man bekämpfen muss. *Krampfkämpfer*

7.	8.	
Notorischer Helfer Überall sehen sie Not am Mann und fühlen sich in der Pflicht, die Welt zu retten. Ihre Art zu helfen hält die Hilflosen in Unselbständigkeit. Das bezwecken sie auch unbewusst, denn wenn es keinen Hilflosen mehr gibt, sind sie selbst nutzlos und wertlos. *Weltenretter*	**Neider** Die Angst, zu kurz zu kommen, ist so groß, dass sie ständig darauf schauen müssen, was andere sind oder haben, und sie fühlen sich benachteiligt. Das nagt an ihnen und höhlt ihr Gefühlsleben aus, so dass sie andere mit ihrem Neid verfolgen. *Neidhammel*	**Theaterkeller** Ungesunder Bereich, weil diese Aspekte unterdrückt werden.
Gefälliger Sie sind hilfsbereit und wissen doch, dabei Grenzen zu ziehen. Sie bieten Hilfe zur Selbsthilfe und leiten Hilfesuchende zur Selbständigkeit an. **Bedürftiger** Hilfe anzunehmen bereitet ihnen keine Probleme. Leben ist für sie geben und nehmen. Sind sie der Nehmende, so werden sie an anderer Stelle wieder die gefälligen Geber sein.	**Skeptiker** Sie vergleichen sich mit anderen und prüfen, ob sie nicht etwa benachteiligt wurden beim Verteilen des Kuchens. Sie sind dem Leben und den Menschen gegenüber eher misstrauisch. Sie behalten ihr Wissen lieber für sich und neigen dazu, zu vergleichen. **Selbstzufriedener** Für sie ist alles im Lot. Sie vergleichen nicht und vertrauen darauf, dass ihnen zuteil wird, was ihnen zusteht. Mit dieser Einstellung können sie in gutem Verhältnis geben und nehmen. Sie müssen nicht ängstlich Wissen, Dinge und Menschen besitzen.	**Bühne** Positive Spieler und positive Gegenspieler: Gesunder, entspannter Bereich
Hilfloser Sie halten sich nicht für fähig, sich selbst zu helfen. Darum fühlen sie sich als Opfer ungerechter Schicksalsmächte. Sie hängen sich in einer Art Hassliebe an die notorischen Helfer, die sie zu brauchen glauben. *Elendswurm*	**Naiver** Sie lassen sich ausnutzen, sind leichtgläubig und arglos. Wenn sie es feststellen, fallen sie aus allen Wolken. Sie hatten nicht daran gedacht, dass andere so etwas tun würden. Sie versuchen dennoch, bei anderer Gelegenheit mit derselben untauglichen „Strategie“ bessere Erfahrungen zu machen. Irgendwann kehren sie der Welt beleidigt den Rücken. *Treudoofer*	**Empore** Ungesunder Bereich, weil diese Aspekte stark ausgeprägt gelebt und angespannt werden.

Abb. 3b: Liste der 12 prominenten Spielerpaare

	9.	10.
Empore Ungesunder Bereich, weil diese Aspekte stark ausgeprägt gelebt und angespannt werden.	**Geiziger** Aus Angst, dass es für sie selbst nicht reicht, sind sie unfähig zu geben, auch wenn sie reichlich haben. Sie geben so wenig wie möglich und wollen möglichst viel dafür bekommen. Sie können dabei jedes Maß verlieren, sowohl im materiellen wie im ideellen Bereich. *Pantalone, Harpagon*	**Nutznießer** Sie sind von ihren kreativ-schaffenden Potenzialen abgeschnitten. Sie benutzen Dinge, Menschen, die Welt mit ihren Schönheiten, unbewusst darauf hoffend, ihr Urbedürfnis nach Stimulation zu befriedigen. Die Natur wird als Erlebnispark empfunden, die Mitmenschen danach beurteilt, was sie einem „bringen". Aufgaben danach eingeschätzt, was man persönlich davon hat. Sie verbrauchen die Welt.
Bühne Positive Spieler und positive Gegenspieler: Gesunder, entspannter Bereich	**Sparsamer** Sie wissen ihre Ressourcen knapp und sinnvoll einzusetzen. Sie geben lieber etwas weniger als sie bekommen. Sie achten sehr genau darauf, dass ihnen auf den Cent genau heraus gegeben wird. Trinkgeld geben sie knapp. **Großzügiger** Freigiebig gehen sie mit ihrem Besitz um und rechnen nicht gegen. Ihre Grundeinstellung ist: Das Universum ernährt alle. Und alles fließt. Wenn ich da etwas weggebe, kommt dort etwas zu mir zurück.	**Macher** Impulse, die von außen kommen, setzen sie um. Sie packen zu, bauen auf und „machen". Sie können sich und andere gut organisieren. Sie sind Häusle-, Fabrikbauer, Manager... Sie fragen mehr nach Machbarkeit und eigenem Erfolg und weniger nach Gemeinwohl und Nachhaltigkeit. **Kreateur** Sie erschaffen und kreieren. Sie entwickeln neue, noch nie da gewesene Ideen, um etwas Gutes in der Welt zu machen, und setzen ihre Ideen auch um. Sie sind Künstler, Visionäre, Erfinder. Sie sind überzeugt von ihren Ideen und realisieren diese alleine oder mit anderen.
Theaterkeller Ungesunder Bereich, weil diese Aspekte unterdrückt werden.	**Habenichts** Sie leben nur den Augenblick und genießen um jeden Preis. Wenn sie etwas bekommen, verschwenden, verprassen sie es und sind dann wieder Habenichtse und Hungerleider. Sie können nichts zusammenhalten und ökonomisch nicht mit dem, was sie gewinnen, umgehen. *Fritellino*	**Phantast** Sie haben sehr viele Ideen. Oft sind sie so groß, weltverbesserisch und phantastisch, dass es schwer ist zu erkennen, wie Projekte zu realisieren wären. Dann sterben sie, bevor sie gestartet wurden. Oft werden mehrere Projekte gleichzeitig begonnen, aber kaum eines zu Ende gebracht, weil weitere interessante Ideen das Interesse fesseln oder Hindernisse auftreten.

11.	12.	
Übermächtiger Sie müssen oben sein, Macht ist ihnen wichtig: Über anderen stehen, Einfluss haben, die „Puppen tanzen lassen". Sie kontrollieren andere. Zu den besonders einfachen Methoden, Macht auszuüben, gehört dabei, anderen Fehler nachzuweisen und sie dafür zu verurteilen. *Oberaufseher, Capitano, Controlleti*	**Schwarzseher** Sie sind der Überzeugung: „Was schief gehen kann, geht schief." Und sie sehen untätig zu. Sie bewegen sich in Katastrophenszenarien oder Verschwörungstheorien und sind empfänglich für Weltuntergangstheorien.	**Theaterkeller** Ungesunder Bereich, weil diese Aspekte unterdrückt werden.
Anführer Sie sind Führer, denen man gerne folgt. Ihre Macht üben sie verantwortlich und konsequent aus. Dabei lassen sie keinen Zweifel an ihrer Führungsposition. **Auftragsempfänger** Gehorsam stellen sie sich in den Dienst der Sache und führen aus, was ihnen aufgetragen wird. Sie lassen sich gerne etwas sagen.	**Pessimist** Sie fokussieren auf das Schlechte. Für sie ist das Glas halb leer. Um nicht enttäuscht zu werden, rechnen sie lieber schon mal damit, dass die Sache schlecht ausgehen könnte. Sie sind damit in der Lage, Vorsorge zu treffen für eventuelles Misslingen. **Optimist** Sie fokussieren auf das Gute. Für sie ist das Glas halb voll. Sie glauben daran, dass es gut gehen kann. Damit treffen sie alle nötigen Vorbereitungen, damit die Dinge tatsächlich gelingen können.	**Bühne** Positive Spieler und positive Gegenspieler: Gesunder, entspannter Bereich
Ohnmächtiger Sie fühlen sich machtlos, glauben nicht daran, dass sie Dinge aus eigener Kraft ins Werk setzen können. Sie laufen mit, weil sie sich ohnmächtig fühlen, gegen das anzugehen, was andere beschließen. *Duckmäuser*	**Schönbeter** Für sie muss einfach immer alles gut gehen. Sie beschwören das Gute mit angespanntem „Positiv denken" und Gesundbeten. Sie schauen nicht mehr kritisch hin, denn es muss einfach gut sein, und sie arbeiten auch nicht aktiv am Gelingen.	**Empore** Ungesunder Bereich, weil diese Aspekte stark ausgeprägt gelebt und angespannt werden.

Abb. 3c: Liste der 12 prominenten Spielerpaare

Das Theater, in dem sich unsere innere Spielertruppe bewegt und jeden Tag die Stücke unseres Lebens inszeniert, hat also drei Etagen. Im Bereich der Bühne bewegen sich die Spieler ganz entspannt. Die beiden Gegenspieler sind so gut wie gleichwertig und sie können sich gegenseitig akzeptieren. In dem Moment aber, in dem ein Skeptiker, der argusäugig verglichen hat, ob es anderen Menschen gewiss nicht besser als ihm selber geht, glaubt festzustellen, dass es ihm schlechter geht, da schwingt er sich auf die Empore und wird zum Neider. Er beginnt, seinen Gegenspieler zu hassen und ihn, so weit es geht, aus seinem Blickfeld zu entfernen. Der Selbstzufriedene wird zum Naiven und als Kellerassel in den Theaterkeller verbannt. Dort möchte der Neider ihn am liebsten vergessen. Das heißt ganz generell: Emporenspieler haben Antipoden, die sie nicht mehr kennen wollen, die sie tief im Theaterkeller halten, die sie töten würden, wenn sie nur könnten. Das sind die berühmten „Leichen im Keller“, von denen der Volksmund spricht. Oder auch die „Schatten“, wie es in der Psychologie oftmals heißt. Es ist nicht möglich, sich eines Spielers zu entledigen, auch wenn wir das oft angestrengt versuchen. Aber es ist möglich, ihn zu heilen, indem wir ihn zurück auf die Bühne und damit in den gesunden Bereich bringen. Je nachdem auf welcher Ebene des Theaters sich die Spieler bewegen, verändern sie ihre Qualitäten. Auf der Bühne sind sie entspannt, tolerant und positiv. Auf der Empore verursachen sie Stress, sie üben Druck aus, werden unangenehm, manchmal böse, und sie sind sehr angestrengt. Im Theaterkeller sind sie frustriert, quengelig oder böse und tobend.

Das abgedruckte Permeagramm zeigt die zwölf prominenten Spieler und ihre Gegenspieler. Darüber hinaus gibt es natürlich eine Vielzahl von Charaktereigenschaften in unterschiedlich starker Ausprägung. Die erweiterte Spielerliste der Commedia della Vita im Anhang des Buches erfasst sechzehn weitere Spielerpaare. Je länger Sie darüber nachdenken und Ihre Umwelt beobachten, um so mehr

Charaktereigenschaften mit entsprechenden Gegenspielern werden Ihnen einfallen.

Das Bewusste-Ich – der Regisseur

Die wichtigste Person der ganzen Commedia della Vita steht wie die beleuchtende Sonne links oben im Permeagramm. Das ist der Regisseur. Er steht außerhalb. Seine Aufgabe ist es, das Spielgeschehen zu beobachten und – wenn nötig – Spieler aufzurufen und neue Spielanweisungen zu erteilen. Der Regisseur ist eine Instanz, die in der Lage ist, den Spielern Anweisungen zu geben. Er kann unser Lebensskript umschreiben und bewirken, dass wir ausgeglichen und glücklich leben und freudvolle Beziehungen genießen. Schade nur, dass die meisten Menschen ihren Regisseur weder kennen noch einsetzen. In ihrem inneren Theater spielen dann selbsternannte Emporenspieler von der Empore herunter die immer gleichen Stücke mit ähnlichem unglücklichen Ausgang. Der Regisseur ist unser Bewusstes-Ich. Es ist diese Instanz in uns, die uns ermöglicht, uns selbst zu reflektieren. Gedanklich einmal kurz aus dem Geschehen heraus zu treten und von außen drauf zu schauen. Wahrscheinlich haben Sie schon den einen oder anderen Moment in Ihrem Leben gehabt, vielleicht war es in einer Verhandlung oder auch bei einem Flirt, da standen Sie für einen kurzen Moment sozusagen neben sich, schauten auf die Szene und fragten sich vielleicht: „Was erzähle ich da eigentlich gerade? Wieso habe ich jetzt davon angefangen? Wäre es nicht besser gewesen, das zu verschweigen?“. Der da zuschaute und in Ihrem Kopf sprach, das war der Regisseur, das Bewusste-Ich. Mit ihm beobachten und reflektieren Sie sich selbst und vor allem objektiv.

Der Regiestuhl ist der Platz, den der Regisseur, also unser Bewusstes-Ich einnimmt. Von dort aus beobachtet er die Spieler, hört allen zu, egal, ob sie gerade auf der Bühne oder der Empore agieren oder im Theaterkeller sitzen. Er trifft die Entscheidung, wie das Stück weitergehen soll, das heißt, er kann unser Lebensskript umschreiben, damit wir nicht immer wieder die selben Probleme erleben. Er beruft darüber hinaus die entsprechenden Spieler. Er handelt zum Wohle der ganzen Truppe unserer Commedia della Vita und damit zum Wohle der Gesamtperson. Der Regiestuhl symbolisiert somit eine Innenschau, mit der wir die Wirkung überprüfen, die unsere Handlungen auf die Welt draußen haben werden. Es ist der Ort der Einflussnahme und Handlungsänderung.

Wer noch nicht in das Geschehen eingreifen will, kann sich zunächst einmal in den Theatersessel setzen. Von diesem Platz aus können Sie aus sich heraustreten und das eigene Agieren in der Welt mit etwas Abstand beobachten.

Hätte Yves Paechter seinen Regisseur eingesetzt, dann wäre es nicht zu dieser Katastrophe gekommen. Sein Neider hätte nicht die Empore erklimmen und selbstherrlich handeln können. Ein ebenso prägnantes Beispiel findet sich im Leben von Antonio Salieri. In dem Film „Amadeus" wird erschütternd dargestellt, wie Salieri von Mozart beschämt wird, wie sein Neider sich auf die Empore schwingt und sogar Regie führt. Den Regisseur, also das „Bewusste-Ich", gibt es nicht mehr. Salieri, der bisher gerühmte und anerkannte Musiker, der erleben muss, dass Mozart ihn überflügelt und beschämt, indem er eine Komposition von Salieri ganz locker und viel besser improvisiert, erleidet eine schwere Verletzung. Er fühlt sich minderwertig. Als Mozart auch noch an Berühmtheit und Beliebtheit zunimmt, ist die Neidfalle für Salieri zugeschnappt, sein Neider regiert von der Empore herab, ohne auf den Regisseur zu hören. Zumindest im Film, der der Erzählung des englischen Dramatikers Peter Shaffer folgt, unternimmt Salieri nun alles, um Mozart zu zerstören, und verschuldet seinen frühen Tod.

Dass jemand so einen massiven Emporenspieler ausbildet, passiert im Allgemeinen nicht erst, wenn er erwachsen ist. Man kann davon ausgehen, dass es bereits in der Zeit der hilflos abhängigen Kindheit ähnlich verletzende Situationen gab. Wenn wir als Kinder inneren Mangel erleben mussten, vergleichen wir und passen genau auf, wer den volleren Teller erhält. An der Größe des Kuchenstückes, das wir bekommen, ermessen wir unsere Beliebtheit und Anerkennung. Salieri soll furchtbar mit Gott gehadert haben, weil er ihm so viel weniger Inspiration geschenkt hat als Mozart. Es ist das innere Mangelgefühl, das zu Neid anstachelt, einen Salieri oder einen Geizigen aus uns macht.

Es gibt keine negativen Charaktereigenschaften

Betrachtet man das Permeagramm und die Spielerliste, zeigt sich, dass alle Spieler positiv sind, so lange sie im gesunden Bereich der oberen und unteren Bühne agieren. Es gibt ursprünglich keine negativen Charaktereigenschaften, heißt es in der Einführung zu diesem Buch. Hier können Sie es ablesen. Erst durch den Aufstieg auf die Empore oder die Verdrängung in den Theaterkeller werden unsere Persönlichkeitsaspekte unangenehm bis böse. Und das liegt zu einem beträchtlichen Teil daran, dass nun Spannung auf den Gummibändern ist. Das System dieses Menschen ist in Anspannung. Es braucht viel Kraft, um sich oben auf der Empore zu halten, wenn unten im Keller einer zieht und strampelt und unbedingt raus will. Es braucht viel Kraft, diese Kellerassel dort unten zu halten, die Kellertür zuzuhalten, damit sie nicht plötzlich herausspringt. Im Aufkeimen ist und war Neid auch bei Yves Paechter und Salieri nicht böse. Die ersten Gefühle von Missgunst zeigen an, dass wir uns im Vergleich mit jemand anderem benachteiligt fühlen. Das hält unser Bühnenspieler nicht für gerecht – er missgönnt der anderen Person das Glück. Ein bewusster, selbstsicherer Mensch wird nicht in die Neidfalle gehen. Mit der Kenntnis des Permeagramms könnte er sich an dieser Stelle ausbalancieren – wie, das werden die folgenden Kapitel zeigen. In unzähligen Alltagssituationen manipulieren Menschen unbewusst andere Menschen. Und ebenso unbewusst sind die Reaktionen. Manche Mütter, manche Väter haben sich zum Beispiel vorgenommen, nie, nie, nie ihr Kind zu schlagen. Aber dann passiert es. Vielleicht wollten sie das Kind zum Lernen anhalten und es hat frech gesagt: „Du kannst es ja selbst nicht." Da haben sie einfach rotgesehen. Das Kind hat unbewusst ihren guten Vorsatz durch sein Verhalten manipuliert. Aber das ist nicht alles. Sehr wahrscheinlich liegt noch eine viel ältere Manipulation vor, die ihnen jedoch an dieser Stelle kaum bewusst sein dürfte und auf die wir noch zu sprechen kommen.

Zunächst findet man in der Regel eine naheliegende, rational einleuchtende Rechtfertigung dafür, dass einem „die Hand ausgerutscht ist"; eine Entschuldigung für diese unreflektierte Reaktion auf einen plötzlichen Reiz. „Das Kind ist selbst schuld. Das hat es jetzt mal gebraucht, um Grenzen kennen zu lernen. Uns haben ein paar Schläge auch nicht geschadet." So legitimiert man im Nachhinein die eigene Handlung. Tatsächlich gab es vorab aber keine klare Entscheidung, um so zu reagieren. Man war gar nicht man selbst, sondern fremdgesteuert. Ein Persönlichkeitsaspekt in uns hat unbewusst die Führung übernommen und unser Handeln gesteuert. Wie fremdgesteuert war auch Yves Paechter in der obigen Geschichte, bis ihm langsam und zu spät die Erkenntnis kam. Das Bewusste-Ich hat nicht die Regie geführt, sondern ein Emporenspieler.

Auch einer meiner Klienten, ein erstklassiger Ingenieur und Salesmanager, war wie fremdgesteuert, als er ein Projekt vor einem ausländischen Kunden präsentierte und plötzlich von ihm hörte: „Das interessiert uns jetzt nicht so, könnten Sie nicht ein paar Folien überspringen?!" Das war wie ein Schlag ins Gesicht und ihm platzte in der Versammlung der Kragen. Nach dem Meeting vom Kollegen zur Rede gestellt, rechtfertigte er sein Verhalten: Der Kunde habe sich unmöglich benommen, habe ihn provoziert. Viel später erst, als aller Rauch verflogen war, wurde ihm ernüchternd klar, dass er sich beschämt fühlte und sich deshalb sein Wüterich auf die Empore geschwungen hatte. Er erkannte, dass er sich hatte manipulieren lassen, sein Bewusstes-Ich nicht eingeschalten hatte und das unklug war. Genau diese Erkenntnis brauchen wir **vor** der Eskalation, vor den Neid-Dramen, **vor** dem Zickenkrieg, **vor** den Abhängigkeitsspielen in der Liebe und **vor** dem zermürbenden Alltagskleinkrieg.

Fassen wir zusammen: Unser Bauplan der Psyche – das Permeagramm – besteht aus einem Theaterraum mit drei Stockwerken. Auf der Bühne sind die Spieler oder Persönlichkeitsanteile entspannt und angenehm, auf der Empore und im Theaterkeller sind sie in Anspannung und unangenehm. Im Ursprung ist damit kein Gefühl negativ, nicht einmal der Neid. Unser Charakter wird in hohem Maße von der Umwelt mitgestaltet, wie die vorangegangenen Beispiele zeigen. Wir verstärken unsere Permeagramme gegenseitig, könnten aber auch eine Veränderung bewirken, wenn wir unser Bewusstes-Ich einschalten.

Übungen

Die folgenden Übungen helfen Ihnen dabei, innere Klarheit herzustellen. Sie bereiten Sie darauf vor, in den nächsten Kapiteln Ihrem eigenen Permeagramm auf die Spur zu kommen und bewusst handeln zu können.

Die Kakophonie im Kopf abschalten

Sinn der Übungen: Wer zuhören will, muss schweigen. In den kommenden Kapiteln geht es darum, dass Sie ausbalancierter werden und in Situationen, in denen es darauf ankommt, gelassener reagieren. Dazu ist es notwendig, sich selbst zuhören zu können, das heißt, die eigenen Persönlichkeitsaspekte wahrnehmen zu lernen.

Leider geht es in unseren Köpfen oft drunter und drüber. Wir erzählen uns zum wiederholten Mal die Geschichte, die wir vor zehn Tagen mit dem Chef erlebten. Wir grübeln über die Szene mit dem Partner/der Partnerin nach. Zwischendurch machen wir Einkaufs- und Arbeitslisten. Traumbilder aus dem letzten Urlaub oder dem nächtlichen Albtraum schieben sich dazwischen. Im Zen, wie auch in anderen Meditationsformen, versucht man, dieses innere Gerede abzustellen und innere Ruhe zu erreichen. Ich stelle Ihnen hier zwei sehr gute Übungen vor, um nach und nach innerlich ruhiger zu werden. Machen Sie diese Übungen wahlweise jeden Morgen 10-20 Minuten lang.

Atemmeditation – um sich wieder zu entdecken

Übungsanleitung: Setzen Sie sich locker aber aufrecht auf einen Stuhl (nicht anlehnen) oder auf ein Kissen auf den Boden (die Beine angewinkelt voreinander legen, oder auch im Lotossitz). In beiden Sitzhaltungen soll der Rücken ganz gerade sein, die Schultern locker, nicht hochgezogen. Der Kopf ist gerade (nicht neigen, das könnte zu Niedergeschlagenheit führen), das Kinn macht ein leichtes Doppelkinn. Der Blick geht in einem Abstand von zirka einem Meter vor Ihnen auf den Boden – leicht unscharf gestellt. Oder Sie schließen die Augen, wenn Sie nicht dazu neigen einzuschlafen. Der Bauch ist frei, um genug Atemraum zur Verfügung zu haben. Konzentrieren Sie sich auf Ihren Atem. Versuchen Sie nichts anderes zu tun, als Ihre Atemzüge zu zählen. Beginnen Sie bei zehn und zählen Sie jedes Einatmen, bis Sie bei null sind. Dann beginnen Sie von vorne. Atmen Sie ruhig und natürlich. Wenn Sie abschweifen und sich verzählen, beginnen Sie von Neuem. Gehen Sie dabei freundlich mit sich selbst um. Am Anfang fällt es nicht leicht, sich nur auf den Atem und das Zählen zu konzentrieren. Beginnen Sie einfach wieder von vorne. Mit der Zeit werden Sie feststellen, dass Sie ruhiger werden. Indem man das Gehirn mit dieser kleinen Zählarbeit beschäftigt, kann man üben, die eigene Gedankenflut zu beruhigen.

Movieshow – das innere Kino bewusst machen

Übungsanleitung: Für visuelle Menschen, die viele innere Bilder erleben, kann diese Übung zum Stillwerden besonders hilfreich sein. Setzen Sie sich wie zur Atemmeditation hin und konzentrieren Sie sich auf die inneren Bilder, die gerade kommen. Stellen Sie sich vor, Sie sehen sich gerade einen Film an. Lassen Sie die Bilder vorbeiziehen. Halten Sie den Film nicht an, vertiefen Sie die gezeigten Gedanken nicht, bleiben Sie nicht daran hängen. Einfach ablaufen lassen. Bis sie weniger werden und schließlich am Ende nur noch graues Grisseln kommt und Sie in Ihrem Kopf Ruhe haben.

3 Die Entstehung des Charakters – oder wie sich Ihr Permeagramm ausbildete

Um zu verstehen, wie der menschliche Bauplan der Psyche aussieht und wie sich das eigene Permeagramm herausbildete, beginnen wir am besten am Anfang unserer individuellen Welteroberung, wenn wir als Neuankömmlinge auf diesem Planeten den Dingen schutzbedürftig und hilflos ausgesetzt sind.

Viele wissenschaftliche Erkenntnisse deuten darauf hin, dass der Mensch mit einer Seele, einem persönlichen mentalen „Fingerabdruck" und einem „kompletten Satz an Charaktereigenschaften" ausgestattet ist, wenn er in die Welt kommt. Das, was die Transaktionsanalytiker „Fingerabdruck" nennen, lässt sich vielleicht am besten so beschreiben: Wir alle bringen den gleichen, vollständigen Bausatz an Charaktereigenschaften beziehungsweise Persönlichkeitsaspekten mit, wenn wir geboren werden. Der ist aber nicht ganz und gar blank, es gibt ein paar Betonungen auf dem einen oder anderen

Persönlichkeitsaspekt. Jemand kann eine Betonung auf dem Optimisten haben und wird dadurch, egal wie negativ seine Umwelt auf ihn einwirkt, mehr Durchsetzungswillen aufbringen, als jemand, der einen Fingerabdruck auf dem Pessimisten hat. Neue Forschungen geben zu bedenken, dass der Fötus in den neun Monaten im Mutterleib schon Erfahrungen mit dieser Welt sammelt und das Konsequenzen trägt. Dennoch, die meisten Menschen werden mit Armen und Beinen, mit Herz und Nieren und was sonst noch dazu gehört, und eben auch mit einer ziemlich kompletten Vielzahl an möglichen Charaktereigenschaften geboren. Das, was wir dann Charakter oder Persönlichkeit nennen, bildet sich in den ersten Lebensmonaten und über viele Jahre hinweg allmählich heraus – in der Interaktion mit der Umwelt, den umsorgenden Ernährern und Erziehern, den Erfahrungen mit Kindergarten, Schule und den Medien. Und so wie es aussieht, beginnt dieser Prozess bereits im Mutterleib. Die Gruppentherapeutin Ruth Cohn schrieb 1981: „Geschehnisse formen einen zum Wohl oder zum Schaden umso mehr, je früher, je häufiger oder je affektbesetzter (emotionsgeladener) sie gewesen sind." Die Entwicklungspsychologin Bea van den Bergh stellte zum Beispiel fest, dass Kinder, die in Familien mit viel Stress geboren werden und ihre Mutter schon als Föten angespannt und ängstlich erlebten, eine höhere Herzfrequenz haben. Das ließ sich sogar Jahre später noch feststellen. Sie lassen sich schwerer füttern und schreien mehr. Das unterstützt die Beobachtungen, die in den frühen Entwicklungsphasen nach der Geburt gemacht wurden. Gemäß seiner Früherfahrungen entwickelt das eine Kind zum Beispiel eine gefällige Persönlichkeit, ein anderes zum Beispiel eine fordernde. Charakter und Persönlichkeit erweisen sich in hohem Maße als geübter Umgang mit Lebenssituationen und Mitmenschen und nicht wie gemeinhin angenommen als unabänderliche individuelle Eigenheit. Zu den prägenden Früherlebnissen gehört mit großer Sicherheit auch die Geburt selbst. Träume von dunklen, engen Tunneln, Erstickungsängste und ähnliches thematisieren häufig Geburtstraumata ebenso wie Antriebslosigkeit.

Manche Forscher sagen, der Mensch sei das Wesen, das sieben Jahre zu früh geboren wird. Im Vergleich zu anderen Tieren sind wir als Neugeborene tatsächlich äußerst hilflos. Kleine Schildkröten zum Beispiel schlüpfen ganz alleine aus ihrem Ei, buddeln sich selbständig aus dem Sandloch, wo sie von der Mutter vergraben wurden, orientieren sich, man weiß nicht woran, und rennen zum Wasser, um dort einzutauchen und loszuschwimmen, bevor ein fliegender Fressfeind aus dem Himmel auf sie herabstoßen kann. Unser Überleben hängt ganz und gar von der Zuwendung und dem Mitgefühl der Eltern und Versorger ab. Ein hilfloses Päckchen, das hoffentlich in einer fürsorglichen Umgebung angekommen ist. Man kann davon ausgehen, dass dem Säugling diese Verletzlichkeit, Hilflosigkeit, dieses Ausgeliefertsein schnell spürbar wird. Gerade dann, wenn er etwas braucht und helfende Hände, wärmende und nährende Brüste nicht gleich zur Stelle sind. Aber neben dieser gefährlich großen Verletzlichkeit verfügt der Säugling normalerweise auch über einen sehr großen Überlebenswillen und viele schlummernde Fähigkeiten und Charaktereigenschaften. Verletzlichkeit und Überlebenswille wirken zusammen als Motor, um das persönliche Permeagramm auszubilden. (siehe Abbildungen auf Seite 54 und Buchklappen)

Der Säugling besitzt eine ungeheure Lernfähigkeit und unterscheidet in kürzester Zeit zwischen Ausdruck und Wirkung. Zu Anfang wimmert und weint er vielleicht leise vor sich hin, wenn er Hunger hat. Das ist sein authentischer Ausdruck für das gerade gespürte Mangelgefühl. Dabei überprüft er die Wirkung, die seine Äußerung hat. Gibt es gleich warme Milch, ist es gut. Kommt niemand, so ist der authentische Ausdruck nicht wirkungsvoll genug. Das heißt, man muss den Ausdruck variieren, vielleicht mehr Druck in die Lungen geben und

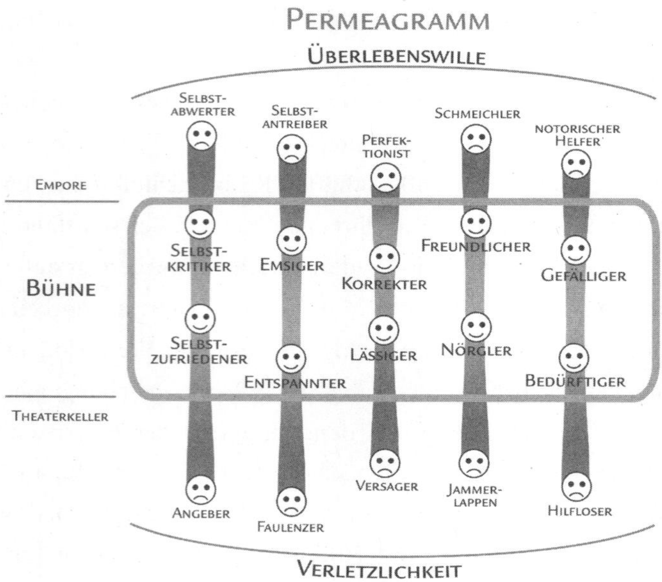

Abb. 4: Motor des Permeagramms

kräftig schreien. Auf diese Weise überprüft der Säugling bereits alle seine Handlungen darauf, ob sie ihm bringen, was er braucht, oder ob sie sich vielleicht sogar gegenteilig auswirken und Schelte, erhobene Zeigefinger und zusammengekniffene Brauen nach sich ziehen. Das Baby fährt sozusagen Testversuche, was es tun muss, damit die Eltern seine Bedürfnisse befriedigen. Es will genug Nähe, ausreichend zu essen und zu trinken, es will Aufmerksamkeit, und versucht, Schmerzen, Ungemach und vor allem Zurückweisung zu vermeiden. Denn Zurückweisung kann in seiner Lage den Tod bedeuten. Das Kind ist also dabei, seinen individuellen Bauplan der Psyche – sein Permeagramm – zu erstellen. Aus der Vielfalt der Persönlichkeitsmerkmale und Charaktereigenschaften das auszuwählen, was in seinem Umfeld nützlich ist, dem Überleben dient. Der Überlebenswille ist damit so etwas wie ein Wächter für das Wohlergehen des Kindes. Jetzt beginnt sich das zu entwickeln, was wir später Persönlichkeit oder Charakter nennen.

Warum sich störende Charaktereigenschaften – Emporenspieler – entwickelten

Um es einmal ganz plakativ und vereinfacht darzustellen: Da ist zum Beispiel ein Baby, das erfährt, dass sein Lächeln und fröhliches Plappern die Eltern anzieht und es dann Liebe, Zärtlichkeit und Versorgung erhält. Es wird hochgenommen, geschaukelt, gefüttert – kurz, es kriegt alles, was es braucht. Dieses Kind hat allen Grund, sein Lächeln und fröhliches Plappern immer öfter zu zeigen. Ganz besonders, wenn es andererseits feststellt, dass Quengeln und Weinen den bösen Zeigefinger und die zusammengekniffenen Brauen bewirkt und die Eltern sich von ihm abwenden. Also wird es sein Permeagramm so gestalten, dass der Freundliche, der die Bezugspersonen erfreut, immer weiter ausgebildet wird, bis er als Schmeichler einen Platz auf der Empore einnimmt. Seinen inneren Nörgler aber verbannt das Kind als Jammerlappen in den Theaterkeller, umso tiefer, je öfter es erlebt, dass es damit die Eltern aus seiner Nähe vertreibt. Dauern diese Erfahrungen an und das Kind lernt: „Je mehr Freundlichkeit ich zeige, umso eher kriege ich, was ich haben will“, umso mehr investiert es in diese Charaktereigenschaft, umso mehr strengt es sich an. Mit der Zeit bildet es einen Schmeichler aus. Den Jammerlappen aber kriegt selten mehr einer zu Gesicht, er führt ab jetzt da unten ein Schattendasein als Kellerassel.

Ein anderes Baby hat ganz andere Erfahrungen gemacht: „Wenn ich was brauche, dann muss ich das mit Nachdruck verlangen, mit Plappern und Brabbeln ist da nichts. Ich muss brüllen, was das Zeug hält, ich muss an meinem Bettchen rütteln, die Decken, das Spielzeug und das Kissen rausschmeißen, bis da mal jemand kommt." Wenn dieses Kind weiterhin die Erfahrung macht: „Man muss hart kämpfen, um zu überleben", so wird es einen Kämpfer als Emporenspieler ausbilden und den Ausgleichenden als Vielharmoniker in den Theaterkeller verbannen.

Nehmen wir zum Beispiel ein Kind, das hat ein Geschwisterchen bekommen und stellt nun fest: „Alles dreht sich um das Geschwisterchen. Ich gelte hier nichts mehr – außer, wenn ich tüchtig bin und den Eltern helfe." Es wird seine Helfereigenschaften stark entwickeln, denn auf diese Weise bekommt es weiterhin Beachtung, Liebe und Zuwendung. Indem es den Tisch deckt, das Geschirr abwäscht und das Geschwisterchen füttert, erobert es sich einen sicheren Platz in der Familie. Diese Entwicklung ist besonders bei Erstgeborenen zu beobachten oder wenn es ein krankes Kind in der Familie gibt, das die Aufmerksamkeit der Eltern absorbiert. Oder wenn zum Beispiel die Mutter krank ist oder ihre Erwachsenenrolle aus psychischen Gründen nicht richtig ausfüllen kann. Dabei nehmen Mädchen häufiger die Helferrolle an als Jungen. Das liegt weniger an den „angeborenen Versorger-Genen", die man weiblichen Wesen nachsagt, als vielmehr daran, dass Mädchen sich häufiger als Jungen unbedeutend und in ihrer Familie weniger wahrgenommen erleben.

Menschen, die sich von sich aus einsetzen, die sich nützlich machen, kann man überall gebrauchen. Es ist also mehr als wahrscheinlich, dass jemand, der als Kind seine Helferqualitäten entwickelte, auch später laufend animiert wird, diese Fähigkeiten zu zeigen. Die positive Charaktereigenschaft „Gefälligkeit" verändert sich zu überzogener Hilfsbereitschaft und ganz leicht zu einem Helferbedürfnis, einem Helfersyndrom – ein notorischer Helfer ist Emporenspieler. Es bildet sich ein Mensch heraus, der sehr angestrengt ist – um so mehr als seine eigene Bedürftigkeit, seine Hilflosigkeit schon in frühen Jahren nicht beantwortet wurde. Es war nicht erfolgreich, sich als älteres

Kind wie das kleine Geschwisterchen auf den Boden zu werfen und hilflos zu kreischen oder unter dem Rock der Mutter Schutz zu suchen. Da hieß es immer: „Du bist der/die Große, stell dich nicht so an." Und dann zogen sich die Eltern verärgert von ihm zurück oder schickten es weg. Bedürftigkeit zu zeigen führte zu Abwendung und Rückzug der Eltern und wurde damit als lebensbedrohlich erlebt. Ein mächtiger Grund, diese Eigenschaft tief im Theaterkeller zu verbergen.

Was man als kleines Kind gut geübt hat, das fällt einem auch später leicht, ja dieses Verhalten zeigt man ganz automatisch. Noch besser, wenn es Lob von außen dafür gibt. Wer sich früh als Helfer bewährt hat, wird später entweder direkt einen helfenden Beruf anstreben (wie etwa Krankenschwester/-pfleger, Lehrer oder Therapeut), oder er wird zum Faktotum an seinem Arbeitsplatz, zu dem, der alles und jedes richtet, besorgt und macht, ohne den die Abteilung zusammenbricht. Er wird zum „Mädchen für alles" in seiner eigenen Familie. Organisiert, repariert, managt, versorgt, tröstet und pflegt – alle. Außer einem – sich selbst. Es ist sehr anstrengend, ständig helfen zu müssen und gleichzeitig die eigene Hilfsbedürftigkeit im Theaterkeller zu halten, ständig das Gefühl zu haben, nie und unter gar keinen Umständen selbst einmal bedürftig werden zu dürfen, Hilfe verlangen zu können.

Als notorischer Helfer aber kann man sich guten Gewissens selber Beifall klatschen. War man nicht wieder wunderbar?! Die fremde Frau hätte ihren Mercedes nie alleine ohne Schramme aus der engen Parkbucht vor dem Supermarkt gebracht. Die Kollegen von der Sachbearbeitung wären heute nicht weitergekommen, wenn man nicht mit seinen Computerkenntnissen geholfen hätte. Der alte Bekannte, dieser Glücksritter, musste sich mal wieder ausheulen, man hat ihn mit gutem Rat und ein paar abgelegten Oberhemden versorgt... Das fühlt sich doch gut an, so gebraucht zu werden. Als notorischer Helfer wächst man jedes Mal ein Stück. Zumindest ragt man über die arme Wurst hinaus, der man gerade unter die Arme greift. Das stärkt das Selbstbewusstsein, das gibt Bedeutung. „Die Dosis macht das Gift!“, sagte Paracelsus. Und so ist es auch in diesem Fall. Alle Charaktereigenschaften sind gut – solange sie sich im gesunden Bereich befinden. Wenn es für ein Kind jedoch überlebensnotwendig wurde zu helfen, weil dies der einzige Weg war, von seinen Eltern bemerkt und geliebt zu werden, dann lebt das auch später noch in ihm fort. Und das Helfen geschieht in der Folge nicht nur aus Freude daran, den anderen etwas Gutes zu tun, sondern auch aus innerer Not. Notorische Helfer leben im Stress, in einem äußeren und einem inneren. Weil ihnen das Helfen so zur Natur wurde, wählen sie auch die entsprechenden Berufe. Ich selbst war nicht nur ein erstgeborenes Kind, ich wurde auch in einen Unternehmerhaushalt geboren, mit einem kranken Geschwisterkind. Ich hatte allen Grund, einen notorischen Helfer auszubilden. Aber das Schicksal meinte es gut mit mir. Schon mit 19 Jahren bekam ich einen Nervenzusammenbruch und damit eine Chance, über mich nachzudenken: darüber, ob mein in der Kindheit angelegtes Permeagramm – so richtig es auch in der damaligen Situation war – nicht einer Überarbeitung für die Zukunft bedurfte.

Um es kurz zu sagen: Das verletzliche Kind unternimmt mit seinem starken Überlebenswillen einen Prüfprozess, in dem es das ganze Kaleidoskop der Charaktereigenschaften auf Tauglichkeit für sein mehr oder weniger lustvolles Überleben untersucht. Es führt ein Ausleseverfahren nach dem Motto durch: „Die guten nach oben (auf die Empore), die schlechten nach unten (in den Theaterkeller, wo man sie nicht sieht).“ Dabei entsteht das, was wir später Persönlichkeit oder Charakter nennen werden; das Kind stellt also sein individuelles Permeagramm auf. Obwohl diese Festlegung nicht unwiderruflich ist, ändern viele Menschen sie niemals ab. Da diese Prägungen sehr früh und unbewusst stattgefunden haben, glauben wir später, das sei eben unsere Natur – unser angeborener Charakter – und wir könnten nicht anders. Es sei denn, wir werden an irgendeiner Stelle unseres Lebens gezwungen, darüber nachzudenken, nach einem Burn-out, einem Nervenzusammenbruch oder einer Herzattacke.

Der Habenichts, der alles verschwendet hat, ist der Gegenspieler des Geizigen; er hängt mit ihm an einem Gummiband. Pantalone heißt der Geizhals in der Commedia dell'arte. Ein wohlhabender Kaufmann ist er; seine äußeren Verhältnisse erklären seine Sparsucht nicht. In Gogols Erzählung „Die toten Seelen" häuft der Geizkragen Pljuschkin jede Art von Plunder an, den er weder gebrauchen noch in Ordnung halten kann. Und der Volksmund kennt ein Sprichwort, das ebenfalls dieses herausragende Bedürfnis, alles zusammenzuhalten, von wohlhabenden Menschen anprangert: „Bei den Reichen lernt man sparen". Dahinter steckt die verdrängte Angst vor dem in den Keller verbannten Habenichts. Angst vor Verlust, vor materieller Not. Das verblüfft! Diese Angst erwartet man nicht bei Menschen, die im Wohlstand leben. In der Zeitschrift Focus 11/08 heißt es in einem Artikel über die Reichen: „Daniel Vasella, Chef der Schweizer Novartis (Salär 2007: neun Millionen Euro) bekannte vor einigen Jahren in seltener Offenheit: ‚Es ist merkwürdig, je mehr ich verdiene, desto wichtiger wird mir, wie viel ich verdiene.'" Das zeigt ganz deutlich, dass die Ängste, Nöte und Verletzungen, die einen Spieler auf die Empore hinauf jagen, noch nicht einmal realistisch sein müssen. Unsere als Kind erlebte Verletzlichkeit, das Gefühl, schutzlos ausgeliefert zu sein und Todesangst zu empfinden, haben entsprechende Spieler auf die Empore und ihre Gegenspieler in den Theaterkeller gebracht. Die Emporenspieler existieren bei den meisten Menschen auch noch, wenn sie längst erwachsen und nicht mehr hilflos sind. Sie nehmen ihre Aufgabe immer noch sehr ernst. Auch wenn der einstige arme Wurm sich zum Milliardär emporgearbeitet hat, bleibt die Angst und damit der Arbeitsauftrag für den Emporenspieler, noch mehr Geld anzuhäufen. Genauso kann bei einem Kind, das in Wohlstand geboren wurde, die Angst ausgelöst worden sein, einmal alles zu verlieren. Oder es erlitt eine schwere Beschämung, weil noch reichere Leute sich darüber lustig machten, dass sein Vater nur einen Porsche fährt.

Es gibt auch Menschen, die es nicht fertigbringen, eine Arbeit abzugeben, die nicht 150%ig ist. Auch dann nicht, wenn man ihnen sagt, dass es nicht drauf an kommt, dass „ungefähr genau" gut genug ist. Lieber vermasseln sie alle Abgabe- und Liefertermine, verpassen den Zug oder das Festessen, als etwas Unvollkommenes weiterzugeben. Woher kommt dieses massive Bedürfnis, das in den meisten Situationen aller Vernunft widerspricht? Sie investieren unnötig Zeit, Kraft, Geld in eine übermäßige Leistung, die gar nicht gefordert, vielleicht nicht einmal gewünscht ist. Wenn man sie danach fragt, wieso sie das machen, sagen sie gereizt: „Das geht mir gegen den Strich, ich kann Pfusch nicht ausstehen." Oder: „Entweder man macht es richtig oder gar nicht." Sie tun dabei so, als sei alles, was nicht 150%ig ist, unbrauchbar. Auf ihrer Empore steht ein Perfektionist und tief in ihrem Theaterkeller sitzt ein Versager.

Wie es dazu kam? Es muss Situationen in der Kindheit gegeben haben, die von Beschämung gekennzeichnet waren. Wie zum Beispiel diese: Ein Junge bastelt sich ein Segelschiff. Unerfahren wie er ist, kriegt er es nicht so gut hin, und das Schiff sieht aus, als hätte es schon eine Havarie hinter sich. Da lacht ihn der Vater aus und gibt ihm das Gefühl, er sei ein Versager und nicht sein Sohn, der so einen Pfusch baut. Das tut weh – so sehr, dass das Kind beschließt, alles zu tun, dass ihm das nicht mehr wiederfährt. Der Vater soll stolz auf ihn sein können. Er strengt sich an und entwickelt einen Perfektionisten, damit nie wieder jemand „Versager" zu ihm sagen kann.

Oder aber, er resigniert. Stellt fest, dass er dem Vater nie gefallen kann mit seinen Leistungen. Dann bildet er den Versager-Aspekt als Emporenspieler aus und verbannt seine Fähigkeiten zur Perfektion in den Theaterkeller.

Ein Übermächtiger, das heißt ein Emporenspieler, der nach Macht giert, würde sich zum Beispiel in einer Äußerung wie dieser zeigen: „Ich erwarte absolute Aufrichtigkeit." Absolute, unbedingte Aufrichtigkeit gilt zwar gemeinhin als Tugend. Sie kollidiert aber mit der Höflichkeit und mit Mitgefühl und Rücksichtnahme. Wenn jemand bei sich feststellt, dass er absolute Aufrichtigkeit von seinen Mitmenschen erwartet, dann ist es weniger das eigene Bedürfnis nach Wahrheit, als das Bedürfnis nach Kontrolle, das hier zum Ausdruck kommt. Diese Eigenschaft bildet sich, wenn die Eltern entweder sehr kontrollierend oder völlig unberechenbar waren. Wenn das Kind nie wusste, womit es zu rechnen hatte, weil die Kontrolle so umfassend war, dass es gar nicht alles richtig machen konnte, oder sie immer wieder anders gehandhabt wurde. Wenn plötzlich und unerwartet Gefühlsausbrüche und Strafen hernieder prasselten. In beiden Fällen fühlte sich das Kind ausgeliefert, und es entwickelte sich das überlebenswichtige Bedürfnis, selbst die Kontrolle zu behalten.

Wir haben Prägungen erfahren, die uns nicht bewusst wurden. Dadurch wurden Spieler auf die Empore geholt, die uns aus unserer Not helfen sollten. Und wenn wir nicht an irgendeiner Stelle gelernt haben, uns selbst zu reflektieren – das heißt unser Bewusstes-Ich als Regisseur einzusetzen –, dann spielen diese geübten Spieler immer weiter, vielleicht sogar noch verbissener und schärfer. Ich sage dazu: Wir sind verprägt. Unser Permeagramm hat eine Ausprägung erfahren, die uns mit zunehmenden Jahren hinderlicher denn nützlicher wird. Es wird Zeit, dass wir das Bewusste-Ich auf seinen Regiestuhl setzen, damit der Regisseur die Spielertruppe unserer Commedia della Vita neu aufstellt.

Wo ist er denn hin geraten, der Regisseur – das Bewusste-Ich –, wenn er nicht auf seinem Platz sitzt und seines Amtes waltet? Diese Instanz entwickelt sich erst mit der Zeit. In den ersten Lebensmonaten sind wir uns unseres Selbst nicht bewusst. Wir halten uns für den Mittelpunkt der Welt, und alles scheint um uns zu kreisen. Wir erleben uns noch nicht als Individuum. Wenn die Mutter weint oder ein anderes Baby in der Wiege nebendran, dann fangen wir auch an zu heulen. Weil die Spielertruppe unserer Commedia della Vita früher da ist als ihr Regisseur und die Auswahl der tauglichen Spieler stattfindet, ehe er sich entwickelt hat, machen viele Menschen ihr ganzes Leben lang keinen Gebrauch von ihm. Sie werden in ihrem Leben herumgeworfen wie ungesteuerte Schiffe auf hoher See. Ihre früh ausgeprägten Emporenspieler spielen ihr Spiel unbewusst und unreflektiert. Diese Verprägung gilt es aufzulösen, indem man den Regisseur, unser Bewusstes-Ich, einsetzt. Bei manchen Menschen fehlt das Bewusste-Ich nicht ganz und gar. Sie reflektieren sich schon hin und wieder. Aber der Regisseur ist nicht frei von Einflüsterungen und Manipulationen. Die machtvollen Emporenspieler verstehen es umso besser zu argumentieren, je älter und geübter sie sind. Und dann haben sie den entsprechenden Druck – sprich extrem angespannte Gummibänder, an denen Kellerasseln zappeln, die viel Not signalisieren. Für diese Menschen gilt, den Regiestuhl von der Bühne weg zu rücken, um einen objektiven Blick auf die Dinge zu erhalten und die richtigen Entscheidungen frei treffen zu können.

Der Reiz der Unvollkommenheit

Um das Bewusste-Ich auf seinen Platz und in Funktion setzen zu können, beginnen Sie damit, sich selbst im Geiste einmal mit etwas Distanz zu beobachten, wie Sie sich in einer aktuellen Situation verhalten. Oder bildlich gesprochen: Setzen Sie sich in den eingangs beschriebenen Theatersessel und führen Sie sich eine Situation vor Augen, sehen Sie sich selbst dabei zu, wie Sie agieren. Versuchen Sie das immer wieder, zunächst in Gedanken, dann in einfachen, nicht Stress beladenen

Situationen, wenn Sie einem Freund von ihrem letzten Urlaub erzählen oder wenn Sie durch die Stadt bummeln und Bekannte treffen. Beobachten Sie sich selbst und schmunzeln Sie dabei auch über sich. Lernen Sie wieder, falls Sie es vergessen haben, wohlwollend und liebevoll über die Unvollkommenheit der Welt und über die eigenen Unvollkommenheiten zu lachen, die all zu menschlich sind. Unsere ganze Erziehung war auf Fehler fokussiert. Wir lernten, dass Fehler schlecht sind, dass gewisse Eigenschaften schlecht sind. Jetzt gilt es umzulernen: Fehler sind menschlich. Einer der Lehrsätze der japanischen Samurai des 18. Jahrhunderts lautet deshalb: „Einem Mann, der nie einen Fehler machte, kann man nicht trauen."

In Marokko erzählten mir Teppichknüpferinnen, dass sie bewusst ein paar Fehler in ihr Werk knüpften, um Allah nicht zu erzürnen, denn nur er könne vollkommen sein. Auch in unserem Kulturkreis gibt es eine alte Erzählung, in der eine irdische Frau schöner stickt als eine der Göttinnen und diese damit erzürnt. Also – Fehler sind menschlich, und Vollkommenheit ist den Göttern vorbehalten. Dass alle Eigenschaften ursprünglich gut sind, davon sprachen wir bereits. Und sie lassen sich auch wieder auf diesen positiven Ursprung zurückführen. Also gönnen Sie sich Humor. Wer über sich selbst lachen kann, der kann sich selbst auch angst- und schamfrei betrachten. Wer dann in seinem Theatersessel sitzt und sich selbst zusieht, wird das Bewusste-Ich stärken und den Regisseur der eigenen inneren Spielertruppe ausbilden. Nehmen wir zum Beispiel den bereits erwähnten Salesmanager. Er schaltet sein Bewusstes-Ich ein, setzt sich im Geiste in den Theatersessel und lässt die Präsentation, in der er überreagiert hatte, noch einmal Revue passieren. Dann probiert er in seiner Vorstellung Änderungen des Spielverlaufs wie: „Was würde passiert sein, wenn ich mich an dieser Stelle nicht hätte manipulieren und in Wut bringen lassen, sondern den Geschäftspartner gefragt hätte, weshalb er glaube, dass diese Folien und Informationen jetzt nicht interessant für ihn seien."

Indem Sie sich selbst vom Theatersessel aus beobachten, aktivieren Sie Ihr Bewusstes-Ich. Sie sind damit bereits auf dem Weg, Ihre wichtigsten Emporenspieler zu finden.

Jeder, der ehrlich zu sich selbst ist und dem es gelingt, sich liebevoll und mit einem Augenzwinkern selbst zu beobachten, kann sein eigenes Permeagramm mit den wichtigsten Persönlichkeitsaspekten erstellen und damit diejenigen Aspekte aufspüren, die das eigene Leben steuern. Man kann darüber hinaus sogar selbst ein großes Stück Optimierungsarbeit betreiben, das heißt, stark angespannte Gummibänder lockern und damit die Verprägungen ändern, wo sie sich heute als kontraproduktiv herausstellen.

Jedes Mal in heftige Wut auszubrechen, wenn die Mitmenschen nicht so wollen wie man selbst, kann für ein Kind sehr erfolgreich sein; wenn die Eltern dann genervt nachgeben oder den Sprössling dadurch in seinen Wünschen überhaupt wahrnehmen. Als Salesmanager beispielsweise ist es nicht mehr erfolgreich.

Das Bewusste-Ich stärken – den Regisseur ausbilden

Um Ihr Bewusstes-Ich zu stärken und vielleicht sogar schon den einen oder anderen Emporenspieler kennen zu lernen, möchte ich Sie damit vertraut machen, „sich selbst zuzuhören". Manchmal fragen mich Teilnehmer von Seminaren und Coachings, ob das nicht gefährlich sei. Ob man nicht riskiere, schizophren zu werden, das Krankheitsbild der multiplen Persönlichkeit auszubilden? Andere Teilnehmer versichern mir vehement, dass es bei ihnen keine verschiedenen Teilpersönlichkeiten gäbe und deshalb auch keine unterschiedlichen Stimmen. Ich kann Sie beruhigen. Sie werden durch diese Arbeit nicht krank, sondern im schlechtesten Fall ein bisschen bewusster, und können Ihr Leben selbst gestalten. Im besten Fall lernen Sie, die Beziehung zu sich selbst und zu Ihren Mitmenschen positiv zu gestalten.

Bisher haben wir uns ins Bewusstsein gerufen, was ansonsten unbewusst abläuft. Wir haben begonnen, unser Bewusstes-Ich zu installieren. Der Mensch unterscheidet sich ja gerade dadurch vom Tier, dass er sich selbst reflektieren kann. Wenn Sie sich in nächster Zeit einmal bewusster beobachten, wie Sie Entscheidungen treffen, werden Sie bemerken, dass Sie tagtäglich und psychisch gesund mit inneren Stimmen umgehen. Wir reflektieren uns und unser Leben ständig. Wir können uns in unserer Erinnerung innere Filme aus der Vergangenheit ansehen, wir können uns in die Zukunft versetzen und sind sogar in der Lage, in der Gegenwart ein bisschen neben uns zu stehen und uns dabei zuzusehen, was wir gerade machen und auf welche Weise wir das tun. Wie gesagt, ich stelle mir häufig vor, wie ich mich in einen Theatersessel setze, ziemlich weit vorne, dass ich alles ganz genau mitbekomme, und mir selbst dabei zuschaue, was ich da gerade aufführe, beispielsweise in einem Gespräch mit meinem Geschäftspartner. Wenn das Bewusste-Ich auf diese Weise aus dem Dornröschen-Schlaf aufgeweckt wurde, wird es als Regisseur seinen Regiestuhl einnehmen und kann immer wieder eingreifen, wenn es nötig wird. Nehmen wir also folgendes Beispiel: Es findet eine Besprechung über neue Kommunikationstrainings statt, die ich durchführen soll. Ich befinde mich im Büro mit meinem Geschäftspartner. Während ich mit ihm verhandle, geht meine Wahrnehmung gleichzeitig ein bisschen auf Distanz – ich setze mich in den Regiestuhl und beobachte, wie die beiden Personen miteinander interagieren. (Im NLP, der neurolinguistischen Programmierung, nennt man dies „dissoziiertes Beobachten“. Der Erlebende sieht sich als Beobachtender seiner selbst. Es unterscheidet sich damit vom gewohnten, assoziierten Verhalten, bei dem man vollkommen beteiligt und eingetaucht ins augenblickliche Erleben ist und kein Abstand zwischen der eigenen Person und dem Erlebten besteht. Nur indem ich ein bisschen auf Abstand gehe, kann ich mich selbst beobachten.) Der Geschäftspartner ist der Meinung, um Geld und Zeit zu sparen, könne man ohne Probleme zwanzig Mitarbeiter des Unternehmens auf einmal in die Kommunikationsseminare schicken. Ich beobachte mich selbst, bemerke, wie Sybille ein ganz klein wenig den Kopf senkt, wie sich der Körper anspannt, wie sich Wut ansammelt ... Wenn jetzt mein Regisseur nicht seinen Regiestuhl einnimmt und eingreift, wird sich ein Kämpfer auf die Empore schwingen und den Geschäftspartner auf die Hörner nehmen. „Stopp“, ruft der Regisseur (unhörbar für den Geschäftspartner), „Unbrauchbares Reaktionsmuster, vermitteln, statt überrennen.“ Sybille atmet aus, der Körper entspannt sich. Der Regisseur hat den Kämpfer von der Empore geholt, ein Vermittler tritt auf. Sybille beginnt dem Geschäftspartner zu erklären, unter welchen Bedingungen Kommunikationstrainings effektiv sind.

Dieser Selbstbeobachter, den Sie selbst gewiss schon erlebt haben, ist Ihr Bewusstes-Ich, der Regisseur, der auf die Bedürfnisse aller Spieler lauscht und dann eine gute Entscheidung trifft, wie das Lebensskript an dieser Stelle aussehen soll.

Wir alle kennen so etwas aus unseren Selbstgesprächen: Wie komme ich morgen nach Frankfurt? Der innere Disput lautet vielleicht: „Mit dem Auto über die Autobahn. Nein, da ist doch eine große Baustelle. Also über die Landstraße. Wie viele Stunden soll denn das dauern, da komme ich ja nie an. Mit dem Zug. Weiß man ob die nicht wieder streiken? Aber bequem wäre es, ich könnte was lesen...“ Ihr Bewusstes-Ich hört sich dieses Für-und-wider an und trifft eine Entscheidung. Das ist keine Bewusstseinsspaltung, sondern ein ganz normaler Entscheidungsprozess, wie Sie viele durch den Tag hindurch haben. Ganz anders sieht es bei krankhafter Bewusstseinsspaltung einer multiplen Persönlichkeit aus. Da gibt es keinen Regisseur, Teamleiter und kein Bewusstes-Ich, das beobachtend und entscheidend eingreift. Ich möchte hierzu folgende Begebenheit erzählen:

Ein Pizzadienst erhielt hintereinander fünf Anrufe von fünf verschiedenen Personen mit unterschiedlichen Bestellungen. Keine dieser Personen wusste etwas von der anderen. Aber dem Pizzabäcker kam es höchst seltsam vor. Er hatte fünfmal denselben Namen und dieselbe Adresse aufgeschrieben. Tatsächlich hatte er die Bestellungen von einer multiplen Persönlichkeit erhalten, bei der die einzelnen Persönlichkeitsaspekte nichts voneinander wissen.

Wenn wir von der gesunden Psyche sprechen, können wir also ganz gefahrlos von Teilpersönlichkeiten sprechen und uns diese auch bewusst ansehen, ohne psychisch zu erkranken. Der Schriftsteller Jean Paul schlug vor, jeden Aspekt, den man in sich trägt, einmal ausreden zu lassen. Das ist sogar eine sehr gute Idee für alle, die sich selbst besser kennen lernen wollen und die mit dem Permeagramm ihre Beziehungen zu anderen Menschen klären möchten.

Wenn wir in Entscheidungsprozessen auf den inneren Disput lauschen, stellen wir mit etwas Übung fest, dass nicht alle Argumente in derselben Tonart anklingen. Die verschiedenen Persönlichkeitsaspekte machen sich als Emporenspieler, Bühnenspieler und Kellerasseln mit unterschiedlicher Verve bemerkbar. Ein entspannter Bühnenspieler ist melodischer, lockerer, lustiger, toleranter, unkomplizierter als ein angespannter, hart arbeitender Emporenspieler. Eine Kellerassel hat vielleicht in den Jahren der Verbannung ganz aufgehört zu reden. Sie bemerken nur ein Wimmern, ein inneres Weinen, ein Poltern, einen Schub schlechte Laune oder Körperreaktionen wie Magenschmerzen, Kopfschmerzen oder einen engen Hals.

Wenn Sie sich gerade auf einem Empfang befinden und zwei Tische weiter eine Person sehen, die interessant für Sie sein könnte, dann sagt der Angeber in Ihnen: „Da gehst du jetzt hin, dem/der erzählst Du mal, was für ein toller Typ Du bist.“ Und er sagt es bestimmend, mit einer Elternstimme. Ein anderer Spieler, der Verschlossene vielleicht, sagt in Ihnen: „Ach neee, muss das sein, da bin ich jetzt nicht drauf vorbereitet, ich trau mich jetzt nicht da rüber, und was hab ich überhaupt zu sagen und vorzuzeigen?" Seine Stimme ist nicht fest und auch nicht bestimmend, sondern schleppend und verlegen. Wir sind also alles andere als eindimensional, sondern facettenreich wie ein wunderbarer Diamant.

Wer spielt und wer steuert mich?

Um zum Beispiel zu verstehen, wieso andere die Macht haben, mich auf die Palme zu bringen, gilt es herauszufinden, welcher Spieler meiner Commedia della Vita auf das Stichwort, das von außen kommt, anspringt und sich so aufregt, wo ich das doch eigentlich gar nicht will. Das Bewusste-Ich sitzt deshalb im Regiestuhl und schaut, wer sich beim Stichwort im Theater zeigt. Es sieht auch die Kellerasseln im Theaterkeller, wie sie an ihren Gummibändern strampeln. Denn – jetzt wird es richtig interessant – die Kellerasseln spielen auch mit, sie haben immer mitgespielt, obwohl wir einige von ihnen in die tiefsten Katakomben steckten und damit glaubten, uns ihrer entledigt zu haben. Doch sie hängen fest an diesen Gummibändern und sind mit unseren Emporenspielern untrennbar verbunden. Sie sind reichlich unzufrieden in ihrer Verbannung. Das heißt, wenn sie können, motzen sie von unten rauf und manipulieren die Emporenspieler. Sie machen sich durch Klopfzeichen bemerkbar oder springen sogar plötzlich einmal, wenn wir nicht aufpassen und die Kellertür nur angelehnt ist, mitten ins Bühnenbild hinein.

Wie in diesem Beispiel: Eine Mitarbeiterin in der Materialbeschaffung, die sonst ganz auf Harmonie bedacht ist und gewöhnlich jeden in der Abteilung beschwichtigt, fährt in der Projektbesprechung, als der Chef ihr fehlende Genauigkeit unterstellt, plötzlich völlig aus der Haut und wird zur Kämpferin. Kein Mensch hätte je eine solche Reaktion von ihr erwartet. Als sich der Rauch verzogen hatte, war sie selbst ganz ratlos, wie ihr das passieren konnte. Später, in einem Gespräch mit ihr, stellte sich heraus, dass sie in ihrem Elternhaus viel Zankerei erlebt hatte, die Eltern brachten häufig ihre Kämpfer auf die Bühne. Für das kleine Mädchen eine große Not. Sie brachte deshalb einen Vielharmoniker auf ihre eigene Empore, der immer zu schlichten und zu beschwichtigen suchte. Ihr eigener Kämpfer fristete ein Gefangenendasein im Theaterkeller. Bis auf seltene Augenblicke wie diesen, wo es ihm so zuviel war, was er da von unten mit anhören musste, dass er gigantische Kräfte aufbot, die Theaterkellertür aufdrückte und mitten ins Geschehen sprang.

Es macht also Sinn, zu erspüren oder anhand der Spielerliste herauszufinden, wer die Kellerassel ist, die am Gummiband des Emporenspielers hängt. Wenn wir uns davon ein Bild gemacht haben, sind wir bereits ein gewaltiges Stück weiter – schon dann lassen wir uns nämlich von unseren Mitmenschen weniger leicht manipulieren. Ganz nach dem Motto: Wissen ist Macht! Am Beispiel der Mitarbeiterin aus der Materialbeschaffung haben wir gesehen, dass auch verdrängte Persönlichkeitsaspekte plötzlich in die Szene springen und diese beherrschen können. Und selbst wenn die Kellertür gut verschlossen bleibt, können sie die Handlung manipulieren durch ihr Geklopfe, Gezapple und Gezerre an den Gummibändern. Vielleicht haben Sie auch schon mal bemerkt, dass Ihre Stimmung plötzlich und grundlos umgeschlagen ist. Dann hat eine Kellerassel sich bemerkbar gemacht. Oder Sie stellten frustriert fest, dass Sie sich an dem schönen Wetter, dem tollen Projekt, das Ihnen übertragen wurde, oder dem Zusammensein mit Ihrem Partner, Ihren Kindern aus unerfindlichen Gründen gerade gar nicht freuen können. Auch das bewirken Ihre unterdrückten, verbannten Kellerasseln. Wir haben gesehen, dass das Agieren der Mitmenschen die eigene Commedia della Vita oft genug durcheinander bringt. Das passiert, weil wir von unseren verdrängten unterdrückten Aspekten „fremdgesteuert“ werden. Solange man diesem eigenen inneren Wirrwarr ausgeliefert ist, das Bewusste-Ich die Emporenspieler und Kellerasseln nicht kennt und als Regisseur die Spieler nicht bewusst einsetzen kann, so lange ist man anderen Menschen völlig ausgeliefert. Sie können einen auf die Palme bringen, durch die Hölle schicken oder in den siebten Himmel heben, aus dem man am Ende unsanft herabstürzen wird.

Deshalb heißt es nun, das Augenmerk auf die eigenen Spieler zu richten. Was wir suchen, sind Emporenspieler und die dazugehörenden Kellerasseln, denn wir wollen herausfinden, welche Aspekte sich Stress erzeugend, störend, Glück und Erfolg verhindernd auf Ihr Leben auswirken.

Die ausbalancierten Bühnenspieler sind wunderbar, so wie sie sind. Falls Sie diese auch finden, freuen Sie sich an ihnen. Arbeiten müssen wir mit den anderen. Die Emporenspieler sind bei den meisten Menschen nicht zahlreich. Sie sind gut ausgebildete Spezialisten, die ihren Job seit Jahrzehnten trainiert haben. Davon kann man nicht sehr viele haben – zum Glück.

Fassen wir zusammen: In unserer frühesten Kindheit testen wir die Wirkung unserer Spieler auf die Menschen, die uns versorgen. Dabei bilden wir die erfolgreichen zu Emporenspielern aus, während wir die unbeliebten in den Theaterkeller verbannen. Das Bewusste-Ich, das steuernd auf die Spielertruppe unserer Commedia della Vita einwirken kann, entwickelt sich erst viel später, wenn der Mensch sich seiner selbst bewusst wird. Bei vielen von uns ist das Bewusste-Ich nur sehr schwach ausgebildet. Das lässt sich nachholen. Wir können das Bewusste-Ich trainieren und zum verantwortungsvollen Regisseur unserer Lebensstücke entwickeln. Der Regisseur kann die Spieler unserer Commedia della Vita neu aufstellen, in der Weise, dass überspannte und unterdrückte Spieler zurück in den gesunden Bereich der Bühne entwickelt werden – und die Gummibänder entspannen.

Test: Finden Sie Ihre Emporenspieler

Der nachfolgende Test hilft Ihnen dabei, Ihre wichtigsten Emporenspieler zu finden. Nach Emporenspielern suchen wir, weil diese sich durch ihr Agieren bemerkbar machen. Die Kellerasseln im Theaterkeller sind oft nur indirekt wahrnehmbar. Selbst wenn ein Gummiband sehr stark angespannt ist und es der Kellerassel hin und wieder gelingt, aus dem Theaterkeller auf die Empore zu springen, sind die Emporenspieler doch so dominant und behaupten ihren Platz, dass sie von allen Spielern am leichtesten zu finden sind.

Um die Bühnenspieler brauchen wir uns nicht zu kümmern, sie sind im gesunden Bereich unserer Commedia della Vita, mit ihnen ist soweit alles in bester Ordnung.

Es werden verschiedene Fragen zu den zwölf prominentesten Spielerpaaren gestellt. Sie haben vielleicht nicht auf jeden Fragenkomplex eine Antwort, denn es ist nicht wahrscheinlich, dass sich zwölf angespannte Spielerpaare in Ihrer Commedia della Vita befinden. Schon wenn Sie ein einziges Spielerpaar entdecken, ist das ausreichend, um damit in den nachfolgenden Kapiteln gut zu arbeiten. Mit etwas Übung finden Sie später noch ein paar weitere. Vielleicht spüren Sie gleich mehrere auf. Im allgemeinen sind es nicht mehr als drei bis fünf.

Der Test enthält zwölf Fragenkomplexe mit a und b. Kreuzen Sie an, wenn ein Komplex auf Sie zutrifft.

Im Anhang des Buches finden Sie die Auflösung. Sie können dann auch einen Blick in die „Spielerliste der 12 prominentesten Spieler“ (siehe S. 36-41) werfen und nachlesen, wie sich Ihre Emporenspieler darstellen und welche Kellerassel am anderen Ende des Gummibandes hängt. Sie können auch gute Freunde bitten, Ihnen zu sagen, welche Emporenspieler sie bei Ihnen wahrnehmen. Einschätzungen anderer sollten Sie jedoch nur zur Abrundung Ihres Bildes verwenden, nicht als gegebene Wahrheit.

1 a

Gibt es in Ihnen so eine Stimme, die Ihnen immer einredet, dass das, was Sie gerade machen, noch nicht gut genug ist? Etwa so: „Wenn man schon etwas macht, dann aber 150 % oder gar nicht." Sie erleben, dass Sie an Ihrer Arbeit immer noch etwas finden, das noch nicht perfekt ist und wo Sie noch mal nachbessern? Sie sind dennoch oft nicht mit dem Ergebnis zufrieden?

1 b

Scheuen Sie sich davor, neue Aufgaben anzugehen, weil da so ein Gefühl ist, dass Sie es wieder nicht packen könnten? Dass Sie die Sache nicht hinkriegen werden? Vielleicht haben Sie auch die Befürchtung, dass sich niemand dafür interessieren wird?

2 a

Wenn Ihnen Ihre Arbeit leicht von der Hand geht oder Sie früher als erwartet damit fertig werden, schleicht sich dann immer wieder so ein Gefühl ein, das sei keine echte Arbeit gewesen? Wenn Sie es sich beim Arbeiten nett machten, den Arbeitsplatz auf die Terrasse verlegen, müssen Sie sich dann vor sich selbst rechtfertigen und werden das Gefühl nicht los, gebummelt zu haben? Fühlt sich Arbeit dann gut für Sie an, wenn sie schwer, endlos, schweißtreibend und erschöpfend war?

2 b

Stellen Sie immer wieder fest, dass Sie über ein bestimmtes Aufgabenniveau nicht hinaus kommen, obwohl es Ihnen nicht an Begabung fehlt? Sie tun sich leicht mit dem, was Sie machen, aber die nächste Hürde nehmen Sie nicht, weil Sie immer an dem Punkt aufgeben, wo es mühsam wird und Training, Lernen, Dranbleiben erfordert?

3 a

Wenn Not an Mann ist springen Sie ein? Wenn Sie sehen, dass jemand in Ihrem Umfeld nicht weiterkommt, unterstützen Sie ihn dann? Wenn Sie es sich genau überlegen, stellen Sie fest, dass es immer einen oder gar mehrere Menschen in Ihrem Leben gibt, die mit ihrem Leben nicht klar kommen und denen Sie deshalb laufend mit Rat und Tat zur Seite stehen müssen?

3 b

Sie haben häufig das Gefühl, nicht weiter zu wissen? Sie glauben dann, dass Sie es alleine nicht schaffen? Fühlen Sie sich oft selbst nicht stark, kompetent oder fordernd genug, um die vor Ihnen liegenden Aufgaben aus eigener Kraft zu bewältigen? Neigen Sie dazu, von anderen Rat und Hilfe einzuholen?

4 a

Fällt Ihnen auf, wenn andere Menschen etwas Neues haben? Stellen Sie sich oft vor, dass die anderen ein besseres Leben führen, dass sie erfolgreicher sind? Dass anderen Dinge zufallen, die eigentlich Ihnen zustehen würden? Vergleichen Sie häufig und denken: „Die haben es gut, so schön möchte ich es auch mal haben!"? Schmerzt es Sie, das zu sehen? Fühlen Sie sich dann weniger „von der Sonne verwöhnt"?

4 b

Erleben Sie es immer wieder, dass Sie zu leichtgläubig und arglos waren und andere Ihnen sagen: „Das hättest du dir doch denken können, dass das eine Finte ist"? Dass Sie an Versprechungen, Sonderangebote und Hauptgewinne glaubten, die keine waren, und Sie sich nachher als der Geschröpfte erlebten?

5 a

Sind Sie jemand, dem es sehr wichtig ist, sein Hab und Gut zusammenzuhalten? Sagt man Ihnen häufig, Sie könnten mal spendabler mit Zuwendung sein? Oder stellen Sie selbst fest, dass Sie wenig schenken, materiell oder in Form von Aufmunterung, Komplimenten und Anerkennung? Machen Sie sich Sorgen, in welchen materiellen Verhältnissen Sie sich im Alter befinden werden, obwohl es Ihnen aktuell ausreichend gut geht?

5 b

Sind Sie jemand, der im Augenblick lebt und wenig Vorsorge für morgen trifft? Geht es Ihnen sehr gut in Ihrem Job oder Ihrer Familie und Sie machen sich keinen Kopf darüber, ob das morgen auch noch so sein wird? Oder geht es Ihnen materiell gar nicht gut und Sie sehen gar keine Chance, eine Zukunftsplanung vorzunehmen und entsprechend zu sparen?

6 a

Wenn Sie sich selbst beobachten, stellen Sie dann fest, dass Sie ein sehr kritischer Mensch sind? Jemand, der Fehler findet im Verhalten und in der Leistung anderer und der das auch anprangert? Haben Sie einen sehr scharfen Blick und häufig auch eine scharfe Zunge?

6 b

Fürchten Sie sich vor Problemen, die Sie nicht lösen können? Problemen jedweder Art, beispielsweise ein Suchtproblem in der Familie, ein Auto, das sonderbare Geräusche von sich gibt und zur Reparatur gebracht werden müsste, was womöglich Ihr Budget übersteigen würde? Haben Sie das Gefühl, das jetzt nicht lösen zu können? Und versuchen Sie deshalb, dieses Problem einfach nicht anzusehen?

7 a

Sind Sie sich selbst Ihr größter Kritiker? Kommen andere bei Ihnen immer besser weg als Sie selbst? Können Sie sich, so wie Sie sind, nicht wertschätzen? Oder machen Sie Ihre eigenen Leistungen immer schlecht? Sagen Sie zu sich selbst Sätze wie: „Glaub nur nicht, dass du so toll bist, was von dir kam, war noch nie wirklich gut."

7 b

Wenn Sie in Gesellschaft sind, erleben Sie dann, dass Sie die anderen unterhalten, indem Sie von Ihren Erfolgen erzählen? Dass Sie Ihre Erlebnisse größer und fantastischer machen? Oder den anderen den Eindruck vermitteln wollen, dass Ihre Arbeit ganz herausragend und Ihre Erlebnisse einmalig, ja Sie selbst ein ganz besonderer Typ sind?

8 a

Sind Sie jemand, dem die Aufgaben nie ausgehen? Der von früh bis spät in die Nacht tätig ist? Passiert es Ihnen dann, wenn Sie abends völlig erschöpft aufs Sofa sinken, dass eine Stimme in Ihnen sagt: „Da ist aber noch Wäsche zu bügeln. In der Küche steht noch Geschirr. Für morgen gibt es noch etwas vorzubereiten..."? Wenn Sie sich hinsetzen, um eine Liste zu schreiben, was noch alles zu tun ist, füllt sich gleich eine Din-A4-Seite? Und wenn Sie die oberen Punkte abgearbeitet haben, wird die Liste unten schon automatisch wieder um neue Aufgaben ergänzt?

8 b

Sind Sie jemand, der seine Zeit gern und häufig verbummelt? Am Wasser sitzen und die Beine baumeln lassen, mit Freunden Musik hören, im Café sitzen, tun Sie lieber und häufiger als dass Sie Aufgaben angehen? Sie fühlen keinen Antrieb, etwas Konstruktives zu machen?

9 a

Harmonie ist Ihnen extrem wichtig? Sie wünschen sich, in Frieden und stressfrei mit anderen zu leben und zu arbeiten, deshalb halten Sie sich lieber zurück, wenn Sie anderer Meinung sind? Werfen Sie sich beschwichtigend und ausgleichend dazwischen, wenn zwei Menschen aus Ihrem Umfeld eine Meinungsverschiedenheit haben? Ertappen Sie sich, dass Sie immer wieder Probleme nicht aussprechen, um keine Auseinandersetzung auszulösen?

9 b

Erleben Sie die Welt um sich als hart und ungerecht? Haben Sie das Gefühl, dass Sie zu kurz kommen, nicht zu Ihrem Recht gelangen oder gar nicht wahrgenommen werden, wenn Sie nicht selbst massiv für sich einstehen? Treten Sie wieder und wieder vehement für sich und Ihre Rechte ein?

10 a

Überprüfen Sie einmal Ihre Aktivitäten in Freizeit und Beruf. Sind Sie jemand, der gern Pauschalangebote – alles inklusive – wahrnimmt? Der vorzugsweise Arbeit tut, die vorgegeben ist? Jemand, der von sich selbst sagt, dass er unkreativ ist und keine komplexen Aufgaben anpacken kann? In Gesellschaft lassen Sie sich lieber von den anderen unterhalten, als selbst aktiv zu sein?

10 b

Sind Sie ein Mensch, der ständig neue Ideen hat? Der im Kopf neue Maschinen erfindet, Filmstories, oder Konzepte, um die Welt zu erneuern? Jemand, der sprüht vor Einfallsreichtum, dem aber die Umsetzung extrem schwer fällt? Können Sie nur schwer für längere Zeit intensiv an einem Konzept arbeiten, weil schon wieder neue, noch faszinierendere Ideen Ihre Aufmerksamkeit fesseln? Ihre Mitmenschen und Projektpartner ermüden Sie, weil sie so schwerfällig erscheinen und so viele Fragen nach Machbarkeit stellen?

11 a

Setzen Sie alles daran, in Ihrem Umfeld und vor allem auch in Ihrem Berufsleben derjenige zu sein, der sagt, wo es lang geht? Ist es Ihnen wichtig, Einfluss zu haben? Streben Sie danach, Ihren Einflussbereich zu vergrößern, ist Macht ein schönes Gefühl für Sie? Wenn Sie sich genau anschauen, stellen Sie dann fest, dass Sie andere Menschen stark kontrollieren? Dass es Ihnen eine gewisse Genugtuung verschafft, Ihren Familienmitglieder oder Ihren Kollegen oder Mitarbeitern Fehler nachzuweisen?

11 b

Fühlen Sie sich oft machtlos, den Machenschaften der Großen ausgeliefert? Den Politikern, den Wirtschaftsbossen, Ihrem Chef, Ihrem Lebenspartner, Ihren Eltern? Haben Sie das Gefühl, nichts ändern zu können?

12 a

Sind Sie jemand, der häufig das Gefühl hat, dass die Zukunft Ihre Wünsche und Träume nicht erfüllen wird? Dass Ihre Pläne scheitern werden und alles in Ihrer eigenen Welt und in der großen Welt noch schlimmer werden wird? Glauben Sie zumindest manchmal daran, dass Sie oder alle kleinen Leute Opfer einer großen Verschwörung werden könnten?

12 b

Sind Sie ein Mensch, der daran glaubt, dass er ein gutes Leben verdient hat und dass sich alles jeweils zum Guten wenden muss? Neigen Sie dazu, diese Vorstellung „alles wird gut" durch angestrengtes „positives Denken" zu unterstützen? Aber wenn Sie ehrlich sind, treffen Sie keine aktiven Vorkehrungen, um das Gelingen zu unterstützen?

Die Auswertung des Tests finden Sie im Anhang des Buches auf Seite 276.

Nachdem Sie nun Ihre wichtigsten Emporenspieler herausgefunden haben, werfen Sie am besten noch einmal einen Blick in die Spielerliste der Commedia della Vita, um Ihre Spieler besser kennen zu lernen und noch einmal zu überprüfen, ob Sie die richtigen gefunden haben. Gleichzeitig sehen Sie in der Liste, aus welchem gesunden Persönlichkeitsaspekt sich Ihr jeweiliger Emporenspieler und die dazugehörige Kellerassel entwickelt haben. Bitte betrachten Sie die Liste als erweiterbar und deshalb nicht vollständig. Charaktereigenschaften und ihre Antipoden lassen sich nicht mathematisch exakt definieren. In den Seminaren haben Teilnehmer immer wieder festgestellt, dass sich die Emporenspieler und die am anderen Ende der Gummibänder hängenden Kellerasseln von Mensch zu Mensch in Nuancen unterscheiden. Nehmen Sie die Liste deshalb als Anregung. Es ist daher empfehlenswert, die gefundenen Spieler ein bisschen zu beschreiben, Sie können ihnen auch eigene Namen geben und sich – wenn Sie bildliches Vorstellungsvermögen haben – vorstellen, wie sie denn aussehen mögen. Vielleicht ein bisschen wie in der Commedia dell'arte? Vielleicht gibt es in der Spielertruppe Ihrer persönlichen Commedia della Vita einen kleinen buckligen Knauser, eine schillernde, verführerische Lebefrau oder was auch immer. Ihrer Phantasie sind keine Grenzen gesetzt. Es soll Spaß machen, die eigenen Emporenspieler und Kellerasseln zu entdecken. Außerdem ermöglicht dieser persönliche Zugang zu den eigenen Spielern einen liebevolleren Umgang mit ihnen. Achten Sie mit Ihrem Bewussten-Ich auch darauf, wie sich die einzelnen Spieler ausdrücken. Welchen Sprachjargon haben sie? Selbstabwerter auf der Empore sprechen oft eine ganz rüde Sprache. Sie sagen Sätze wie: „Du bist ja das Allerletzte. So einen Idioten wie dich kann es kein zweites Mal geben. Du hast echt verdient, dass die Welt auf dich pisst..." Selbstantreiber auf der Empore hören sich so an: „Du musst mehr machen, mit dieser Leistung kommst du nicht durch..." Und notorische Helfer klingen wie folgt: „Sei nicht so egoistisch, wenn der Karl doch deine Hilfe braucht, da musst du eben helfen. Erst kommen die anderen..." Kellerasseln sind in der Regel nicht konkret fassbar, sie nörgeln, weinen, motzen oder sind ganz und gar verzagt, was sich darin äußert, dass wir uns unwohl fühlen.

Wichtig: Das Geschlecht der Spieler ist individuell verschieden. Finden Sie es heraus. Als Mann können Sie auch eine weibliche Angeberin in Ihrer Commedia haben. Als Frau können Sie eine Glucke oder das männliche Äquivalent – einen Huderer besitzen, der alle beschützen und umsorgen will.

Wir werden mit einem kompletten Satz an Charaktereigenschaften geboren, die alle ursprünglich gut sind. Sehr schnell erfasst das verletzliche Kind, welche Aspekte förderlich sind für das Wohlergehen und welche nicht, und bildet Emporenspieler und Kellerasseln aus, die unsere Commedia della Vita bestimmen, noch ehe das Bewusste-Ich seinen Regiestuhl einnehmen kann. Viele Menschen haben ihren Regisseur nicht so weit ausgebildet, dass er Spieler auswählt und die Stücke, die sie spielen, aktualisiert. Das aber ist wichtig, um sein Leben selbst zu gestalten und nicht darin herumgeworfen zu werden, wie ein Schiff ohne Steuermann. Die eigenen Emporenspieler zu finden ist ein wesentlicher Schritt dabei.

Übungen

Sinn der Übungen: Indem Sie sich immer wieder selbst beobachten und in sich hinein lauschen, entwickeln und stärken Sie Ihr Bewusstes-Ich und setzen es als Regisseur auf den Regiestuhl. Sie lernen darüber hinaus die Spieler Ihrer Commedia della Vita immer besser kennen.

Sich selbst zuhören

Übungsanleitung: Treffen Sie eine Entscheidung zu folgender Situation: Überlegen Sie mal rasch, ob Sie morgen Abend länger am Arbeitsplatz bleiben wollen, weil ein Projekt unbedingt noch fertig gemacht werden soll, oder ob sie mit einem lieben Menschen in ein schönes Konzert gehen werden.

Wenn Sie sich gut beobachten, werden Sie feststellen: Jetzt sind Sie hin und her gerissen – da melden sich verschiedene Aspekte zu Wort – Ihre Teilpersönlichkeiten. Hören Sie auf die Stimmen, die sich da melden. Die eine Stimme sagt: „Wenn du in deiner Firma was werden willst, musst du die Arbeit machen." Eine andere Stimme sagt: „Diesmal lass ich die Kollegen auflaufen, die vermasseln die Termine, und ich soll es dann richten." Eine weitere Stimme sagt: „Du bist es deiner Tochter schuldig, sie freut sich auf das Konzert, das kannst du ihr nicht abschlagen." Noch eine Stimme sagt: „Und wo bleibe ich, wann geht es hier in dem ganzen Zirkus mal um mich?" Mit ein bisschen Übung und Ruhe gelingt es Ihnen, Ihre jeweilig aktiv werdenden Spieler im inneren Dialog oder Disput wahrzunehmen.

Mit sich zu Rate gehen

In jedem Entscheidungsprozess erleben wir, wenn wir in uns hinein hören, dass sich verschiedene Stimmen zu Wort melden und das Für und Wider einer Sache diskutieren. Manchmal teilen wir auch unseren Mitmenschen mit, dass wir gerade nicht eins mit uns sind. Wir sagen dann: „Ich muss noch mit mir zu Rate gehen.

Übungsanleitung: Praktizieren Sie dieses „Ich muss noch mit mir zu Rate gehen" immer wieder laut. Ihre Freundin fragt Sie beispielsweise: „Gehen wir am Wochenende zusammen Ski laufen?" Mit sich zu Rate gehen: Oh, ich freue mich, dass du mich fragst. Ich weiß noch nicht, ich muss noch mit mir zu Rate gehen. Dafür spricht, dass das Wetter schön werden soll und ich Lust auf Bewegung und frische Luft habe. Dagegen spricht, dass ich am Montag eine Besprechung habe, die ich vorbereiten muss. Dann ist da noch so ein Faulpelz in mir, der hätte mal Lust einfach rumzulümmeln...

Innehalten

Sinn der Übung: Mit dieser Übung erfahren Sie mehr darüber, von welchen Ihrer Spieler Sie bisher tatsächlich durchs Leben gesteuert werden, „who drives your car".

Übungsanleitung: Unterbrechen Sie mehrmals täglich Ihre aktuelle Tätigkeit für zwei Minuten und fragen Sie mit dem Bewussten-Ich in sich hinein, wie es Ihrer Spieltruppe gerade geht. Sind alle zufrieden mit der aktuellen Situation? Hören Sie dabei geduldig zu. Zuerst werden Sie vielleicht lautstarke Stimmen Ihrer geübten Spieler hören. Selbstantreiber und Selbstabwerter könnten Ihnen sagen: „Was soll der Scheiß, Stimmen hören? Sieh zu, dass du deine Arbeit fertig kriegst!" Lassen Sie Ihr Bewusstes-Ich antworten: „Ist schon gut, die zwei Minuten sind gut angelegt, das sind Erhaltungsmaßnahmen für mich als gesamte Person."

Achten Sie weiter auf die leisen Stimmen, auf leichte Gefühlsschwankungen, eine nebelhafte Müdigkeit oder schattenhafte Traurigkeit. Dahinter stecken Kellerasseln, die ihre Frustration auf diese Weise nach oben melden. Schauen Sie in Ihrem persönlichen Permeagramm nach, wer da im Theaterkeller hockt, und befragen Sie diese verdrängten Spieler, was sie brauchen. Nehmen Sie die Antworten ernst. Lassen Sie Ihr Bewusstes-Ich mit allen Spielern, die Sie hören oder spüren können, befriedigende Abmachungen treffen – mit dem Faulenzer ebenso wie mit dem Schwerarbeiter – und versuchen Sie auf diese Weise Stück für Stück die Spieler Ihrer Commedia della Vita auszubalancieren.

Achtung: Abmachungen mit sich selbst sind unbedingt ernstzunehmen. Seien Sie ehrlich mit sich selbst, sonst erleben Sie, dass einige Spieler sabotieren.

4 Wie Sie mit dem Permeagramm Ihren Alltag harmonischer gestalten

Ein alter Indianer saß mit seinem Enkelsohn am Lagerfeuer. Es war schon dunkel geworden und das Feuer knackte. Die beiden starrten schweigend in die Flammen, die in den schwarzen Nachthimmel züngelten. Nach einer langen Weile sah der Alte seinen Enkel an und sagte: „Weißt Du, in meinem Herzen kämpfen zwei Wölfe gegeneinander. Der eine ist aggressiv, rachsüchtig und grausam, der andere ist mitfühlend, liebevoll, manchmal hilflos." „Welcher der beiden wird den Kampf um dein Herz gewinnen?", fragte der Junge. „Der Wolf, den ich füttere", antwortete der Alte.

Emporenspieler können zu Kellerasseln werden und Kellerasseln zu Bühnenspielern oder Emporenspielern. Wir sind in unserem Charakter nicht festgelegt, es kommt darauf an, welchen Wolf wir füttern. Oder, noch besser – wie wir beide auf ein gesundes Maß bringen. Das heißt, den überangespannten Spielern weniger „Nahrung“, weniger Aufträge zu geben und die unterdrückten Aspekte zu füttern und entwickeln.

Entspannen Sie Ihre Emporenspieler und holen Sie die zweite Garnitur auf die Bühne. Schließen Sie den Theaterkeller auf und rehabilitieren Sie die Kellerasseln, die verbannten Spieler. Klingt gut, oder? Das ist leichter gesagt als getan. Sie verfügen über ein gut eingespieltes Team. Ihr Leitwolf lässt sich nicht so einfach degradieren. Seit Jahrzehnten kennt jeder Spieler seinen Platz und sein Stichwort. Auf einmal gelassener zu reagieren, wenn Sie bisher hektisch oder aufbrausend waren, das ist gar nicht so leicht, aber wie im Folgenden zu sehen, machbar.

Tierisch hartnäckige Prägungen

Der Bär war der Liebling der Parkbesucher. Und es schmerzte die Leute, wie er da von einer Seite der Gitterstäbe zur anderen lief. Zehn Schritte hin, zehn Schritte zurück. „Zu klein der Auslauf für einen ausgewachsenen Bären“, sagten sie und sammelten, damit er ein großes Gehege mit genügend Auslauf erhielte. Eines Tages war es soweit. Der Bär wurde betäubt und in sein neues Zuhause gebracht. Zahlreich waren die Besucher, die gespannt darauf warteten, dass der Bär aufwachte und sich in seinem neuen Terrain umsähe. Als die Betäubung nachgelassen hatte, berappelte sich der Bär, schaute um sich, stand auf, schüttelte sich und begann zu gehen. Zehn Schritte hin, zehn Schritte zurück. Zehn Schritte hin, zehn Schritte zurück.

Soll das heißen, wir sind wie ein dummer Bär, der die plötzliche Erweiterung der eigenen Möglichkeiten nicht genießen will? Der einmal konditioniert auf sein enges Gehege zu keinen ausgreifenderen Bewegungen mehr fähig ist? Ja, tatsächlich, auch wir Menschen sind konditioniert, denn wir haben über Jahrzehnte auf einen Reiz immer wieder dieselbe Reaktion gezeigt. Immer wieder dieselben Spieler auf die Bühne gerufen. Dennoch ist es nicht ganz so einfach; die Sache ist ein bisschen komplizierter. Nehmen wir ein weiteres Beispiel, um klar zu sehen; wir schauen uns dabei noch einmal bei unseren vierbeinigen Verwandten um, diesmal bei einem der stärksten Tiere, die die Welt bevölkern, dem Elefanten. Der Mensch hat viele Elefanten als Arbeitstiere domestiziert. Sie sind an Ketten gebunden, die sie problemlos zerreißen könnten. Weshalb tun sie es nicht? Tiere von mehreren Tonnen Gewicht lassen sich von einem Strick oder einer dünnen Kette am Weglaufen hindern. Wie kann das sein? Sie glauben nicht mehr daran, dass sie weglaufen könnten. Schon als Babies werden sie an die Kette gewöhnt. Sie lernen, dass die Kette, der Mensch, die Arbeit zu ihrem Leben gehören. Sie kennen nichts anderes mehr. Sie kennen kein anderes Leben. Wenn man ihnen Bewusstsein zusprechen würde, würde man sagen, sie definieren sich über die Kette, den Menschen und die Arbeit. Sie erleben dies als zu ihnen gehörend. Was aber ist mit den verdrängten Eigenschaften der Elefanten? In ungewohnten Situationen und unter Stress tauchen sie manchmal wieder auf. Wenn sie im Wald bei der Arbeit zum Beispiel wilden Elefanten begegnen. Übrigens: auch Hausgänse, die über Generationen domestiziert wurden, fangen aufgeregt an zu schnattern, wenn Wildgänse über sie hinweg ziehen.

Der Mensch ist im Vergleich zum Tier weit weniger festgelegt, das heißt er wird mit viel weniger Instinkten und festgelegten Verhaltensweisen geboren als das Tier. Er hat dafür eine ungeheuer große Lernfähigkeit. Er lernt zunächst und zeitlebens in hohem Maße durch Imitation anderer. Das heißt, ein Mensch ist ursprünglich viel freier als ein Tier. Dann aber legt er sich auf bestimmte Verhaltensweisen fest, weil er damit bei seinen Bezugspersonen Erfolg hat, und vergisst dadurch, dass er viele andere Möglichkeiten abgetan und in den Keller verbannt hat.

Ein Mensch, der als Kleinkind einen notorischen Helfer ausgebildet hat, weil er lernte, dass er nur Zuwendung und damit das Lebensnotwendige bekommen konnte, wenn er sich nützlich machte, dem fällt es später sehr schwer, den Helfer auf einmal zurückzunehmen oder gar selbst Hilfe anzunehmen. Er erinnert sich zunächst kaum, dass er auch einen hilfsbedürftigen Aspekt in sich trägt. Er hat seine Natur – seine Ganzheit – vergessen und definiert sich statt dessen über seine Helferseite mit allen Ketten und Anspannungen, die das mit sich bringt. Ja, es geht ihm damit gerade so wie dem Arbeitselefanten.

Sich selbst neu kennen lernen – Verprägungen auflösen

Wie soll man es nun anfangen, diese überstrapazierten Emporenspieler zu entspannen, die unterdrückten Kellerasseln aus dem Theaterkeller zurück in den gesunden Bereich zu holen? Für einen notorischen Helfer erscheint es gar nicht verlockend, die eigene Hilflosigkeit zuzulassen. Für einen Perfektionisten wirkt es wie Selbstaufgabe, wenn er sich gelegentlich einen Fehler zugestehen soll. Und für einen Schwerarbeiter erscheinen Stunden zunächst sinnlos, die einfach mit Faulenzen verbracht werden, oder Momente, in denen die Arbeit leicht geht. Jeder von ihnen wird sagen: „So kenne ich mich nicht."

Wir kennen uns nur in dem Rahmen, den unsere Erziehung und Entwicklung in unserem Umfeld ermöglichte – wir sind verprägt. Wer wir darüber hinaus sind, ja sein könnten, das wissen wir nicht. Genauso wenig wie der Arbeitselefant sein natürliches Waldleben kennt. Aber wir können es noch erahnen. Ganz besonders, wenn die Anspannung hoch ist, wenn der tollste Job keine Freude mehr macht, wenn wir kränkeln oder keinen Sinn mehr finden, dann spüren wir, dass es noch etwas anderes geben muss, dass wir etwas anderes in unser Leben reintegrieren müssen, um die innere Balance wieder zu finden.

Jeder Mensch hat ein Selbstbild von sich und das nennt er „ich“, „meine Person“, „meine Identität“. Er kennt sich zum Beispiel als einen fleißigen Menschen. Wenn er nun plötzlich die Gummibänder entspannt, dem Faulenzer beispielsweise einen Platz auf der Bühne einrichtet, dann meint er, sich selbst nicht mehr zu kennen: „Das bin ich nicht“, „So kenne ich mich nicht“. Er kann damit nicht zurechtkommen. Etlichen Managern, die aus ihrem 60-70-Stunden-Alltag unvermittelt herausgesprungen sind, um in einem Retreat einmal von allem Abstand zu nehmen, ist das schlecht bekommen. In dem Kloster oder an dem Ort der Stille, wohin sie sich zurückgezogen hatten, um einmal Pause zu machen, zu meditieren und Energie zu tanken, mussten sie feststellen, dass es ihnen ganz grässlich ging mit der Ruhe, die sie nun hatten. Was wir über Jahrzehnte gut geübt haben, worüber wir uns zumindest zum Teil auch definieren, das können wir nicht von heute auf morgen einfach abstellen oder umkrempeln. Deshalb versagen hier die besten guten Vorsätze und die schönsten Affirmationen wie „Ich will ruhiger und entspannter sein“ oder „Ich will nicht mehr in Wut geraten“. Aus diesem Grund bringen viele Therapien nicht den gewünschten Erfolg. Der Weg des Arbeitselefanten zurück in die Freiheit führt über ein mehrstufiges Auswilderungsprogramm. Der Weg des Menschen zurück zur Ganzheit auch.

Wer sich vornimmt, ab morgen ein anderer zu sein, den Wüterich nie mehr auf die Empore hinauf zu lassen, der wird sehr von sich selbst enttäuscht werden und frustriert sagen: „Bei mir funktioniert das ja doch alles nicht.“ Die alten Recken sind gut geübt. Wenn Gefahr droht, jagen sie schneller die Empore hinauf als irgend ein anderer Spieler die Bühne betreten kann. Sie fahren ihr geübtes Programm, noch ehe Sie mit Ihrem Bewussten-Ich über die adäquate Reaktion nachdenken konnten. Deshalb empfiehlt es sich, langsamer in seinen Reaktionen zu werden. Vor jeder Erwiderung erst einmal einen Gang runter zu schalten – nicht wie aus der Pistole geschossen zu antworten, denn so schnell kann nur einer in Ihrer Spielertruppe reagieren – der betreffende alte Emporenspieler. Wenn jemand Sie anblufft, Ihnen eine Unverschämtheit sagt oder auf andere kritische Weise versucht, mit Ihnen in Kontakt zu treten, atmen Sie erst einmal aus. Ja, nehmen Sie das ernst. Beobachten Sie einmal, was wir normalerweise tun, wenn jemand uns angeht. Wir atmen ganz kurz ein, halten die Luft an und spannen uns an. Jeder, der einmal asiatische Kampfkünste trainiert hat, weiß, dass wir in einem solchen Moment am instabilsten sind und vom Gegner leicht aus den Schuhen gehoben werden können. Wenn wir aber ausatmen und locker bleiben, dann sind wir um ein Vielfaches kraftvoller – auch mental. Die Luft anzuhalten hindert uns nämlich auch am Denken. Ausatmen beruhigt, erdet und entspannt soweit, dass Sie denken können, dass Ihr Regisseur vom Regiestuhl aus die richtige Reaktion erwägen und den geeigneten Spieler auf die Bühne schicken kann. Wenn Ihnen ein Atemzug dafür nicht reicht, nehmen Sie einen zweiten. Lassen Sie sich nicht dazu verleiten, irgendwie zu reagieren, nur weil Sie schnell reagieren wollen. Wenn Ihr Regisseur die richtige Reaktion nicht findet, empfiehlt es sich zunächst, lieber gar nicht zu reagieren, als auf die alte, unglückliche Weise.

In unserer hektischen Welt können kleine Bedenkpausen Wunder wirken. Ganz besonders, wenn Ihre Mitmenschen gewohnt sind, dass Sie immer sofort Paroli bieten, kann es eine unerhörte Wirkung haben, erst nach einer Denkpause zu antworten. Sie erzeugen damit eine hohe Aufmerksamkeit und Neugier auf Ihre Reaktion. Gerät die Denkpause dann doch etwas lang, könnten Sie Ihren inneren Suchprozess nach der adäquaten Erwiderung sogar öffentlich machen, wie in der Übung aus Kapitel 3 „Mit sich zu Rate gehen". Etwa so: „Was du mir da eben gesagt hast, das hat mich sehr überrascht. Da weiß ich jetzt gar nicht, wie ich mich verhalten soll. Vielleicht wäre es das Beste, wir würden unsere Unterredung hier erst einmal unterbrechen und – sagen wir in zwei Stunden – noch mal darüber sprechen."

Das gilt ganz besonders, wenn Sie spüren, dass in Ihnen starke Gefühle wie Wut oder Schmerz angesprochen werden, oder wenn Sie merken, dass die alten Recken auf die Empore drängen, weil Ihr Regisseur sich noch nicht klar genug darüber ist, welchen anderen Spieler er auf die Bühne schicken soll. Sollte der neu ausgewählte Spieler auf der Bühne stehen und dumm in die Runde schauen, weil er noch ungeübt ist, empfiehlt es sich ebenfalls, Ihr Gegenüber um eine Besprechungspause zu bitten.

„Alle beisammen haben" – mit dem inneren Prüfprogramm die eigenen Bedürfnisse kennen lernen

Wenn einer eine Dummheit macht, sagt der Volksmund „Der hat sie nicht alle beisammen". Das heißt: nicht alle Spieler der eigenen Commedia della Vita sind zu Rate gezogen worden. Versuchen Sie immer häufiger, in Ihren Entscheidungen „alle beisammen zu haben". Und wenn das in einem Telefonat oder in einem Gespräch mit dem Chef auf dem Flur so schnell nicht geht, dann bauen Sie einen Zeitpuffer ein. Am Telefon können Sie sehr gut sagen: „Ich habe gerade meinen Terminkalender nicht da, ich rufe Sie gerne später zurück." Oder: „Ich muss noch ein paar Dinge abklären, ehe ich Ihnen Bescheid geben kann, ich rufe Sie später zurück." Dem Chef können Sie ebenfalls entgegnen: „Um Ihnen eine definitive Antwort geben zu können, muss ich noch einen Blick auf meinen Schreibtisch werfen." Wie auch immer, verschaffen Sie sich Zeit.

Wenn Sie im direkten Kontakt mit Geschäftspartnern stehen oder ihre Kinder sie bedrängen und Sie die Antwort nicht auf später verschieben können, haben Sie die Möglichkeit, das innere Zu-Rate-Gehen öffentlich zu machen. Auf eine Frage wie diese: „Können wir heute noch zu McDonald's gehen?" könnte die innere Abfrage, die Sie aussprechen, etwa so lauten: „Ich überlege gerade, ob heute noch Zeit sein wird, nachdem alle Aufgaben gemacht sind. Ich habe auch noch eine lange Einkaufsliste und eigentlich gab's diese Woche schon zu viel Junkfood. Mir wäre es lieber, wir würden es auf nächste Woche verschieben." Den inneren Abfrageprozess vernehmlich für unsere Mitmenschen zu machen, hilft dabei, die eigenen Spieler abzufragen, ohne minutenlang grübelnd da zu stehen und die Menschen derweil mutmaßen zu lassen, was in einem vorgeht. Man zeigt damit außerdem, dass man sich ernstlich um eine gute Lösung bemüht.

Machen Sie sich keine Sorgen, dieses Prüfprogramm läuft mit der Zeit immer schneller ab. In Bruchteilen von Sekunden. Beginnen Sie diese Übung nur nicht in den schwierigen Situationen, sondern in solchen, wo es nicht so sehr darauf ankommt. Wenn Sie zum Beispiel im Supermarkt an der Kasse stehen und der Hintermann fährt Ihnen mit dem Einkaufswagen ins Kreuz. In einer solchen Situation können Sie leicht überprüfen, ob Ihr Bewusstes-Ich den Bühnenspieler aufruft oder ob ein alter Emporenspieler selbsternannt seine Show abzieht.

Machen Sie sich auch immer wieder bewusst, dass die Zeiten der völligen Hilflosigkeit vorüber sind, dass Sie als Erwachsener weit weniger ausgeliefert sind, als sie es als Kind waren. Sie werden nicht gleich sterben, wenn man Ihnen die Liebe entzieht, deshalb können Sie es sich jetzt leisten, den notorischen Helfer oder den Schmeichler einmal nicht zu zeigen, wenn einer der beiden sich auch noch so angesprochen fühlt. Sie haben eine Vielzahl von Bühnenspielern zur Verfügung, die das Bewusste-Ich klug auswählen wird. Alleine als Antwort auf diesen kleinen Vorfall in der Supermarkt-Warteschlange haben Sie in Ihrer Spielertruppe eine Auswahl an Spielern. Sie können den Bauchmenschen auf die Bühne holen. Der wird die Situation übertreiben, sich verbiegen, den Rücken halten, seinen vom Einkaufswagen „gequetschten, verbogenen" Körper in Pose stellen und dabei eine Bildzeitungs-Headline ausrufen: „Wartender in Warteschlange zerquetscht." Sie können den Schmeichler auftreten lassen: „Oh, sehr nett, dass Sie mir näher kommen wollen." Sie haben den Übermächtigen zur Verfügung: „Jetzt hören Sie mal gut zu, so wie Sie verhält man sich nicht." Sie können Ihren prahlerischen Angeber um ein kleines Stehgreifspiel bitten, nach dem Motto: „Wissen Sie, das ist ja noch gar nichts. Letzten Sommer in Indien stand ich auch in einer Warteschlange, da ist mir der Hintermann nicht nur gerade ein bisschen mit dem Einkaufswagen ins Kreuz gefahren, nein, der hat mich mit dem Staubsaugerrohr durchbohrt, das er gerade kaufen wollte." Noch besser wäre es, statt der Emporenspieler einige ihrer gemäßigten Bühnenspieler auszuprobieren.

Werden Sie mit dem Bewussten-Ich kreativ, es gibt immer eine Vielzahl von Möglichkeiten auf eine Situation zu reagieren, und es macht ungeheuren Spaß, damit zu experimentieren. Erwachsen sein bedeutet ja auch, von den unbewussten reaktiven Handlungen zu bewussten Reaktionen zu gelangen.

Wer diesen Weg beschreitet, wird feststellen, dass er immer seltener in plötzliche Streitereien verwickelt ist. Er wird immer öfter genau richtig auf die gegebene Situation reagieren. Er wird sich entspannter, beliebter und erfolgreicher erleben.

Übung macht den Meister. Halten Sie untertags immer wieder ganz kurz inne in dem, was Sie gerade tun, horchen Sie in sich hinein und machen Sie eine Stimmungsabfrage: „Sind noch alle im Boot?" „Macht mir die Arbeit gerade Spaß?" Sie stellen fest: Eigentlich ja, aber... Dieses „aber" kommt vielleicht vom Faulenzer. Sie bemerken, dass ein Teil in Ihnen Sie dazu verführt, immer wieder sehnsüchtig zum Fenster hinaus zu träumen. „Aha, der Faulenzer schielt nach dem Sonnenschein, der möchte lieber spazieren gehen." Das erkennen Sie erst einmal an. Schelten Sie sich nicht selbst, wenn Sie feststellen, dass es Stimmen gibt, die anders wollen. Gehen Sie wohlwollend mit sich selbst um. Wenn Sie sich zu viel versagen, dann wächst Ihr Neid auf andere, die mehr vom Leben haben und mehr dürfen, ins Unermessliche.

Wenn Arbeit immer an erster Stelle steht und Ihr Faulenzer den Sonnenschein nur vom Schreibtisch aus sieht, dann geht Ihnen die Arbeit nicht mehr von der Hand und selbst die spannendste Aufgabe macht keinen Spaß mehr. Wenn Sie also in diesen kleinen Prüfprozessen auf Spieler treffen, die nicht richtig dabei sind, müssen Sie herausfinden, was sie sich wünschen. Das Bewusste-Ich muss einen Kompromiss erarbeiten, der so gut ist, dass alle wieder mitziehen, auch der Faulenzer. Wenn alle an einem Strang ziehen, geht die Arbeit schnell, konzentriert und fehlerfrei voran.

Diese wiederholten Momente des Innehaltens im Alltag ermöglichen es Ihnen, sich selbst immer besser kennen zu lernen. Was mache ich wirklich gerne, was mache ich, um anderen zu gefallen? Wann sind die richtigen Spieler meiner Commedia della Vita auf der Bühne, wann die falschen? Viele Zeitgenossen müssen entsetzt feststellen, wenn sie diese Übungen machen, dass sie so verprägt sind und ein halbes Leben lang so in ihrem Räderwerk funktioniert haben, dass sie gar nicht mehr wissen, was ihnen wirklich Spaß macht. Was ihre eigenen Bedürfnisse sind. „Wie soll man die denn finden, wenn man ein Leben lang erst von den Eltern, dann vom sozialen Umfeld und von den Medien gesagt bekam, wie man sein soll und welche Bedürfnisse man haben soll", fragten einige Seminarteilnehmer ratlos. Ja, das ist für einen zivilisierten modernen Menschen tatsächlich eine sehr schwere Übung. Haben wir gerade noch daran geglaubt, dass wir individualistisch und frei in unserer Entfaltung lebten, so müssen wir erkennen, dass unser „individuelles" Permeagramm sich nicht individuell gemäß unserer Gaben und unserer ureigenen Bedürfnisse entwickelte, sondern entsprechend unserer Nöte und der suggerierten Bedürfnisse unserer Mitmenschen. Es schmerzt festzustellen, dass man mehr über eine Filmfigur oder das aktuelle Supermodel und deren Vorlieben weiß als über sich selbst.

Die Urbedürfnisse – wonach wir uns wirklich sehnen

Ein guter Weg, um das eigene Permeagramm und die Wünsche und Bedürfnisse der einzelnen Spieler besser kennen zu lernen, führt zu den Urbedürfnissen. Damit sind nicht die biologischen Grundbedürfnisse wie atmen und essen gemeint, sondern die ursprünglichen Bedürfnisse, die ein Mensch hat, um geistig und seelisch gesund durchs Leben gehen zu können. Diese Urbedürfnisse sind bei allen Menschen immer da. Nicht alle Menschen setzen dabei dieselben Prioritäten. Für manche Menschen ist es extrem wichtig zu wissen, wo ihr Platz ist und dass sie dazu gehören. Anderen Menschen ist es wichtiger, ihr Interesse an Neuem stillen zu können. Die Spieler Ihrer Commedia della Vita und die Urbedürfnisse stehen in ganz engem Zusammenhang. Man könnte sagen, die Spieler verfügen über die verschiedenen Gaben, um die Urbedürfnisse des Menschen befriedigen zu können. Umgekehrt können Sie, indem Sie sich die Urbedürfnisse des Menschen immer wieder ins Bewusstsein rufen, auch Spieler bei sich entdecken, die Sie vergessen hatten. Vielleicht haben Sie in den letzten fünfzehn Jahren so gut im Räderwerk funktioniert, dass Sie sich Neugier – das Bedürfnis Neues kennen zu lernen, zu erfahren, etwas heraus zu finden und zu ertüfteln – „abgewöhnt" haben. Da steht ein Spieler in Ihrer Truppe bereit und wird sich bemerkbar machen, wenn Sie sich dafür sensibilisieren, Ihre Emporenspieler und Kellerasseln nicht mehr die ganze Bühne für sich beanspruchen und das ganze Geschehen bestimmen.

Ebenso wie der Mensch für einige Zeit auf Essen oder Sex verzichten kann, so kann er auch eine kleine Zeitlang auf diese Urbedürfnisse verzichten. Aber weder durch Erziehung noch durch Kompensation lassen ihn diese Bedürfnisse wirklich los, nur durch ihre Befriedigung befreit er sich vom Leidensdruck. Und trotzdem sind diese Urbedürfnisse den wenigsten von uns je bewusst. Die Werbeindustrie kennt einige von ihnen, denn sie versucht uns erfolgreich Ersatzbefriedigungen zu verkaufen statt der Dinge, die wir tatsächlich benötigen. Sie verspricht uns, dass ihr Produkt unseren Mangel stillt. Aber das kann nicht funktionieren. Dennoch lassen wir uns blenden und rauchen Marlboro, weil wir ein Urbedürfnis nach Freiheit und Neugier haben, anstatt dieses Bedürfnis tatsächlich zu befriedigen. Einen anderen Teil dieser Bedürfnisse machen sich die Versicherer zunutze, sie sprechen unser Urbedürfnis nach Sicherheit an. Dabei sei noch einmal betont, dass die einzelnen Bedürfnisse individuell unterschiedlich ausgeprägt sein können, nicht alle Menschen haben beispielsweise ein gleich hohes Sicherheitsbedürfnis. Nicht alle Menschen sind gleichermaßen neugierig.

Wenn Sie sich die Urbedürfnisse ansehen, horchen Sie in sich hinein. Es könnte gut sein, dass beim Lesen etwas in Ihnen anklingt, dass ein paar vergessene Spieler Wehmut zeigen und den Wunsch verspüren, nach so langer Zeit der Verbannung einmal wieder mitspielen zu dürfen.

Wer in seinen Urbedürfnissen befriedigt ist, fühlt sich aufgehoben in der Welt, ist sich seiner selbst sicher und steht in seiner Kraft. Wenn Sie das erreichen, dann wird es mehr Abwechslung auf Ihrer Bühne und mehr Lebendigkeit in Ihrem Leben geben. Mehr verschiedene Spieler werden fröhliche, farbige Stücke spielen, Ihr Leben wird bunter, intensiver und reicher. Ihr Regisseur wird nur noch ein bisschen Arbeit haben mit den Emporenspielern, die ihre Macht schwinden sehen.

Sehen wir uns nun die Urbedürfnisse zunächst einmal im Einzelnen an:

Zuwendung

Das Bedürfnis danach, „wahrgenommen zu werden", wenn möglich positiv, also Zuwendung zu bekommen, ist so essentiell wie atmen, essen und trinken. Dabei meint Zuwendung jede Form von „Streicheleinheit": ein Lächeln, eine Ansichtskarte, Smalltalk am Kaffeeautomat, ein Türaufhalten, wenn man mit Einkaufstaschen kommt, ein nettes Wort, ein Schulterklopfen... Bleiben diese Streicheleinheiten aus, wird der Mensch daran verkümmern. Untersuchungen in Waisenhäusern haben das eindeutig bewiesen. Auch wenn die körperliche Versorgung stimmt, können Säuglinge sterben, weil sie zu wenig Zuwendung, zu wenig Streicheleinheiten erhalten. Erwachsene sterben nicht mehr daran, aber sie vertrocknen. Sie verlieren den Mut, auf Menschen zuzugehen, und ziehen sich eigenbrötlerisch zurück oder versuchen, negative Aufmerksamkeit zu bekommen, nach dem Motto: „Lieber negative Kontakte als gar keine."

Stimulation

Stimulation bezieht sich auf Seele, Geist und Körpersinne. Dieses Bedürfnis nach Stimulation haben alle lebendigen Organismen. Ein Tier, das man in einen grauen Raum setzt und jeglichen Reiz von außen entzieht, verendet, auch wenn es genügend Futter hat. Dieses Bedürfnis ist ein mächtiger Motor für Erlebnis, Unterhaltung, Neues, für Kreativität und Schöpferdrang. Sind die Reize aber nur äußerer Natur, das heißt, findet keine innere, seelische Stimulation statt, so kommt es zu Abstumpfung. Das heißt, unsere

Event-Hascherei ist nur bedingt hilfreich, um dieses Bedürfnis zu befriedigen. Wenn das Herz dabei nicht hüpft, die Seele nicht ins Schwingen und Klingen kommt, dann sind es die falschen Stimulationen, die uns nur weiter von uns weg bringen, anstatt uns mit unserem inneren Reichtum zu vereinen. Probieren Sie aus, was Sie wirklich – innerlich – bewegt. Oft sind es nicht die reißerisch beworbenen Events, von denen alle schwärmen, sondern ein Sonnenuntergang am Meer oder ein Spaziergang bei leichtem Regen im Wald, wenn die Tropfen auf den Blättern klingen und die Erde einen frischen würzigen Duft verströmt. Oder das Selbstkreieren. Malen, Musizieren, Tanzen. Oder einmal seiner Neugier Auslauf zu geben und etwas zu erforschen.

Mitgefühl

Ohne Mitgefühl hätte die menschliche Spezies die Jahrmillionen der Entwicklung nicht überlebt. Kein Tier wird so hilflos geboren wie der Mensch, dessen Überleben über lange Jahre völlig vom Mitgefühl anderer abhängig ist. Mitgefühl hat auch eine seelische Komponente, es zeigt uns, dass wir verstanden und angenommen werden und auf dieser Erde richtig sind. Es geht dabei darum, von Gleich zu Gleich mitzufühlen und nicht um ein Herabsehen auf einen „armen Wurm“. Diese Gleichwertigkeit ist Mangelware. Jeder Mensch kommt mit dem Bedürfnis, Mitgefühl zu erhalten, auf diesem Planeten an. Bekommt er es nicht in seiner Hilflosigkeit als nacktes, kleines Baby, so muss er sterben. Umgekehrt ist auch das Bedürfnis, Mitgefühl spenden zu dürfen, in ihm angelegt. Wir alle haben ursprünglich Hege- und Beschützerinstinkte in uns. Sogar bei Primaten kann man das feststellen. Kommt ein kleines Affenbaby aus einem Clan in Not, so kann selbst ein mächtiger Silberrücken liebevoll und zärtlich werden und dem Kleinen allen nötigen Schutz bieten.

Identität

Hier geht es um das Bedürfnis, „sein zu dürfen der man ist". Wer bin ich – im tiefsten Innern? Viele Menschen begnügen sich mit der Identifikation mit einer Rolle, einer Idee, einer Charaktereigenschaft, zum Beispiel „Ich bin ein ordentlicher Mensch", ohne je der ganzen Persönlichkeit ihres Selbst begegnet zu sein. Oder sie halten sich selbst für die Rolle, die sie in der Gesellschaft spielen: „Ich bin der Metzgerinnungsvorstand". Was aber ist er, wenn er das nicht mehr ist? Das Bedürfnis, die eigene Identität zu kennen und zu leben, heißt auch Autonomie zu entwickeln – sich seiner eigenen Gefühle und Bedürfnisse bewusst zu werden, statt fremde Bedürfnisse zu leben. Freiheit ist nicht das Bedürfnis, alles machen zu können, was wir wollen. Es ist die Freiheit von Konditionierungen und Prägungen. Nur wer sich in diesem Sinne frei machen kann, hat die Freiheit, selbstverantwortlich zu entscheiden und verantwortungsbewusst zu handeln.

Verständnis

Verständnis zu erhalten und für einen anderen Menschen Verständnis zu haben, ist eine große, wunderbare Sache. Dabei verlangt dieses Urbedürfnis nach viel mehr, als nach einem Verstehen auf der Oberfläche: „Ja, ich hab jetzt verstanden, weshalb du statt einer Limousine einen Jeep gekauft hast." Nein, hier geht es darum, erkannt zu werden. Der Mensch wünscht sich nichts sehnlicher, als „durchschaut" zu werden. In seinem tiefsten Innern liebevoll angeschaut zu werden. Da wir aber nicht sicher sein können, dass das liebevoll geschieht, bemühen sich die Menschen oft ein Leben lang viel mehr darum, sich zu verbergen, als sich zu zeigen. Der Hunger danach, „erkannt zu werden", bleibt jedoch bestehen. Unsere Gesellschaft lässt wenig Raum für so innige, tiefgehende Beziehung, in der man einem anderen Menschen vertrauen kann. Am ehesten glückt ein „erkannt werden" deshalb in der Liebesbeziehung, vorausgesetzt beide Partner sind frei von Rollendenken und klischeehaften Erwartungen – eine große Leistung in unserer Zeit. „Erkannt werden" braucht den liebevollen, unvoreingenommenen Blick, der nicht urteilt. Der auch dann loyal ist, wenn er etwas Irritierendes sieht.

Sicherheit

Das Bedürfnis nach Sicherheit bedeutet, dass der Mensch in seinem Leben nach Festigkeit und Beständigkeit sucht. Dabei geht es um den Schutz des verletzlichen Körpers ebenso wie um den Schutz der verletzlichen Seele. Wir wollen weder unser Haus auf einem Vulkan bauen, noch unsere Beziehungen völlig rahmenlos gestalten. In beiden Fällen bauen wir Fundamente und ziehen Zäune. Wieso sonst hätte sich so etwas Kompliziertes und Geregeltes wie die Ehe entwickeln können? Wieso sonst könnte es so ein gewaltiges Angebot an Versicherungen geben?

Zugehörigkeit

Der Mensch braucht einen Grund, wofür er lebt, das heißt, er will wissen, wo sein Platz ist im Gesamtplan. Als Zoon politikon – Gruppentier – sucht er nach Zugehörigkeit und nach der Aufgabe, dem Platz, den er ausfüllt. Mit Sprüchen wie „Jeder ist ersetzbar" wird dieses Urbedürfnis des Menschen ebenso mit Füßen getreten wie mit Arbeitslosigkeit, Kleinstfamilie und Singletum. Eine Gemeinschaft hat demnach die Aufgabe, allen ihren Mitgliedern einen sinnvollen Platz zu bieten, an dem sie ihre Fähigkeiten zum Wohle aller entwickeln können. Der Einzelne will sich als wichtig erleben können, das eigene Leben soll einen

Sinn haben, hier auf Erden und womöglich auch im kosmischen Gesamtplan.

Wertschätzung

Das Urbedürfnis nach Wertschätzung fordert auch Würde. Unter Würde ist ein achtungsgebietender Wert zu verstehen, der jedem menschlichen Wesen innewohnt und von den anderen zu respektieren ist. Darüber gilt es neu nachzudenken. Entspricht es der Wahrung der Menschenwürde, wenn zum Beispiel Arbeit so eng getaktet ist, dass der Gang zur Toilette nicht mehr möglich ist? Wie es aus einigen amerikanischen Software-Unternehmen und Discountern in Osteuropa bekannt wurde. Die Missachtung der Würde führt dazu, dass wir unsere Menschlichkeit verlieren. Würde wird in vielen Kulturen auch so verstanden, dass wir göttliche Wesen sind, dass wir einen göttlichen Funken in uns tragen. Und damit sind wir alle ehrenwert. Wir haben deshalb die Pflicht, uns selbst wertzuschätzen und in Ehren zu halten wie auch unsere Mitmenschen. Menschen wie Nummern zu behandeln und im Unternehmen einfach „Köpfe umzuhängen", ist eine Missachtung der Würde.

Transzendenz

Der Mensch spürt, dass er mehr ist als eine chemische Fabrik. Dieses Nichtsichtbare sucht nach dem anderen Nichtsichtbaren, aus dem heraus es entstanden ist, indem es die Grenzen des sinnlich Wahrnehmbaren zu überschreiten versucht. Sprich, bei allem Materialismus spüren viele Menschen doch, dass das nicht alles sein kann. Keine Kultur und kein Regime hat es je geschafft, die Spiritualität auszutilgen. Die Buchreligionen sprechen von einem Gott außerhalb und über allem. Viele Naturwissenschaftler

> berichten, dass sie hinter ihren Formeln und Versuchen dem Göttlichen begegneten. Ursprünglichere Kulturen erleben das Göttliche immanent, in allen Wesenheiten enthalten. Mit diesem Bewusstsein wird jede profane Handlung wie Weben, Pflügen, Kochen zur religiösen Handlung, zum Ritual, und alles im Leben folgt einem höheren Plan.

Vielleicht haben während der Lektüre der Urbedürfnisse schon einige der Spieler, die Sie lange nicht mehr auf der Bühne hatten oder die Sie gar nicht bei sich kannten, „angeklopft“ und den Regisseur um ein Skript gebeten, das sie spielen dürfen. Wenn nicht, machen Sie sich keine Sorgen. Manchmal sind Dinge so neu, dass wir nicht sogleich eine Resonanz in uns darauf spüren. Lesen Sie die Urbedürfnisse einfach immer wieder einmal durch. Jetzt wissen Sie, was ein Mensch braucht, um ein menschliches Leben zu führen. Es sind Bedürfnisse, die ganz wenig mit dem zu tun haben, was Gesellschaft und Medien uns als unsere Wünsche und Träume einreden. Nach und nach werden sich Spieler einfinden und bei Ihrem Regisseur um eine Rolle bitten.

In einem Coaching sprach eine Klientin, die eine gute, sichere Position in der Stadtverwaltung hatte, mit mir darüber, dass sie sich so müde und ausgebrannt fühle an ihrem Arbeitsplatz. Ich fragte sie, ob ihr die Arbeit keinen Spaß mache. „Doch“, antwortete sie, „es ist mein Leben. Ich habe die Abteilung mit aufgebaut, habe die Standards eingeführt, habe mit dazu beigetragen, dass wir ein Vorzeigeunternehmen werden...“ Sie sprach eine ganze Weile über all das Gute, aber sie sprach in der Vergangenheit. Da bat ich sie, über die Urbedürfnisse nachzudenken. Beim Urbedürfnis nach Identität angekommen, fragte ich, ob es vielleicht noch etwas anderes gäbe, das sie verwirklichen wolle. „Nein, gewiss nicht, die Abteilung, das ist mein Leben“, antwortete sie. Ich redete nicht auf sie ein. Aber in meinen Augen las sie, dass ich ihr nicht glaubte. Das brachte ihr Bewusstes-Ich dazu, genauer in sich hinein zu hören, ob sich da nicht doch noch andere Spieler regten. Kaum ein halbes Jahr später erhielt ich eine Einladung zur Eröffnung ihrer Chocolaterie. Ich traf dort eine strahlende Frau wieder, die mit Hilfe ihres inneren Regisseurs ein neues Skript für ihr Leben geschrieben und bisher unbeteiligte Spieler auf die Bühne gebracht hatte.

Achtung, den alten Emporenspielern sind alle Neuerungen abhold. Sie möchten, dass immer alles beim Alten bleibt. Sie, die uns einst beschützten, können nun zu unseren schwersten Hindernissen und Feinden werden. Sie wollen nicht abtreten und fürchten, dass die Dinge in die Katastrophe führen, wenn man etwas Neues wagt. War bisher der Ängstliche mit seinem Bedürfnis nach Sicherheit Emporenspieler, so wird er das Terrain nicht widerspruchslos räumen, um die Bühne einem Mutigen zu überlassen, der die Sicherheit des öffentlichen Dienstes aufkündigt und sich selbstständig macht. Einige Psychologen raten, solche hinderlichen Persönlichkeitsaspekte in sich selbst zu töten oder zu verbannen. Bei allem, was wir bis hierher gesehen haben, wird klar, dass das nicht geht. Wir können Anteile unserer Psyche nicht töten und wegwerfen. Wir können sie zwar in den Theaterkeller verbannen, aber um den Preis, dass wir immer wieder kämpfen müssen und Spannung auf unserem System haben. Und um den Preis, dass die verborgen gemeinten Kellerasseln von unten herauf schimpfen, uns Angst einjagen und unser Vorhaben mit allen möglichen Mitteln sabotieren. Ehemalige Emporenspieler muss man ehren. Immerhin sind wir durch ihre Kraftanstrengung bisher durchs Leben gekommen. Am besten danken Sie ihnen für die bisher erbrachten Leistungen und sagen ihnen, dass sie jetzt mal ausruhen dürfen. Der Regisseur muss vermitteln, dass er alles im Griff hat. Was hier einfach und kurz klingt, kann bedeuten, dass der Regisseur eine ganze Reihe von Dialogen mit den Emporenspielern zu führen hat.

Vergessen Sie dabei nicht: Emporenspieler sind erfahrene alte Hasen. Sie führen eine Menge vernünftige Argumente ins Feld. Da muss unser Bewusstes-Ich, der Regisseur, hell wach sein, damit er sich nicht überreden und einwickeln lässt. Es ist seine Aufgabe, auch andere Spieler zu hören. Und es ist seine Aufgabe, unabhängige Information von außen einzuholen, um der Argumentation des Emporenspielers harte Fakten entgegensetzen zu können. Deshalb sei immer wieder empfohlen, so einen großen Schritt möglichst in viele kleine Schritte herunterzubrechen. Die Erfolge der kleinen Schritte entspannen den Emporenspieler. Das Gummiband wird lockerer, der Gegenspieler kann Stück für Stück aus dem Theaterkeller emporklettern.

Für die Mitarbeiterin der Stadtverwaltung, die sich mit dem Gedanken trägt, die Sicherheit des Beamtentums zu verlassen und sich mit einer Chocolaterie selbständig zu machen, wäre ein erster Schritt, Kurse zu belegen in Pralinenherstellung und in Buchhaltung. Ein zweiter könnte sein, die Vollzeitbeschäftigung bei der Stadt in eine Teilzeitbeschäftigung umzuwandeln. Bis schließlich der große Schritt zur eigenen Chocolaterie nur noch eine Abfolge von kleinen Erfolgsschritten ist, bei der die bisherigen Emporenspieler – Selbstabwerter, Hasenfuß und wie sie alle heißen mögen – nicht mehr allzu viel stören.

Regieanweisung: Erlaubnisscheine ausstellen

Schauen wir uns an einem anderen Beispiel an, wie das Gummiband eines notorischen Helfers entspannt und der Helfer von der Empore herunter geholt werden kann, und das, obwohl sich die Person stark über dieses Helfertum identifiziert:

Der Vorgesetzte Petzold hat immer ein offenes Ohr für seine Mitarbeiter. Er versteht, dass Mitarbeiter Müller um 16 Uhr gehen muss, um sein Kind von der Tagesstätte abzuholen. Er befürwortet auch, dass die Mitarbeiterin Knoll frühzeitig geht, um noch Einkäufe zu machen. Er selbst bleibt im Büro und arbeitet auf, was liegen blieb. Das erste, was sein Bewusstes-Ich feststellt, wenn er zwischendurch kurz innehält, ist, dass er sich selbst überanstrengt. Dass sein notorischer Helfer riesengroß ausgefahren ist. Ja, dass er mit anderen Menschen rücksichtsvoller umgeht als mit sich selbst.

Die erste Übung für den Vorgesetzten lautet: Sich selbst, seine eigenen Bedürfnisse und Schwierigkeiten genauso wichtig zu nehmen wie die seiner Mitarbeiter. Jetzt wird er vielleicht feststellen, dass er jeden Abend, wenn er so spät nach Hause kommt, Krach mit seiner Frau bekommt. Und dass er gelegentliche Herzstiche verspürt, die er aber bisher nicht wichtig nahm. Wenn es ihm nun gelingt, mit seinem Bewussten-Ich einmal in sich hinein zu horchen, dann wird er außer seinem altbekannten notorischen Helfer („Was soll ich machen, wenn die Leute Hilfe brauchen, dann muss ich halt da sein“) gewiss noch weitere Stimmen hören. Den Hilfsbedürftigen zum Beispiel: „Immer alles für die anderen, ich hätte auch mal Hilfe nötig.“ Vielleicht auch einen verdrängten Faulenzer: „Ich hätte auch mal gerne zwei Abende, an denen früh Schluss ist, wo ich frei habe wie die Mitarbeiter.“

Das Bewusste-Ich hat nun die Aufgabe, als Regisseur und Coach zu fungieren, das heißt, zwischen den einzelnen Spielern zu vermitteln. Der notorische Helfer wird vom Vorschlag des Faulenzers und des Hilfsbedürftigen zunächst entsetzt sein. Das Bewusste-Ich wird deshalb zunächst nur probehalber einen einzigen freien Abend vorschlagen. Zum Wohle der ganzen Truppe Ihrer Commedia della Vita, also, der Gesamtpersönlichkeit Petzold. Das heißt im Klartext, der Vorgesetzte wird seinen Mitarbeitern sagen, dass auch er Hilfe braucht – nämlich einen Abend, an dem er früher gehen kann.

Ganz ähnlich kann die Situation einer Mutter sein. Alle haben Ansprüche an sie, und ihr notorischer Helfer denkt an sich selbst zu letzt. Auch sie sollte mit kleinen Schritten das Gummiband des notorischen

Helfers entspannen: einen Abend für sie alleine oder jeden Tag eine halbe Stunde, während der sie nicht gestört werden darf, weil sie Mittagschlaf hält, Yoga macht oder liest. Am Anfang scheinen sogar so kleine Schritte fast unmöglich. Das liegt nicht nur an den Familienmitgliedern, sondern am eigenen notorischen Helfer, der sich so wichtig nimmt und glauben muss, dass die Welt zusammenbricht, wenn er nicht ständig und überall zur Stelle ist. Wieder ist das Bewusste-Ich gefragt, das ganz klare Fakten beibringt, die dem Helfer beweisen, dass er bald niemandem mehr helfen kann, wenn er sich keine Zeit für sich selbst gönnt, um sich zu regenerieren.

Es ist also außerordentlich wichtig für den Erfolg des inneren Bühnenumbaus in Richtung Balance, dass Sie stufenweise vorgehen. Wenn man ein Hündchen dressiert, sagt man immer wieder „sitz“, „sitz“. Bevor es nicht stubenrein ist, verlangt man nicht, dass es die Zeitung apportiert. Man übt mit Geduld und in kleinen Schritten. Dasselbe gilt für die Auswilderung des Arbeitselefanten, für die Wiederintegration von Kellerasseln in die aktive Spielertruppe Ihrer Commedia della Vita und die Entspannung von überspannten und verdrängten Spielern.

Das Permeagramm leitet seine Bedeutung wie gesagt nicht nur von „dauerhaft“, sondern auch von „permettre, permission = Erlaubnis“ ab. Stellen Sie sich Erlaubnisse aus, einzelne Gummibänder nach und nach zu entspannen, um mehr Glück in Ihr Leben zu lassen. Sie haben Ihr persönliches Permeagramm erstellt, Sie kennen Ihre Emporenspieler, nun können Sie beginnen, diesen Spielern nach und nach Erlaubnisscheine auszustellen, um etwas weniger zu tun. Mal spazieren zu gehen, Pausen einzulegen und darauf vertrauen, dass Ihr Bewusstes-Ich ein weiser Regisseur ist, der alle Mitglieder ihrer Spielertruppe anhört und für alle gute Lösungen findet. Gehen Sie behutsam vor. In kleinen Schritten.

Ich selbst hatte einen extrem ausgebildeten inneren Selbstantreiber. Er hetzte mich durch mein Leben und gab mir ständig das schreckliche Gefühl, wieder nicht genügt zu haben. Ich rackerte mich ab, aber das stellte ihn nie zufrieden. Die Arbeitslisten, die ich mir Tag für Tag schrieb, reichten für ganze Wochen und ich setzte unerbittlich neue Punkte auf die Liste, sobald eine Position abgearbeitet war. Ich litt unter Kopfschmerzen. Um mich davon zu befreien, hastete ich kurz ins Schwimmbad. Unter der Dusche und auch als ich im Becken untertauchte, konnte ich ihn noch hören, wie er mir Vorwürfe machte, dass ich jetzt hier herumplansche, wo sich im Büro die Arbeit türmt. Er vergällte mir damit jede freie Minute und gab mir ständig das Gefühl, ungenügend und wertlos zu sein.

Ein solcher Emporenspieler kann außer Rand und Band geraten und die Person in den Herzinfarkt treiben. Er verliert jedes Maß. Er hat sehr früh positive Bühnenerfahrung gemacht und gelernt, dass er wichtig ist, dass er das Überleben des verletzlichen Kindes sichern muss. Er war damit tatsächlich einmal sehr wichtig und glaubt, er sei es noch. Nicht vergessen sollten wir auch, dass die Emporenspieler enorm viel Erfahrung haben. Wir haben unser ganzes bisheriges Leben darauf verwendet, sie zu trainieren.

Deshalb ist es wichtig, diese mächtigen Teilpersönlichkeiten nicht zu Gegnern im eigenen System zu machen, sondern sie zu würdigen. Lehnen Sie sich einmal zurück und schauen Sie sich mit Ihrem Bewussten-Ich die Leistungen an, die Ihre Emporenspieler in Ihrem Leben vollbracht haben. Weil mein Selbstantreiber so stark war, habe ich nicht nur ein Fachgebiet studiert, sondern zwei – Kommunikation und Kunst. Sein Verdienst ist es, dass ich mich nicht nur in einer psychologischen Methode ausbilden ließ, sondern in mehreren. Damit konnte ich die Dinge von ganz verschiedenen Richtungen ansehen, quasi ein 360-Grad-Bild gewinnen und den Menschen tiefer verstehen. Das ermöglichte mir, in Seminaren die jeweils beste Technik zu vermitteln und zusammen mit meinen Seminarteilnehmern das Permeagramm zu entwickeln. Ich bin also meinem Selbstantreiber auch zu Dank verpflichtet. Mein Bewusstes-Ich hat dies klar erkannt, dem Selbstantreiber sozusagen einen Orden überreicht und ihm dann erklärt, dass er nach so vielen Jahren Hochleistung nun ein bisschen Entspannung verdient habe. Dass alles unter Kontrolle sei und man künftig Aufgaben nach Absprache mit der ganzen Spielertruppe verteilen wolle, so dass keiner sich überanstrenge, während andere nur auf der Faulbärenhaut lägen.

So weit, so gut. Der Alltag bot die nächste Bewährungsprobe: Nach einem dreitägigen Seminar ganz am anderen Ende Deutschlands kehrte ich am Freitagabend kurz vor Mitternacht nach Hause zurück. Der Faulpelz freute sich, endlich aus dem Theaterkeller geholt zu werden und das Wochenende zu verbummeln. Am Samstagnachmittag rief jedoch ein Kunde an, er habe am Montagmorgen eine ganz wichtige Konferenz und müsse vorher unbedingt noch ein Verhandlungstraining haben. Er könne am Sonntagnachmittag kommen. Jetzt ging es für mich darum, eine Entscheidung zu treffen. Mit mir zu Rate zu gehen. Was glauben Sie, welcher meiner Bühnenspieler sich zuerst regte? Ja natürlich! Den inneren Dialog eröffnete mein Selbstantreiber. Er sagte: „Klar, das machst du, das ist ein wichtiger Kunde, den kannst du nicht hängen lassen. Wahrscheinlich hast du das letzte Coaching mit ihm nicht gut genug gemacht, sonst hätte er jetzt nicht solche Probleme." Der nächste, der sich meldete, war ebenfalls ein Emporenspieler – mein notorischer Helfer. Der sagte: „Diesem Kunden müssen wir selbstverständlich helfen. Der ist in einer schwierigen Situation, der braucht Hilfe, der schafft das nicht allein. Da müssen wir mit unserer Kompetenz unterstützen." Mein Bewusstes-Ich hörte zu. Es hörte auch noch zu, als diese beiden geübten Emporenspieler zu Ende gesprochen hatten. Und da hörte mein Bewusstes-Ich ein paar leise Stimmen – aus der Tiefe des Theaterkellers. Der Faulenzer meldete sich. Er klang kläglich: „Das finde ich jetzt richtig gemein. Immer muss man nur funktionieren. Jetzt hab ich mich wenigstens aufs Wochenende gefreut – und – wieder nichts. Ich mach nicht mehr mit.“ Schließlich jammerte der Hilflose von ganz tief drunten: „Mir hilft nie jemand, ich soll immer alles selber können. Statt dem Kunden zu helfen, könnten wir mal jemanden brauchen, der uns am Computer weiter hilft.“

Das Bewusste-Ich lauschte noch eine Weile. Nachdem sich keine weitere Teilpersönlichkeit mehr zu Wort meldete, ging es daran, eine Entscheidung zu finden – einen Kompromiss, der für die ganze Spielertruppe, respektive für die an der Diskussion beteiligten vier Spieler passend war. Es gab zwei Versionen:

A: Das Sonntagnachmittagstraining zusagen, für die Bedürfnisse des Faulenzers den Montag frei nehmen und für die Nöte des Hilfsbedürftigen einen Computerspezialisten für die kommende Woche buchen.

B: Das Sonntagnachmittagstraining zum Wohle des Faulenzers nicht zusagen. Dem Selbstantreiber und dem notorischen Helfer genügen, indem ich dem Kunden anbiete, die Konferenz am Montagmorgen zu moderieren und ihn danach weiter mit Trainings zu unterstützen. Einen Freund um einen Tipp für das Computerproblem zu bitten, um den Hilfsbedürftigen zufrieden zu stellen.

Das Bewusste-Ich als Vermittler

Das Wichtigste ist: Seien Sie ehrlich zu sich selbst. Absprachen, die man mit sich selbst, also mit den eigenen Spielern trifft, sind verbindlich. Wer sich selbst nicht wichtig genug nimmt, wer sich hintergeht, wird sehr schnell die Rechnung dafür erhalten.

Die missachteten und betrogenen Spieler wehren sich. Sie reagieren wie enttäuschte Mitmenschen: zuerst beleidigt, dann gekränkt.

Dann beginnen sie ungemütlich zu werden. Sie werden zu Quertreibern und versuchen, uns die Tour zu vermasseln. Bildlich gesprochen: Die Kellerasseln klopfen mit dem Besen an die Decke des Theaterkellers, und den Lärm kann man oben hören. Zum Beispiel als Kopfschmerzen. Als häufig auftretende Erkältung – mindestens einer in der Truppe hat die Nase voll. Oder als Sabotage. Es könnte passieren, Sie sind knapp in der Zeit, da ist der Autoschlüssel nicht auffindbar – so was kennen Sie gar nicht, der hängt sonst immer am selben Ort. Sie haben für die Präsentation die völlig falschen Unterlagen dabei oder bringen die Kinder ins Schwimmbad und haben die Badehosen vergessen. Sie finden sich in einem Verkaufsgespräch oder einer Verhandlung und haben plötzlich einen Blackout – finden die Worte nicht, kriegen die Fakten nicht zusammen...

Wenn Sie nach diesen Sabotageakten, die eigentlich Hilferufe aus den Tiefen Ihres Theaterkellers waren, immer noch nicht handeln, dann fahren die Geprellten noch ganz andere Geschütze auf, bremsen Sie zum Beispiel durch einen Unfall aus.

Genau das ist mir selbst passiert, damals, als ich noch dachte, eine Abmachung mit mir selbst sei nicht so wichtig. Der Selbstantreiber hatte es geschafft, den Faulenzer immer wieder um die versprochene Freizeit zu bringen. Da hat mir der unterdrückte Faulenzer im nächsten Seminar sehr deutlich gemacht, dass er jetzt nicht mehr mit sich spaßen lässt. Ich hatte einen gefährlichen Beinahunfall, der mich ins Krankenhaus hätte bringen und in eine Auszeit zwingen können. Im Seminarraum, kurz bevor die Teilnehmer kommen sollten, wollte ich einen kleinen Projektionstisch in der Höhe verstellen. Auf diesem Tischchen stand ein schwerer Projektor, den ich nicht entfernte, als ich unter der Tischplatte die Stellschraube öffnete. Ich brachte die Kraft nicht auf, die Tischplatte, auf der der Projektor stand, mit nur einer Hand zu stützen. Da sauste das ganze System in sich zusammen und an meinem Handballen wurde es sehr heiß. Ein anderer Spieler meiner

Spielertruppe rief im letzten Augenblick noch: „Hand weg!“ Ich zog meine Hand von der Ausziehsäule weg, die Tischplatte mit dem scheppernden Gerät darauf fuhr auf Minimalhöhe herunter. Und um ein Haar hätten es die scharfen Stahlkanten am Schraubmechanismus geschafft, mir Handballen und Puls aufzuschlitzen.

Ich stand da, hielt meine heiße, schmerzende Hand und versprach mir, Abmachungen mit mir selbst nicht mehr zu umgehen. Mich und meine gesamte Spielertruppe ernst zu nehmen und mir selbst der beste Partner zu sein, um alle Spieler in den gesunden Bereich zu bringen.

Sobald man Übung darin hat, diesen inneren Entscheidungsprozess auf die beschriebene Weise bewusst zu führen und zu Kompromissen zu gelangen, die für alle Spieler stimmig sind, erlebt man einen wunderbaren Energiezuwachs. Endlich laufen alle Pferde mit voller Kraft in die gleiche Richtung. Es gibt nicht einige wenige, die den Karren alleine ziehen und andere mitschleppen müssen. Man braucht keine Kraft mehr aufzubieten, um Gegenspieler im Theaterkeller zu halten. Jetzt erlebt man, was die schönsten Wellness-Angebote nicht vollbringen: Man findet innere Balance.

Das bestätigte mir eine australische Dame schon am Morgen, nachdem sie im ehemaligen Grandhotel und heutigen Schulungszentrum des schottischen Findhorn-Instituts einen Vortrag von mir über das Permeagramm gehört hatte. Sie erzählte mir ganz beglückt: „Am Abend nach Ihrem Vortrag wurde im Institut ein großes Fest veranstaltet. Bei der Polonaise durch die Küche stellte ich fest, dass es zum Nachtisch herrlichen Kuchen geben sollte. Sogleich erschien mein innerer Diätapostel auf der Bühne und sagte mir: „Joanna, du isst keinen Kuchen, Kuchen ist nicht gesund.“ Es sei dazu gesagt, dass diese Dame sehr schlank und frei von gesundheitlichen Problemen war. „Da bemerkte ich“, erzählte sie mir weiter, „dass ich sehr betrübt darüber wurde und das Fest seinen Glanz verlor. Nun lauschte ich mit meinem Bewussten-Ich genauer in mich hinein. Da hörte ich eine kleine Kinderstimme. Sie sagte fast nichts. Sie war nur sehr unglücklich, dass sie nie durfte, was andere durften. Da beschloss mein Bewusstes-Ich, dass es ab heute erlaubt sei, einmal in der Woche ein Stück Kuchen zu essen. Und als ich dann das Kuchenstück mit der Gewissheit aß, dass es in Ordnung war, da fühlte ich mich überglücklich."

Scheinbar kleine Dinge haben manchmal große Wirkung. An dem hier geschilderten Fall erkennt man auch, dass es einen großen Unterschied macht, ob man das Bewusste-Ich als Regisseur und Vermittler einschalten kann oder ob man es zulässt, dass Emporenspieler und Kellerasseln miteinander ringen. Ohne Bewusstes-Ich könnte es Joanna irgendwann passieren, dass sie die Kraft nicht mehr aufbringt, diesen Diätapostel oben und die Lust am Essen unten zu halten. An irgendeiner stress- oder frustbeladenen Stelle würde die Lust am Essen als Fressgier wie ein Springteufel aus dem Kasten schießen und sich alles nehmen, was in Reichweite ist. Gleich darauf würde die Reue einsetzen und der Diätapostel würde wieder seinen Platz besetzen – bis zum nächsten Mal.

Spieler als Kellerasseln in den Theaterkeller zu verbannen braucht nicht nur Energie, es führt auch zu Unzufriedenheit und Angst. Angst erzeugt Unsicherheit. Man fühlt sich nicht sicher – das heißt, es ist keine Selbstsicherheit vorhanden. Stattdessen erlebt man sich als fehlerhaft und minderwertig. Das alles führt dazu, dass man leicht manipulierbar ist. Andere Menschen können uns auf die Palme bringen, können unsere Hilfsbereitschaft, unsere Liebe ausbeuten. Sie können uns beschämen oder zu Hochleistung und Machtgier antreiben.

Kontrollierte Reintegration verdrängter Persönlichkeitsaspekte

Wie zerstörerisch unterdrückte Teilpersönlichkeiten – die in den Theaterkeller verdrängten Spieler – werden können, kann man an dem kurzen Leben von Janis Joplin sehen. Als Kind von Baptisten wurde Janis sehr streng erzogen. Sie wurde wegen ihrer lebenslustigen, leicht aufmüpfigen, wissbegierigen Art geschimpft und gegängelt. Später fühlte sie sich unter den gleichaltrigen Teenies nicht zugehörig, weil sie nicht wie die anderen Make-up auflegen und in „Dämchen-Kleidern" herumspazieren wollte. Von ihren Nachbarn wurde sie gehasst, weil sie Jazzmusik hörte. Ihre ganze Kinder- und Jugendzeit hindurch war damit ihre Lebenslust unterdrückt worden. Als sie endlich ins Rockmusik-Geschäft fand, war sie so ausgehungert, dass sie kein Maß mehr hatte, wenn es um Musik, Sex, Drogen und Alkohol ging. Sie starb sehr jung an einer Überdosis Heroin. Die Lebenslust in ihrem Permeagramm war im Kellerverlies zur Lebensgier mutiert. Mit dem plötzlichen Öffnen der Kellertür fuhr sie wie ein Springteufel heraus und brachte Janis ums Leben. Das ist ein weiterer Grund, weshalb man Kellerasseln behutsam, Stück für Stück zurück ins Tageslicht bringen soll. Was sehr lange und sehr tief verdrängt wurde, kann exzessiv und damit gefährlich werden, wenn es plötzlich freigelassen wird. Stärken Sie vor allen Dingen vorher Ihr Bewusstes-Ich. Ist der Regisseur stark, wird er die Dosierung überwachen. Falls Sie befürchten müssen, dass Sie das nicht alleine schaffen, holen Sie sich frühzeitig professionelle Hilfe. Sie dürfen sich helfen lassen. Kein erfolgreicher Mensch ist alleine erfolgreich geworden. Die meisten von ihnen hatten Mentoren, Coachs oder Therapeuten. Die Frage, ob man langverdrängte Aspekte nicht lieber lässt, wo sie sind, stellt sich auch jetzt nicht. Jeder, der damit lebt, steht unter einem enormen inneren Druck. Viele Menschen fühlen sich gehetzt, manche innerlich leer.

Stimmungen wechseln plötzlich und unbegründet. Gerade noch glaubt man sich in der Arbeit oder im Zusammensein mit Freunden wohl zu fühlen, da kommt mit einem Mal Traurigkeit auf oder Unzufriedenheit oder das Bedürfnis, wegzugehen. Häufig treten auch Angstattacken auf, heftige Existenzängste, die schwer festzumachen sind, bei denen es an sichtbaren, messbaren Gründen fehlt.

Niemand lebt besser mit den angespannten Gummibändern weiter. Ihre Seele leidet und auch Ihr Körper macht irgendwann mal schlapp. Jack Kornfield, der berühmte Meditationslehrer, schreibt: „Was wir unterdrücken, kommt auf der anderen Seite wieder hoch. Wenn wir Gedanken unterdrücken, können daraus Geschwüre werden. Wenn wir Probleme in unserem Körper festhalten, wird unser Geist wild oder erstarrt, angefüllt mit unbearbeiteten Ängsten." Packen Sie es an, die Kellerasseln zu reintegrieren und die Emporenspieler zu entspannen, wenn nötig mit entsprechender Hilfe.

Nach allem, was wir bis hierher über die Commedia della Vita reflektiert haben, ist klar, dass je nach Szene, die gespielt wird, andere Spieler auf der Bühne sind. Kein Mensch hat immer den Kasper, den Skeptiker oder den Hilflosen auf seinem Theater. Stellen Sie sich folgende Situation vor: Der Vorgesetzte Klumpp hat die Mitarbeiterin Willers um ein Gespräch gebeten, weil er in letzter Zeit einen Leistungsabfall bei ihr bemerkte. Er will sie zur Rede stellen und hat entsprechend schon einmal seinen inneren Anführer, vielleicht sogar seinen Übermächtigen in die Szene gebracht. Im Laufe des Gesprächs stellt sich heraus, dass die Mitarbeiterin gerade eine schwere familiäre Krise durchlebt. Das Kind ist wahrscheinlich an Leukämie erkrankt. Klumpp merkt, dass der Übermächtige hier nichts ausrichten kann und baut seine Spielertruppe um – er ruft den Mitfühlenden auf. Der zeigt sich verständnisvoll und angerührt – da klingelt plötzlich das Telefon. Klumpp will den Anruf wegdrücken, da sieht er auf dem

Display die Nummer seines Chefs. Er nimmt ab. Sein Chef hat eine Hiobsbotschaft: Ein Kunde hat sich beschwert. Der Chef ist aufgebracht, erwartet, dass Klumpp in sein Büro kommt und Rede und Antwort steht. Er hängt auf. Klumpp hält den Hörer in der Hand, Wut steigt in ihm hoch. Er blickt in den Raum und sieht Frau Willers da sitzen. Er bräuchte jetzt wieder das Mitgefühl, aber der Wüterich macht sich auf der Bühne breit. Klumpp ist überfordert.

Damit ist er kein Einzelfall. Wenn wir in zu kurzer Zeit die Spieler zu oft wechseln müssen, klappt das an irgendeinem Punkt nicht mehr. Ganz besonders nicht, wenn so starke Spieler wie der Wüterich, der Übermächtige oder der Mitfühlende beteiligt sind. Hier liefern uns sogar die Biochemiker Erklärungen. Wenn zum Beispiel ein Wüterich die Empore betritt, dann ist der Adrenalinspiegel im Blut deutlich angestiegen. Bevor er nicht wieder abgebaut ist, kriegen wir uns nicht wieder ein. Das heißt, der Wüterich geht nicht eher von der Bühne, als bis das ausgeschüttete Adrenalin verbraucht ist. Dumm, dass da noch immer die bedürftige Frau Willers sitzt. Klumpp hat hier nur eine Wahl, er muss das Gespräch mit ihr zu einem anderen Zeitpunkt weiterführen. Die beste Lösung wäre natürlich gewesen, das Telefon von vornherein abzuschalten.

Nicht nur am Telefon erleben wir, dass die Spieler nicht immer so schnell wechseln, wie wir es bräuchten. Stellen Sie sich vor, Sie verlassen in Ihrer Pause das Unternehmen und gehen auf einen Sprung rüber ins Café. Da treffen Sie rein zufällig einen Menschen, der ihr Herz hüpfen lässt, vielleicht sind Sie in ihn verliebt. Sie plauschen kurz, dann gehen Sie zurück an Ihren Arbeitsplatz. Auf der Treppe begegnen Sie Ihrem Lieblingsfeind und Sie lächeln ihn ganz freundlich an – der Freundliche und der Liebende sind noch auf der Bühne. In diesem Fall richtet der verzögerte Spielerwechsel wahrscheinlich keinen Schaden an. Wie aber sieht es in folgender Situation aus: Sie kommen nach Hause, noch ganz in Gedanken über eine Fehlermeldung in der Produktion. Sie sind immer noch wütend, dass Ihre Kollegen nicht schnell genug reagiert haben. Währenddessen hat sich Ihre Tochter an Sie geschmiegt und gefragt, ob sie mit ihren Freundinnen übers Wochenende ins Sportcamp fahren dürfe. Sie studiert Ihr Gesicht und sagt plötzlich ärgerlich: „Was ist falsch daran? Wieso darf ich nie etwas? Was passt dir schon wieder nicht an mir? Ja, du hasst mich, man sieht es ja in deinem Gesicht." Jetzt wird es wichtig, das Bewusste-Ich schleunigst einzuschalten, sonst stecken Sie gleich in einer Familienkrise, von der sie nicht wissen, wie sie hinein geraten sind, geschweige denn, wie sie da wieder raus kommen sollen. Die Tochter fühlt sich abgelehnt, ungeliebt. Sie sind genervt, weil gerade wieder etwas schief zu laufen beginnt, zu all den Sorgen in der Firma. Sie fühlen sich überfordert, in ihren Problemen nicht respektiert und als Elternteil gerade in der Versagerrolle. Achtung! Gehen Sie an dieser Stelle keinen Schritt weiter. Bei einem Brettspiel würde es heißen: Zurück auf die Ausgangsposition. Sie sind mit der Wut aus der Firma nach Hause gekommen, da hat sich die Tochter angeschmiegt. Stellen Sie fest, dass Ihr Wüterich noch auf der Empore war und teilen Sie das mit. Etwa so: „Entschuldige Liebes, ich bin noch nicht ganz da. Das war nicht okay von mir, ich hätte dir sagen müssen, dass mir noch was von der Arbeit nachhängt. Ich habe mich gerade schrecklich geärgert wegen meiner Kollegen, es hat nichts mit dir zu tun. Gib mir noch ein paar Minuten und dann bin ich richtig für dich da."

„Zu Hause bin ich ganz anders!"

Gelegentlich erzählt man sich von mächtigen Geschäftsleuten, dass sie zu Hause unterm Pantoffel stehen oder gar, dass sie sich von einer Domina demütigen lassen. Es kann tatsächlich sein, dass die beiden Spieler, die am selben Gummiband hängen, sich in deutlich voneinander verschiedenen Situationen um 180 Grad drehen. Dass der Machtspieler im Büro auf die Empore und zu Hause in den

Theaterkeller steigt und der Ohnmächtige, der im Büro tief im Theaterkeller sitzt, im heimischen Wohnzimmer ganz groß raus kommt. Entschiedene Business-Frauen werden manchmal zu Hause zu Dienerinnen ihrer Partner. Die Gummibänder sind dabei immer gleichermaßen angespannt, und die eine Situation ist so anstrengend wie die andere. Das ist ähnlich wie bei Menschen, die beschließen, alles ganz anders zu machen, als sie es leidvoll in ihrer Herkunftsfamilie erlebten. Nehmen wir das Beispiel von Janis Joplin oder von den RAF-Terroristen. Viele von ihnen kamen aus ganz spießigen, rigiden, autoritären, angepassten Familien. Verständlich, dass sie alles anders machen wollten. Aber anstatt dazu das Bewusste-Ich einzuschalten, drehten sie nur ihre Gummibänder um 180 Grad.

Anders sieht es aus, wenn Sie feststellen, dass Sie in Ihrem Freundeskreis ein Kasperle sind, am Arbeitsplatz ganz nüchtern wirken und in Ihrer Familie nähren und Geborgenheit vermitteln. Dann haben Sie jeweils ganz andere Spielerpaare im Spiel. Wir haben ein ganzes Kaleidoskop an Spielern zur Verfügung, und wenn unsere Emporenspieler nicht so zwanghaft sind, dass sie jedes Stück selbst spielen müssen, dann reagieren wir auf unsere Urbedürfnisse und auf die Bedürfnisse unserer Mitmenschen mit den passenden Spielern.

Indem Sie das Bewusste-Ich einschalten, schalten Sie auch Übertragungen aus. Übertragungen sind Fehlleistungen: Wenn Gefühle und Verhaltensmuster aus früher erlebten Beziehungen auf die falschen Menschen übertragen werden: Die falschen Spieler spielen die falschen Stücke. Das führt nicht immer in eine Katastrophe, es gibt auch positive Übertragungen. Aber vielleicht vertrauen Sie dann zu leicht einem fremden Menschen, nur weil er Sie an Ihre liebe Schwester erinnert. Hier ein Beispiel mit positiver Übertragung:

Meine Freundin fuhr einmal im Zug, da saß ihr ein junger Bursche schräg gegenüber. Nach einer Weile bemerkte sie, dass er zu ihr herüber schaute. Er hatte ein Lächeln im Gesicht und schaute sie freundlich an. Sie kannte ihn nicht, wendete ihren Blick ab und sah zum Fenster hinaus. Nach einer Weile sah sie erneut in seine Richtung, da hatte er den Blick noch immer auf sie geheftet. „Komisch“, dachte sie, „was will er denn?“ Sie sah wieder weg und wieder zu ihm hin. Ihre Blicke kreuzten sich. Da stand er auf und kam herüber. Er entschuldigte sich, dass er sie so beständig angesehen hatte. Und erklärte ihr, dass sie ihn an seine Lieblingslehrerin erinnert habe. Was für ein Glück, dachte sie, dass es eine positive Übertragung war, dass sie ihn nicht an eine Schreckschraube aus dem Internat erinnerte. Bei ihm war ein Gefälliger auf der Bühne erschienen.

Bei negativer Übertragung wie im folgenden Beispiel riskieren wir Konflikte mit Menschen, die uns gar keinen Fehdehandschuh zugeworfen haben: Eines Morgens hatte ich verschlafen und kam verspätet in mein Büro. Da lag schon ein Fax von einem Kollegen auf meinem Tisch. In großen Lettern stand oben drüber: „Guten Morgen Frau Unique.“ Da packte mich die Wut. „Aber wieso“, fragte ich mich mit meinem Bewussten-Ich, „war ich plötzlich wütend auf den Kollegen, ich mochte ihn doch eigentlich gern? Und was hatte er mir denn getan?“ Den ganzen Vormittag über sah ich immer wieder auf das Blatt und las den ersten Satz: „Guten Morgen Frau Unique.“ Stunden später tauchten alte Bilder in Zusammenhang mit diesem Satz auf. Ich sah mich als Schülerin wieder einmal zu spät mit der Mappe unterm Arm durch die Schulhalle rennen. Auf dem Treppenabsatz stand der Herr Direktor und grüßte maliziös zu mir herab: „Guten Morgen Frau Unique.“ Oh wie hatte er mich damals wütend gemacht. Nun war auf sein Stichwort wieder der Wüterich auf der Empore erschienen. Ich hatte die Gefühle gegen den Schuldirektor auf meinen Geschäftskollegen übertragen. Daran sieht man, dass es nicht immer sofort ersichtlich ist, welche alte Geschichte neu inszeniert wird. Aber immerhin ist das Bewusste-Ich in der Lage zu erkennen, dass in der aktuellen Situation der falsche Spieler ein falsches Stück inszeniert.

Wenn Ihr Chef zu Ihnen sagt: „Ich will Ihnen mal was sagen..." und Sie merken, dass Ihnen der Kamm schwillt, der Wüterich auf die Bühne stürmt, dann atmen Sie aus. Ausatmen bringt Sie runter. Schalten Sie das Bewusste-Ich ein und fragen Sie sich, ob der Spieler an dieser Stelle die beste Wahl ist, oder ob er auf ein altes Stichwort angesprungen ist. Vielleicht war das der einleitende Satz Ihres Vaters, wenn eine Standpauke folgte.

Ohne Bewusstes-Ich neigt man dazu, unbewusst Wiederholungen und Neuinszenierungen von uralten, in der Kindheit erlebten Familienkonflikten heraufzubeschwören – Übertragungen aus früheren Beziehungen.

Fassen wir zusammen: Wir können unsere angespannten Gummibänder entspannen und unsere Spieler zurück in den gesunden Bereich der Bühne bringen. Allerdings haben wir in den Jahren, in denen wir nun schon mit uns selbst zusammenleben, ein bestimmtes Selbstbild entwickelt, und unsere Emporenspieler sind reich an Erfahrung geworden. Ab sofort ganz anders zu reagieren wird deshalb nicht funktionieren, wohl aber eine Änderung Schritt für Schritt. Dazu ist es hilfreich, die eigene Reaktionszeit zu verlängern, so dass der Regisseur überhaupt die Möglichkeit erhält, neue Spieler auf die Bühne zu schicken. Die verschiedenen Spieler lernt man immer besser kennen, indem man Stimmungsabfragen macht und die Urbedürfnisse beachtet.

Übungen

Spielerwechsel probieren

Schauen Sie sich im stillen Kämmerlein immer wieder schwierige emotionale Situationen in der Rückblende oder Vorausschau an und spielen Sie im Geiste verschiedene Versionen mit unterschiedlichen Spielern durch, bis Sie zu einem guten Ausgang der Situation kommen. Versuchen Sie dabei, die Reaktionen Ihres Gegenübers zu erahnen. Auch wenn wir einen Menschen gut zu kennen glauben, kann seine tatsächlich Reaktion anders ausfallen. Kommunizieren ist wie Schachspielen. Man plant, ändert nach dem nächsten Zug des Partners ab, sammelt Erfahrung und wird auf diesem Weg ein Ass.
Übungsanleitung: Stellen Sie sich vor, ein Ober stolpert in Restaurant und schüttet Ihnen Suppe über Ihre Kleidung.
Frage1: Wie würde Ihr Übermächtiger, Ihr Schwätzer, Ihr Selbstabwerter, Ihr Hilfloser, Ihr notorischer Helfer, Ihr Kämpfer, Ihr Vielharmoniker reagieren, wie die entsprechenden entspannten Bühnenspieler? **Frage 2:** Was können Ihre Bühnenspieler anders, besser machen als Ihre Emporenspieler?

Den Regiestuhl einnehmen und Spielerwechsel trainieren

Sinn der Übung: Wer immer alles macht, wie er es immer macht, wird kriegen, was er immer gekriegt hat. Um etwas anderes zu erleben, muss man also etwas anderes anbieten. Der erste Schritt dahin ist, dass Sie sich abgewöhnen, wie aus der Pistole geschossen Antworten und Reaktionen zu liefern auf das, was Ihnen von anderen gerade zugemutet wird. Machen Sie die Atemübungen aus Kapitel 1, verschaffen Sie sich zunächst einen Zeitpuffer und die emotionale Gelassenheit mit Hilfe dieser Übungen, dann gelingt es Ihnen mit der folgenden Übung, ganz neue Reaktionen auf Reize von außen zu zeigen.

Übungsanleitung: Nutzen Sie die menschliche Fähigkeit, in jeder Situation Handelnder und zugleich Beobachter der Szene zu sein. Sozusagen ein bisschen neben sich zu stehen und zuzusehen, was Sie gerade so treiben. Das heißt, das Bewusste-Ich eingeschaltet zu haben und im Theatersessel zu sitzen. Diese Übung kann man nicht nur im stillen Kämmerlein durchführen, sondern auch in Live-Situationen. Beginnen Sie mit einfachen Situationen. Gute Übungsfelder sind Warteschlagen an der Kasse des Supermarkts, Bushaltestellen, Cafeterien, Kantinen, Raststätten an der Autobahn, Kaffeeautomaten in der Firma, zwanglose Geselligkeiten...

Wenn Sie sich in einer solchen Live-Situation befinden, erinnern Sie sich blitzschnell an Ihr Permeagramm. Lassen Sie das Bewusste-Ich im Regiestuhl Platz nehmen und beobachten Sie sich selbst in den Interaktionen mit Ihren Mitmenschen. Welche Ihrer Spieler beherrschen die Szene? Welche Ihrer Spieler kommen gerade mal wieder zu kurz? Überlegen Sie, welchen kleinen, unbedeutenden Versuch Sie starten könnten, um diesen anderen Spielern einen winzigen Auftritt zu verschaffen.

Gehen Sie dabei freundlich mit sich selbst um. Es muss nicht gleich funktionieren, und wenn es einmal geglückt ist, erwarten Sie nicht, dass es schon ein für alle Mal glückt. Aber es hat einmal geklappt. Das soll Sie ermutigen, es immer wieder zu versuchen. Es ist wie mit der Dressur eines lieben kleinen Hündchens. Die neuen Handlungsweisen sind ungewohnt.

Übungsbeispiel: Nehmen wir an, Sie sitzen nach dem Sport mit Ihrer Clique noch beim Bier. Ihr Regisseur sitzt im Regiestuhl und schaut zu, welches Stück gerade gegeben wird. Welche Besetzung zeigt Ihr Theater? Spielt gerade wieder Ihr Angeber und bringt Sie wieder in den Mittelpunkt? Oder fühlen Sie sich gerade wieder nicht wahrgenommen? Welche Spieler treten auf? Und welcher Spieler erzeugt dieses Gefühl von Lebendigkeit oder Traurigkeit? Wenn Ihr Bewusstes-Ich Übung darin hat, zu erkennen, wer aus Ihrer Commedia-della-Vita-Truppe in den einzelnen Situationen die Bühne bestimmt, dann kann es mit ersten einfachen Regieänderungen eingreifen. Schicken Sie jetzt mal einen anderen Spieler in die Szene; statt des Angebers mal den Mitfühlenden, der anderen aktiv zuhört. Oder statt des Ohnmächtigen mal einen Unterhalter, der sich durch kluge Beiträge beteiligt.

Sobald Sie etwas Übung darin haben, dass Ihr Bewusstes-Ich Regieänderungen vornimmt und andere Spieler neue Stücke spielen lässt, gelingt es Ihnen auch, in bisher schwierigen Situationen rasch den Regiestuhl einzunehmen, ehe Sie an die Decke gehen. Dann können Sie sogar in einer sehr emotionalen Situation anders handeln, indem Sie einen anderen Spieler auf die Bühne schicken und eine positive Wendung der Auseinandersetzung mit Ihrem Gegenüber erzielen.

Check-up der Urbedürfnisse

Sinn des Tests: Ein Bedürfnis drückt eine Notwendigkeit aus. Wer seine Urbedürfnisse nicht ausreichend befriedigen kann, erlebt Mangelgefühle. Dieser Mangel erzeugt inneren Druck und Unzufriedenheit, wovon sich der Mensch zu erlösen sucht – oft nicht durch die tatsächliche Befriedigung seiner Bedürfnisse, sondern durch Ersatzhandlungen – Ersatzbefriedigungen. Indem wir uns mit schicken, teuren Produkten umgeben, kompensieren wir zum Beispiel die Urbedürfnisse, bemerkt zu werden und einen Platz in der Welt zu haben. Stellen Sie sich folgende Fragen zu den einzelnen Urbedürfnissen und finden Sie heraus, ob Sie Ihre Urbedürfnisse befriedigen oder Ersatzbefriedigungen suchen:

Urbedürfnis nach Zuwendung

Fühlen Sie sich wahrgenommen von Ihrer Mitwelt? Erleben Sie immer wieder, dass jemand Ihnen ein Lächeln, einen aufmunternden Gruß schenkt, dass man sich gerne mit Ihnen unterhält? Erhalten Sie hin und wieder Lob und Anerkennung? Wenn Sie hierin eine Unterversorgung spüren, überlegen Sie, welche Spieler Sie auf die Bühne schicken können, um mehr davon zu kriegen. Die Aufgabe lautet: Gib mehr, zeig mehr von dir, damit du mehr bekommen kannst.
Urbedürfnis nach Stimulation
Erinnern Sie sich an Situationen, in denen Ihr Herz hüpfte – das sind klare Zeichen, dass Ihre Seele bewegt/zutiefst berührt wurde. Gibt es solche Situationen in ausreichenden Abständen, oder haben Sie versucht, den Mangel mit Ersatzbefriedigungen zu kompensieren? Bewegt zu werden ist etwas Individuelles. Für manche ist es das Musizieren der Regentropfen im Blätterdach des Laubwaldes, für

andere ein Ölgemälde, eine Bergbesteigung, das Spielen der Kinder. Überlegen Sie, wie Sie solche Momente vermehrt in Ihr Leben bringen. Gibt es Spieler, die Sie zu diesem Zwecke öfter auf die Bühne stellen könnten? Vielleicht den Sinnlichen, den Mutigen, den Liebenden, den Verspielten, den Fürsorglichen.

Urbedürfnis nach Mitgefühl

Viele moderne Jobs setzen heutzutage eine Persönlichkeitsspaltung voraus, die Mitgefühl als Privatangelegenheit auf den Freizeitbereich reduziert. Folgen Sie dieser Intention? Bekommen Sie dennoch ausreichend Mitgefühl? Können Sie es überhaupt zulassen, dass andere an Ihren Problemen Anteil nehmen? Erkennen Sie, dass es kein Versagen bedeutet, Krisen zu erleben. Krisen sind Wachstumsaufgaben, die jedem Menschen gestellt werden. Auch wenn wir sie letzten Endes alleine durchleben müssen, dürfen wir uns doch Anteilnahme und Unterstützung holen. Ja, wir bringen damit andere Menschen in die Lage, mit uns zu wachsen. Welcher Spieler braucht hierfür mehr Bühnenpräsenz? Der Bedürftige, der Gefällige, der Fürsorgliche, der Liebende?

Urbedürfnis nach Identität

Überprüfen Sie den Grad Ihrer gelebten Identität und Autonomie an folgender Frage: „Wer bin ich, wenn ich nicht mehr Mutter, Abteilungsleiter, Chefin, Vorsitzender, technischer Spezialist, Krankenpflegerin... bin? Welche Ihrer Spieler entsprechen den aktuellen Rollen, die Sie vornehmlich ausüben? Der Selbstantreiber, der Übermächtige, der notorische Helfer, der Angeber, der Beschützer? Welche Ihrer Spieler können Ihre Autonomie stärken? Der Zuhörer, der Tolerante, der Unterhändler, der Aufrechte, der Verspielte, der Selbstzufriedene?

Urbedürfnis nach Verständnis

Mit all unseren Schwächen und Fehlern, aber auch mit den verdrängten Stärken, die die Welt bisher von uns nicht brauchte, wertgeschätzt zu werden, ist ein Urbedürfnis, das viele von uns aus Angst, nicht zu genügen, gar nicht erst zu befriedigen suchen. Welche Spieler haben Sie bisher daran gehindert, dieses Bedürfnis zu befriedigen und sich einem loyalen Menschen zu öffnen? Der Verschlossene, der Schwätzer, der Selbstabwerter, der Angeber, der Vielharmoniker, der Kämpfer? Welche Spieler könnten Ihnen helfen? Der Selbstzufriedene, der Bedürftige, der Aufrichtige, der Verspielte, der Liebende, der Liebesuchende?

Urbedürfnis nach Sicherheit

Können Sie Ihr Sicherheitsbedürfnis im privaten Bereich wie im beruflichen Alltag ausreichend befriedigen? Welche Spieler sind in diesem Aspekt stark engagiert? Welche wären hilfreich? Der Selbstzufriedene, der Lässige, der Kreative, der Mutige, der Vorsichtige?

Urbedürfnis nach Zugehörigkeit

Sehen Sie einen Sinn in Ihrem Leben und haben Sie einen Platz in der Welt gefunden? Wenn Sie sich darin nicht sicher sind, stellen Sie sich folgende Fragen: Was wäre mir noch wichtig zu tun, wenn mir der Arzt die Diagnose stellen würde, dass ich noch ein Jahr zu leben hätte? Wofür lohnt es sich, Anstrengungen auf sich zu nehmen, was interessiert mich so sehr, dass mich nichts aufhalten kann, auch wenn es schwierig und schmerzlich wird? Welche Ihrer Spieler können Sie auf diesem Weg unterstützen? Der Mutige, der Aufrichtige, der Kreative?

Urbedürfnis nach Wertschätzung

Erleben Sie Wertschätzung, würden Sie sich als würdevoll bezeichnen? Wenn nicht, gilt es Ihr Selbstbewusstsein aufzubessern. Machen Sie dazu die Selbstwertübungen, die sie im Übungsteil von Kapitel 5 finden. Welche Ihrer Bühnenspieler torpedieren Ihr Selbstwertgefühl? Der Selbstantreiber, der Perfektionist, der Selbstabwerter? Hören Sie genau darauf, wie Sie über sich selbst sprechen und denken. Welche Spieler könnten Ihr Selbstbewusstsein stärken? Der Selbstzufriedene, der Liebende, der Tolerante?

Urbedürfnis nach Transzendenz

Erleben Sie etwas, das über das Materielle hinaus geht, spüren Sie den göttlichen Funken in sich? Kennen Sie Situationen, in denen Sie „einen Schutzengel" hatten? Oder Momente, in denen Sie plötzlich etwas wussten, was Sie rein rational nicht hätten wissen können? Welche Spieler stehen Ihnen bei solchen Betrachtungen im Weg? Der Schwätzer, der Selbstabwerter, der Neider? Wie verändert sich die Situation, wenn Ihr Liebender mehr Bühnenpräsenz erhält? Gerade der Liebende ist wesentlich bei der Suche nach Transzendenz. Er öffnet unsere Sinne, um derartige Erfahrungen machen zu können. Mit Hilfe des Liebenden werden Sie sich selbst und Ihre Mitwelt liebevoller und wertschätzender behandeln und Würde und Heiligkeit in allen Wesen entdecken.

5 Wie Sie mit Ihrem Permeagramm mehr Selbstwert bekommen

Die meisten Menschen streben danach ganz zu werden, sich zu vervollkommnen. Wir suchen in anderen Menschen, was wir in uns selbst nicht finden, weil wir es so tief in uns vergraben haben, dass wir es nicht mehr als einen Teil von uns kennen. Deshalb ziehen sich Gegensätze an. Wir wollen uns vervollständigen. Die Schriftstellerin Anaïs Nin fühlte sich über eine lange Phase ihres Lebens von schriftstellerisch ambitionierten Menschen angezogen. Und sie setzte sich mit ihrer ganzen Kraft ein, dass diese Menschen ihren Weg gingen und Schriftsteller wurden. Bis ihr eines Tages bewusst wurde, dass sie diese Freunde förderte, um aus ihnen das zu machen, was sie selbst sein sollte – eine Schriftstellerin. Sie traute sich als Schriftstellerin nicht genug zu, weil ihr Selbstabwerter die Empore besetzt hatte. Rufen Sie einmal vor Ihrem geistigen Auge Menschen auf, die Sie bewundern, und schreiben Sie auf, was Sie an diesen Personen bemerkenswert finden. Diese Eigenschaften haben Sie auch, Sie haben sich bisher nur nicht getraut, sie zu entwickeln und zu leben. Die anderen Menschen sind unsere Spiegel.

Gegensätze ziehen sich an: Bei Molière verliebt sich der Misantrop (Menschenfeind) in die Salonlöwin. Der Menschenfeind Alceste, der die Mitmenschen misstrauisch betrachtet, der es nicht leiden kann, dass sie schmeicheln, aufschneiden, lügen und betrügen, will ganz ohne Heuchelei leben. Er weigert sich selbst am königlichen Hof, in seinem Reden und Verhalten Kompromisse mit der Wahrhaftigkeit zu machen. Das bringt ihm nicht überall Sympathie und Zuspruch ein. Und dann kommt es eines Tages, wie es kommen muss, er verliebt sich in Cèlimène, eine gesellige, kokette junge Witwe. Eine Schmeichlerin, die es liebt, in der adeligen Gesellschaft zu kokettieren. Was er in sich selbst tief verdrängt hat, das zieht ihn magisch an.

Der Psychologe Arno Gruen schreibt in seinem Buch „Verlust des Mitgefühls“: „Ein Kollege hatte oft von seiner Mutter erzählt, die er wegen ihrer bevormundenden und besitzergreifenden Art hasste. Er brachte sich aus Südkorea eine Frau mit, die genau die gleiche Art hatte wie seine narzisstische, bevormundende Mutter.“ Wenn man sich diese Konstellation mit dem Permeagramm in der Hand ansieht, dann findet man auch hierfür eine klare, einfache Erklärung. Was dieser Mann in seiner Kindheit hasste, als schrecklich erlebte, das unterdrückte er in seinem eigenen Permeagramm. Den bevormundenden, besitzergreifenden Spieler hat er tief in den Theaterkeller gesteckt. Und nun fühlt er sich genau von der Frau angezogen, die das lebt, was er selbst verdrängt hat.

Ein Klient erzählte mir im Coaching, dass er in seiner Kindheit erleben musste, wie er immer, wenn es spannend wurde, ins Bett geschickt wurde. Er war mit einer leidenden Frau verheiratet, die Kopfschmerzen bekam und erschöpft war, immer wenn es für ihn gerade nett, gemütlich und interessant wurde. Er fragte sich traurig, wie die Welt so ungerecht sein könne, dass ihm das passieren musste. Anhand des Permeagramms erkannte er schließlich, dass er diese Frau in sein Leben gezogen hatte, um die alte Regel aufrecht erhalten zu können und die Spieler seiner Commedia della Vita nicht umbesetzen zu müssen. Er brauchte seinen Sinnlichen, seinen Mutigen und seinen Unterhalter nicht aus dem Theaterkeller zu holen.

Ergo gilt beides: Gleich und gleich gesellt sich gern – damit muss sich nichts in meinem Leben ändern. Aber auch: Gegensätze ziehen sich an – damit versuche ich, ganz zu werden, lade Veränderung in mein Leben ein und erlebe sehr wahrscheinlich zunächst einmal (da so etwas ja unbewusst abläuft) Konflikte.

In mein Coaching kam einmal ein Manager, der verstehen wollte, weshalb er von seinen Mitarbeitern als extrem fordernd und leistungsbezogen erlebt wurde. Irgendwann erzählte er mir auch von den Problemen, die er zu Hause hatte. Sein zehnjähriger Sohn war das ganze Gegenteil von ihm selbst, ein Chaot und Faulenzer, der sich keiner Ordnung unterwarf. Unbewusst hatte der Vater den Sohn in die Rolle hinein manövriert, die Antipoden zu leben, die der Vater an sich selbst hasste und nicht leben wollte. Was wir verdrängen, kommt von außen auf uns zu. Jede verdrängte Energie will von uns zurückerobert werden und wir selbst suchen sie und bringen sie auf irgendeine Weise in unser Leben. Indem wir uns Freunde, Lebenspartner oder Mitarbeiter suchen, die diese Teile ausleben. Und manchmal, indem wir unsere Kinder in diese Rollen drängen. Das ist das Geheimnis, weshalb wir immer wieder mit Menschen, die eine ganz bestimmte Eigenschaft verkörpern, in Kontakt kommen. Ich erinnere mich mit Schrecken an die Zeit, als mir all diese Dinge noch nicht bewusst waren. Mein notorischer Helfer war riesengroß ausgebildet, meine eigene Hilfsbedürftigkeit tief im Theaterkeller versteckt. Und ich zog ständig bedürftige Menschen in mein Leben, die sich als Opfer ihrer Umwelt erlebten und die mich fast komplett aussaugten. Als mir das endlich zu Bewusstsein kam, brauchte ich selbst dringend Hilfe, um mein Gummiband zu entspannen und mit diesen Spielern zurück in den gesunden Bereich zu kommen.

Manche Menschen sehen sich selbst als Schwächlinge und erleben, dass sie wieder und wieder von anderen Menschen misshandelt werden. Es gibt Frauen, die gerade aus der einen Partnerschaft mit einem brutalen Mann heraus gefunden haben, da finden sie schon den nächsten, der sie schlecht behandelt. Wenn sie ihr Permeagramm kennen würden, ihren eigenen Kämpfer aus dem Theaterkeller und als Unterhändler auf die Bühne bringen könnten, ihren Übermächtigen aus dem Theaterkeller entließen und als Anführer auf die Bühne stellten, würden sie solche Menschen nicht mehr in ihr Leben ziehen.

Schluss mit der Manipulation!

Wir sind instabil und manipulierbar, so lange wir nicht in unserer Mitte sind – solange wir überspannte Gummibänder mit überzogenen Emporenspielern und unterdrückten Kellerasseln in unserem Permeagramm haben. Um uns zu vervollständigen, zogen wir bisher Menschen in unser Leben, die unsere verdrängten Aspekte auf ihrer Empore haben, anstatt diese Spieler aus unserem eigenen Theaterkeller zu entlassen und auf unsere Bühne zu stellen. Wir waren dadurch von unserer Mitwelt hochgradig manipulierbar und konnten unsere Welt nicht selbst gestalten. Nun haben wir uns das Rüstzeug angeeignet, um daran etwas zu ändern und es anders zu machen. Ich gehe davon aus, dass Sie im stillen Kämmerlein schon einigen Erfolg verbuchen. Schwierig wird die Sache immer dann, wenn Sie mit anderen Menschen zusammen sind und deren Permeagramme Einfluss auf Sie haben. Es stellt sich die Frage: Wo bleibt der gebotene Selbstwert? Können wir uns nicht einfach abgrenzen gegen diese Einflussnahme? Das größte Problem sehe ich darin begründet, dass wir als Menschen nachahmende Wesen sind. Wir haben viel weniger Instinkte als die Tiere. Wir lernen von Anfang an von unseren Mitmenschen. Deshalb fragen wir ständig: „Wie soll ich sein, dass ich passe?“ Wir befolgen einen Dresscode, um dazu zu gehören, und machen uns die Ansichten und Werte unserer Umwelt zueigen. Wenn unsere Welt also einen arbeitssüchtigen Schwerarbeiter und einen Perfektionisten gut findet und fördert, wie sollen wir es denn dann im Zusammenleben mit anderen schaffen, unsere Spieler von der Empore in den gesunden Bereich zurückzubringen?

Sie werden es schaffen. Dabei wird Ihnen ein guter Selbstwert helfen, den Sie vor allem dadurch stärken, dass Sie weniger urteilen. Die meisten Menschen versuchen ihren Selbstwert aus der Anerkennung durch ihre Mitmenschen zu ziehen. Das ist fatal. Damit machen sie sich abhängig. Andere sind nicht verlässlich, denn viele Menschen haben beispielsweise einen Neider auf der Bühne. Applaus und Anerkennung, die sie spenden sollen, kommen viel zu spärlich und halbherzig. Das nährt gerade mal den Hunger und die Gier nach Anerkennung, den Selbstwert kann es nur selten stärken. Ergo, wir müssen für unseren Selbstwert selber sorgen. Und das können wir solide und zuverlässig tun. Beginnen wir damit, weniger zu urteilen.

Weniger urteilen vermehrt inneren Reichtum

Unser Dualismus ist mitverantwortlich dafür, dass wir ständig urteilen, alles in gut und böse einteilen und damit die Gummibänder unserer Antipoden in beide Richtungen dehnen. Fehler sind schlecht, Perfektion ist gut. Die Lehrer der japanischen Samurai-Krieger erinnern uns an etwas anderes: „Ohne Fehler zu machen, kann man nichts Großes vollbringen.“ Bei uns heißt es: „Aus Schaden wird man klug.“ Ob ich selbst Lernende war, oder Seminare leitete, ich stellte immer fest, wo Fehler gemacht wurden, setzte kreatives, konstruktives Lernen ein. Richtigkeit verführte dagegen selten dazu, Dinge noch einmal zu überdenken.

Entlasten Sie Ihre Gummibänder, fahren Sie Ihr dualistisches Denken zurück. Versuchen Sie, in Ihrem Alltag weniger zu urteilen. Wenn ich diesen Vorschlag in meinen Seminaren mache, ernte ich oft vehementen Widerspruch: „Man muss sich doch ein klares Bild von der Welt machen, man muss doch Stellung beziehen!“ Muss man? Ich frage Sie, ist es wirklich wichtig, ja ist es sinnvoll, dass Sie alles in gut und böse einteilen? Da wird Passanten auf der Straße plötzlich ein Mikrophon unter die Nase gehalten und man fragt sie: „Was halten Sie davon, dass der Fußballer K seine Frau verlassen will?“ Da wird man aufgefordert, den Radiosender anzurufen und seine Meinung darüber abzugeben, ob es gerechtfertigt sei, dass die Lokführer streiken. Da heißt es in der Freundesrunde: „Jetzt sag du doch auch mal was dazu, was meinst du, der Junge ist doch tatverdächtig, dass sie den laufen lassen, ist ein Skandal.“ Jetzt mal Hand aufs Herz – wie genau wissen Sie denn darüber Bescheid? „Ja, aber, man muss doch mitreden!“, sagen Sie vielleicht. Muss man das? Wie oft habe ich mich ertappt, dass ich mir ein Urteil erlaubte und später, als mir weitere Fakten bekannt wurden, entsetzt feststellte: Das wäre ein böses Fehlurteil geworden.

Die Indianer haben einen weisen Spruch: *Urteile nicht über einen anderen, ehe du nicht 1000 Meilen in seinen Mokassins gegangen bist.*

Weshalb verspüren Menschen dieses Bedürfnis mitzureden – ihre Meinung über Dinge abzugeben, von denen sie überhaupt keine Ahnung haben? Das stellt ihren groß ausgebildeten Kritiksüchtigen zufrieden. Indem wir in gut und böse einteilen, glauben wir Sicherheit zu gewinnen. Wir wissen dann scheinbar, wo der Feind steht. Wann und wo wir auf der sicheren Seite sind. Aber das ist Selbstbetrug und strengt an. Üben Sie sich darin, weniger zu urteilen. Das alleine hilft schon, Ihre Gummibänder zu entspannen und mehr Balance in Ihr Permeagramm zu bringen.

Das heißt nicht, dass Sie im Job und im Leben keine Entscheidungen mehr treffen sollen. Dort tun Sie es ja gewiss mit einigem Sachverstand. Und Sie tun es, um Dinge voran zu bringen. Wieso sich aber damit aufhalten, ob die Betten der Nachbarin zu lange draußen hängen und der Kollege mit der Beförderung das große Los gezogen hat.

> *„Wer weiß, ob es gut oder schlecht ist? Es ist, wie es ist“, sagte der alte Bauer, als die Nachbarn zu ihm gerannt kamen, um ihn ob des schönen Wildpferdes zu beneiden, das ihm zugelaufen war. Sein Sohn ritt das Pferd zu und die Arbeit ging jetzt leichter. Bis der Sohn vom Pferd fiel und sich die Beine brach. „Armer Mann, wie schrecklich dich das Schicksal beutelt“, jammerten die Leute in seinem Dorf. Da sagte der Alte nur: „Es ist, wie es ist. Warum darüber jammern? Weiß ich, ob es gut oder böse ist?“ Die Leute gingen kopfschüttelnd nach Hause. Da hob der Kaiser ein Heer aus, um in den Krieg zu ziehen und alle jungen Burschen wurden von den Feldern geholt. Nur der Sohn des Alten blieb zu Hause und kurierte seine Beine. „Hast Du ein Glück!“, sagten die Leute, „dein Sohn wurde verschont.“ „Es ist, wie es ist! Wie soll ich wissen, was gut und was schlecht ist?“, antwortete der Alte und spannte seinen Pflug aus.*

Mit dieser Einstellung lockern Sie stark gespannte Gummibänder. Entspannen Sie, Sie müssen nicht immer urteilen. Machen Sie es wie der alte Bauer, wenn Sie wieder einmal jemand zu einem Urteil hinreißen will. Antworten Sie ihm: „Es ist, wie es ist. Weiß ich, ob es gut oder böse ist?“ Zu Anfang wird es Ihnen vielleicht nicht ganz leicht fallen, sich herauszuhalten, denn urteilen hat auch eine soziale Komponente. Gehen Sie im Geiste einmal die typischen Stammtisch-Gespräche durch, in denen alle zu einem gemeinsamen Urteil finden: „Dieser Fußballtrainer ist die letzte Pfeife...“ Alle sind sich einig, alle stoßen ins selbe Horn. Das schafft ein Okay-Gefühl und ein Wir-Gefühl. So lange dieses Gespräch läuft und vielleicht sogar noch eine kleine Zeit darüber hinaus, kann man sich zugehörig fühlen. Und zwar zu den Guten, den Schlauen. Die Bösen und Dummen, das sind die da draußen, über die man gerade lästert. Das heißt, wenn Sie sich zur seelischen Hygiene entscheiden, also weniger urteilen wollen, dann wird Ihnen dieses leicht zu erringende Okay-Gefühl verwehrt bleiben. Es kann sogar sein, dass man ein bisschen sauer auf Sie wird, weil Sie nicht mehr mitschimpfen über die schlechte Welt. Am besten erzählen Sie dann die Geschichte vom alten Bauern oder die folgende vom Pfarrer und vom Teufel.

Der Pfarrer in der weitverstreuten Berggemeinde war ein rühriger Mann. Er hatte es sich auf die Fahne geschrieben, gute Menschen aus seiner Gemeinde zu machen und den Teufel zu bekämpfen, wo es nur ging. Eines Abends wanderte er müde den Berg hinan, auf dem seine Kirche und das Pfarrhaus standen. Da hörte er in einem Graben neben dem Weg ein klägliches Wimmern. Er trat näher, um zu sehen, welch hilfloses Wesen dort hinein gestürzt war. Als er ganz nah gekommen war, sah er im letzten Abendlicht, dass es der Teufel war. Da freute sich der Pfarrer, als er seinen Widersacher in so kläglichem Zustand fand. „Hilf mir", rief der Teufel, „sonst werde ich sterben." Da lachte der Pfarrer: „Na, das ist mir gerade recht." „Nein", antwortete der Teufel mit fester Stimme, „das kann dir nicht recht sein, Pfarrer. Denk doch mal nach. Wenn ich nicht mehr da bin, wer bist du dann noch? Wofür willst du denn noch leben?" Da zog der Pfarrer den Teufel aus dem Graben, lud ihn auf seinen Rücken, schleppte ihn nach Hause und pflegte ihn gesund.

Versuchen wir weniger dialektisch zu denken, hören wir auf damit, die Welt in gut und in böse einzuteilen, sonst brauchen wir am Ende das Böse, um uns gut fühlen zu können. Solche Gedanken hat schon der alte Sokrates. *Als einer seiner Schüler wieder einmal gelaufen kam und etwas sagte wie: „Meister habt Ihr schon gehört...“, da bremste er ihn und mahnte:*

Wenn du etwas weitersagen willst, so seihe es zuvor durch drei Siebe. Das erste lässt nur das Wahre hindurch. Das zweite lässt nur das Gute hindurch, und das dritte lässt nur das Notwendigste hindurch. Was durch alle drei Siebe hindurchging, das magst du weitersagen.

Wie Ihre Spielertruppe an Selbstwert gewinnt

Wie aber ziehen Sie aus diesem „Weniger urteilen“ Selbstwert? Haben Sie sich schon einmal gefragt, wie und wo Selbstwert entsteht? In der frühen Kindheit, wenn wir genügend Ermutigung und Zuspruch erhalten haben. Ja gewiss. Heißt das dann gleichzeitig, dass ich mein Leben lang ein Mangelwesen bleibe, wenn ich es weniger glücklich getroffen habe? Nein, Sie können Zeit Ihres Lebens zur Anreicherung oder zur Abnahme ihres Selbstwertes beitragen.

Die Familientherapeutin Virginia Satir spricht von einem „Selbstwerttopf“, den jeder hätte. Sie dachte dabei an den großen alten Eisentopf, den es auf der Farm ihrer Eltern in Wisconsin gab, als sie noch ein kleines Mädchen war. Ihre Mutter benutzte ihn zum Seife machen, im Sommer wurde für die Erntehelfer Eintopf darin gekocht und zu anderen Zeiten bewahrte der Vater Dünger für die Blumenbeete darin auf. Es gab zwei berühmte Fragen in ihrer Familie: Was ist gerade in dem Topf? Und wie voll ist er? Später, in ihrer psychologischen Praxis sprachen die Menschen über sich selbst und sagten, sie fühlten sich ausgeleert, gebrochen, voll, angefüllt mit den falschen Inhalten. Da fiel ihr der große alte Eisentopf ein, und bald sprachen ihre Klienten über ihren „Selbstwerttopf", wenn sie ausdrücken wollten, wie es ihnen gerade ging. Der Selbstwerttopf kann leer oder gefüllt sein. Durch viel Zuspruch und Anerkennung in der Kindheit sind Sie mit einem schön gefüllten Topf in Ihr Leben gestartet und haben ein gutes Grundvertrauen. Erlebten Sie viel Abwertung, Zurechtweisungen und Beschimpfungen, dann war Ihr Topf nicht so gut gefüllt, Ihr Grundvertrauen nicht so groß. Je geringer das Selbstvertrauen ist, umso stärker müssen wir uns nach anderen richten, umso ausgeprägter bilden wir einzelne Teilpersönlichkeiten aus und umso tiefer sind die Keller, in die wir die in unserer Umwelt nicht willkommenen Aspekte verdrängten. Dieser Selbstwerttopf ist nicht immer gleichermaßen voll oder leer. Je nachdem, was wir erleben und wie wir es erleben können, füllt oder leert er sich. Je mehr Selbstwert wir haben, umso leichter können wir den Topf auch wieder füllen und lassen ihn von anderen Menschen nicht mehr so einfach ausleeren. Jemand mit gesundem Selbstwert lässt sich von einer Rüge, selbst wenn sie gerechtfertigt ist, nicht so aus dem Gleichgewicht bringen, wie jemand, der sowieso ständig eine Stimme in sich hört: „Du schon wieder, so was kann ja wieder nur dir passieren."

Gewiss suchen Sie bereits in Ihrem Permeagramm nach den Persönlichkeitsaspekten mit mangelndem Selbstwert. Der Hilflose ist ein Kandidat, aber auch der Angeber, der Lüstling genauso wie der Enthaltsame oder der Selbstabwerter – alle überspannten und unterdrückten Aspekte zeugen von mangelndem Selbstwert und erzeugen weitere Minderwertigkeitsgefühle. Also alle Emporenspieler und alle Kellerasseln. Das muss man sich in seiner ganzen Tragweite bewusst machen! Jetzt wird erschreckend klar, weshalb so wenig Zeitgenossen unter uns sind, die wir als ausgeglichen und selbstbewusst bezeichnen können. Sehen Sie sich zum Beispiel die Selbstdarsteller an, die immer im Mittelpunkt sein müssen, große Reden schwingen, sich so scheinbar sicher auf jedem Parkett bewegen. Fühlen Sie ihnen auf den Zahn.

Sind sie nicht nur solange gut gelaunt und gewinnend, wie sie die Szene beherrschen, wie man über ihre Witze lacht. Weisen Sie so jemandem mal nach, dass er sich geirrt hat, dass er mit seinen Geschichten völlig auf dem Holzweg ist. Wenn er rechthaberisch reagiert oder ablenkt, wenn seine Miene Unbehagen verrät, dann haben Sie ihn in seiner Kümmerlichkeit erwischt. Er spielt den Welterfahrenen, den Überlegenen, weil er innerlich zerfressen wird von Minderwertigkeitsgefühlen.

Ich hatte einmal einen Großunternehmer aus der Baubranche als Klienten, bei dem war diese Angst so ausgeprägt, dass er alle seine Mitmenschen „vorbeugend unterwarf", wie ich es bezeichnete. Bevor man mit ihm überhaupt in ein Gespräch eintreten konnte, hatte er einen schon nach allen Regeln der Kunst runtergeputzt. Unbewusst sagte er damit ständig: „Ich habe solche Angst, dass ihr mir überlegen seid, dass ihr merkt, wie klein und mickrig ich bin. Deshalb muss ich euch ganz schnell noch kleiner und mickriger machen."

Oder meinen Sie, dass ein Schwätzer so viel Luft verbraucht, weil er sich so wohl in seiner Haut fühlt? Nein, er glaubt selbst nicht, dass sein Wort Gewicht haben könnte. Er hat Angst, dass man nicht akzeptiert, was er sagt, deshalb redet er alle schwindelig. Er hat auch Angst, dass man, sobald er aufhört zu reden, Zeit finden könnte, um über ihn nachzudenken, und dass dieses Nachdenken über ihn ungünstig ausfallen würde.

Weshalb muss sich jemand ständig in Abenteuer stürzen? Nicht nur des Adrenalins wegen, sondern auch, weil er sich als komplett unbedeutend erleben würde, wenn er es nicht tut. Und wieder gilt, solange das Bewusste-Ich nicht eingeschaltet wird, laufen all diese Handlungen unreflektiert ab. Der Bauunternehmer weiß nicht, weshalb er alle Leute schwer beleidigt, er begründet es damit, dass alle außer ihm sowieso Idioten sind. Der Schwätzer merkt wahrscheinlich gar nicht, in welcher Weise er getrieben ist, und der Skiakrobat rechtfertigt sein Tun vielleicht als wichtigen Beitrag zum Umweltschutz.

Es ist paradox, so komisch wie traurig: Da spannen wir unsere Gummibänder immer weiter an. Den Selbstantreiber, den notorischen Helfer, den Lüstling und all die anderen bilden wir immer stärker aus, um endlich Anerkennung zu finden, um uns endlich wertvoll erleben zu können. Wir verstecken die Antipoden, von denen wir glauben, dass sie uns keine Ehre machen, immer tiefer im Theaterkeller und finden doch keine Ruhe. Unser Selbstwert wird immer geringer und wir werden immer abhängiger davon, von außen Anerkennung zu erhalten. Das Dumme ist nur, dass Lob von außen immer seltener kommt, je weniger wir selbst von uns halten. Und wenn es dann kommt, dann glauben wir es gar nicht.

In einem Teamcoaching, das ich leitete, beklagte sich eine Mitarbeiterin, dass es in ihrem Alltag und für ihre Arbeit nie Anerkennung gäbe. Kurze Zeit später erhielt sie von einigen Kollegen Lob und Bewunderung für ein Projekt, das sie vorzüglich geleitet hatte. Ich beobachtete sie. Sie wimmelte sofort ab und ihr Körper drehte sich weg. Ihr Selbstabwerter erlaubte ihr gar nicht mehr, ein Lob zu empfangen.

Im Einzelcoaching sagte mir ein Mann auf meine Frage, ob es wirklich niemand in seinem Leben gäbe, der ihn wertschätze, dass da seit kurzem eine Frau sei, die eine Beziehung mit ihm wolle. Und er ergänzte: „Ich frage mich nur, was mit der nicht stimmt, dass sie mit mir zusammen sein will.“

Manche Menschen suchen gar nicht erst nach Aufmunterung und Wertschätzung in ihrer Umgebung, sie erwarten von ihren Mitmenschen sogar, sie in ihrer vermeintlichen Wertlosigkeit zu bestätigen. Diese Menschen tragen eine Art unsichtbares Schild um den Hals mit den Worten: „Bitte schlag mich.“ Manchmal unternehmen sie sogar einiges, dass es den Mitmenschen leicht fällt, ihnen diesen Gefallen zu tun. Sie fahren zum Beispiel den Versager und den Chaoten groß aus, vielleicht noch einen Vergesslichen und einen Schussligen dazu.

Wir können es drehen und wenden, wie wir wollen, wir füllen unseren Selbstwerttopf nur, indem wir entspannen – die Gummibänder entspannen und Stück für Stück in unsere Mitte kommen.

Indem Sie weniger urteilen, entspannen Sie Ihre Gummibänder, und die Spieler kommen aus ihren intoleranten Emporen- und Kellerpositionen heraus auf die Bühne, wo Toleranz herrscht. Indem Sie weniger urteilen, werden Sie toleranter – in Bezug auf ihre Umwelt und in Bezug auf Sie selbst. Viele Zeitgenossen gehen höchst intolerant mit sich selbst um – ohne es zu merken. Jesus sagte den bemerkenswerten Satz: „Richtet nicht, auf dass ihr nicht gerichtet werdet." Wenn man diesen Gedanken einmal in Bezug auf die Permeagramme anschaut, stellt man Frappierendes fest: Indem ich das Verhalten eines Mitmenschen verurteile, gebe ich dieselbe wertende Botschaft an meinen entsprechenden Spieler. Indem Sie urteilen, beschämen Sie sich laufend selbst. Damit leeren Sie ständig Ihren Selbstwerttopf selbst aus. Sie werden unsicher, sie gehen auf unsicherem Boden. Überall können Wertungen und Urteile herumliegen wie Fallgruben, in die ihr Selbstwert stürzt. Unumstößlichkeit gewinnen Sie, wenn Sie aufhören zu urteilen – wie der alte Bauer: „Wer weiß, ob es gut oder schlecht ist." Auf diesem Weg wachsen Eigenliebe und Selbstzufriedenheit. Gehetztheit wie auch die Gefühle, „nicht zu genügen", lösen sich auf.

Um Ihren Selbstwert aktiv aufzuladen, sollten Sie so oft wie möglich die nachfolgenden Übungen machen.

Fassen wir zusammen: Selbstwert ist wesentlich für Ausgeglichenheit und gute Beziehungen. Alle angespannten Spieler sorgen für Minderwertigkeitsgefühle. Unser Selbstwerttopf leert sich jedes Mal, wenn wir über andere urteilen, weil wir im selben Atemzug über einzelne unserer Emporenspieler und Kellerasseln urteilen. Weniger zu urteilen führt deshalb dazu, dass unser Selbstwerttopf voller wird. Aus der Anerkennung anderer Menschen Selbstwert zu ziehen ist möglich, aber so unsicher wie Regen in der Wüste. Wer ausreichend Selbstwert hat, kann tolerant, humorvoll und großzügig und glückvoll in Beziehungen sein.

Übungen

Sumarah

Sinn der Übung: Lernen Sie, weniger zu urteilen, um innerlich freier zu werden und Selbstwert zu gewinnen. Sumarah heißt eine spirituelle Lebenshaltung, die aus Indonesien kommt und einige Ähnlichkeit mit dem Zen hat. Einer der wichtigsten Kernsätze lautet: „Sag ja zu dem, was gerade ist." Das heißt nicht, dass man es gut finden soll. Das heißt nur, dass wir es einfach erst einmal akzeptieren sollen, dass es jetzt so ist. Abwehr kostet viel Energie und ändert überhaupt nichts an der gegebenen Situation.
Übungsanleitung: Üben Sie sich im Alltag darin, eine Situation zunächst einmal zu akzeptieren, unabhängig davon, was Ihr nächster Schritt sein wird. Auch wenn Sie dann alles daran setzen, diese Situation zu ändern. Sagen Sie „Ja" zu dem was gerade ist. Oder sagen Sie: „Es ist, wie es ist, wer weiß, ob es gut oder schlecht ist."

Die drei Siebe des Sokrates

Sinn der Übung: Auch wenn wir selbst weniger urteilen wollen, versuchen unsere Mitmenschen ständig, uns wieder dazu zu verleiten. Machen Sie deshalb in Ihrem Alltag immer wieder die Übung mit den drei Sieben.
Übungsanleitung: Wenn jemand Ihnen den neuesten Tagesklatsch erzählen und Sie dazu verleiten will, beispielsweise schlecht von einem anderen Menschen zu denken, dann reagieren Sie wie Sokrates. Lassen Sie Ihren Gesprächspartner die Information durch drei Siebe sieben, indem Sie ihm folgende Fragen stellen: 1. Ist es wahr? 2. Ist es gut (positiv)? 3. Ist es notwendig?

Geben Sie zu verstehen, dass Sie die Geschichte nur hören wollen, wenn sie in keinem der drei Siebe hängen geblieben ist. Wenn er nicht verstehen will, sagen Sie ihm: „Ich mache gerade eine Entschlackungskur. Ich will mich von belastendem, negativem Gedankengut reinigen."

Erlaubnisscheine ausstellen

Sinn der Übung: Permeagramm kommt wie gesagt von permettre – erlauben. Bei dieser Übung geht es darum, sich selbst Erlaubnis zu erteilen. Den Emporenspielern zu helfen, entspannen zu können, indem das Bewusste-Ich die Erlaubnis dazu erteilt.
Übungsanleitung: Wiederholen Sie die Übung „Innehalten" aus Kapitel 3 immer wieder und horchen Sie auf das, was Ihre Spieler – vor allem die Emporenspieler – sagen. Sie haben bestimmte Kernsätze wie: „Ich darf keine Schwäche zeigen", „Ich muss immer perfekt sein", „Man kann sich auf niemanden verlassen", „Ich bin nicht gut genug", „Niemand kann mich mögen, wenn ich nicht..." „Ohne mich kommt die Familie/die Firma halt nicht klar"... Diese Sätze klingen ebenso vernünftig, wie sie irrational sind. Schreiben Sie diese Kernsätze Ihrer Emporenspieler auf. Überprüfen Sie nun, wie Sie diese Absolutheitsansprüche vorsichtig abmildern können. Stellen Sie sich zum Beispiel eine erste Erlaubnis aus: „Im Urlaub brauche ich mal nicht perfekt sein". Am besten schreiben Sie diese Erlaubnis sogar auf ein Stück Papier auf – stellen dem Emporenspieler einen Erlaubnisschein aus, den sie an einen Ort pinnen, wo Sie ihn sehen. Setzen Sie diese Erlaubnis um und schauen Sie, wie es Ihnen dabei geht. Zeigen Sie Ihren Emporenspielern, dass es gut ist, dass sie da sind, dass sie aber auch hin und wieder entspannen dürfen, weil das Bewusste-Ich den Überblick hat. Weiten Sie die Erlaubnisse ganz langsam aus.

Den Selbstwert steigern

Sinn der Übungen: Überspannte und unterdrückte Spieler sind Selbstwertkiller, und mangelnder Selbstwert führt zu fehlerhaften Handlungen und Reaktionen im Umgang mit anderen. Deshalb ist Selbstwerttraining an dieser Stelle sehr fruchtbar. Mit ausreichendem

Selbstwert fällt es auch leichter, die bisher nicht geliebten Seiten an sich zu mögen. Nur wer sich selbst liebt und wertschätzt, ist überhaupt in der Lage, einen anderen Menschen zu lieben und wertzuschätzen.

1: Besser mit sich selber reden

Lauschen Sie darauf, wie Sie mit sich selbst reden und welche Geschichten Sie sich über sich selbst erzählen. Zum Beispiel: „Das kann ja nur wieder mir passieren. Ich Idiot." „Ich bin so eine Kanaille, damals vor 20 Jahren habe ich den Fehler X gemacht, vor drei Jahren habe ich den Fehler Y gemacht, gestern baute ich die Katastrophe Z." Worte und Gedanken sind sehr mächtig. Das Unbewusste versteht keinen Spaß, es merkt sich solche Botschaften, auch wenn wir meinen, es nur so dahingesagt zu haben. Achten Sie deshalb in allen Selbstgesprächen und Gesprächen mit anderen darauf, wie Sie über sich selbst reden. Wenn Sie dazu neigen, sich Versagergeschichten über sich selbst zu erzählen, fragen Sie sich, welcher Ihrer Spieler so spricht, und überlegen Sie, was die anderen Spieler besseres dazu zu sagen haben.

2: Der positive Tagesreport

Sinn der Übung: Wenn man Menschen nach drei guten Taten fragt, die sie letzthin verbuchten, fällt ihnen meistens gar nichts ein, drei Fehler dagegen sehr schnell. Üben Sie sich darin, das anzuerkennen, was Ihnen gut gelungen ist. Es müssen keine Großtaten sein. Einem Menschen ein kleines Lächeln aufs Gesicht gezaubert zu haben ist viel. Eine Arbeit mit 90-95% abgeschlossen zu haben auch. Sie verfügen über mehr Selbstwert auch in kritischen Situationen, wenn Sie diese Übung regelmäßig machen.
Übungsanleitung: Nehmen Sie sich jeden Abend vor dem Schlafengehen zehn Minuten Zeit, um in Gedanken Ihren Tag Revue passieren zu lassen und um sich an das zu erinnern, was sie gut gemacht haben. Schenken Sie wie gesagt auch den ganz kleinen Dingen Beachtung.

Die beiden nachfolgenden Übungen sind als Angebot zu verstehen aus dem Sie auswählen können, was am besten zu Ihnen passt.

Das Marlene Dietrich-Buch

Sinn der Übung: Der Mensch hat das Bedürfnis, für etwas gut zu sein, einen Platz in der Welt zu haben und wichtig zu sein. Einen Teil (in unserer Kultur einen sehr großen) seines Selbstwerts zieht er hieraus. Wer sich in diesem Punkt immer wieder verunsichert fühlt, kann Kraft aus einem Album schöpfen, in dem er all seine kleinen und großen Siege dokumentiert, die er über die Jahre seines Daseins errungen hat. Angeblich hatte Marlene Dietrich immer wieder mit dieser Form von Minderwertigkeitsgefühlen zu kämpfen. Sie legte sich deshalb ein solches Album an und blätterte darin, wann immer die Niedergeschlagenheit sie einholte.

Übungsanleitung: Nehmen Sie sich ein schönes Ringbuch mit vielen leeren Seiten. Denken Sie über die Highlights in Ihrem Leben nach. Auch hier müssen es nicht die großen weltweiten Anerkennungen sein, sondern Momente, die Ihnen wichtig waren. Das üppige Büffett, das Sie vor zehn Jahren zu Weihnachten gemacht und damit maßgeblich zum Gelingen eines unvergesslichen Festes beigetragen haben, das Projekt, das Sie letztes Jahr in der Firma zum Erfolg geführt haben, das Gedicht, das Sie zu einem Jubiläum geschrieben haben... Dieses Album ist ein sehr persönliches Kraftbuch, nur für Sie, keine Bewerbungsunterlage. Gestalten Sie es schön, mit Erinnerungsfotos und allem, was Sie an die einzelnen kleinen Siege erinnert. Es soll Ihre Gefühle ansprechen. Sie können vom Verstand her wissen, dass Sie gut und wertvoll sind, aber Sie müssen es vor allen Dingen fühlen.

Seelenschild herstellen

Sinn der Übung: Manchmal hat man das Gefühl, im Umgang mit anderen einen Schutzschild zu benötigen. Es gibt tatsächlich Menschen, die andere Menschen „runterziehen" können. Wenn Ihr Selbstwert noch nicht ganz stabil ist, können Sie sich mit dieser Übung schützen.

Übungsanleitung: Denken Sie ein bisschen über sich nach, über Ihre besonderen Eigenschaften. Was sind Sie ganz besonders? Aufmerksam? Langmütig? Schnell im Denken?... Schreiben Sie vier bis sechs Ihrer herausragenden Eigenschaften auf. Ein Schild ist eine Schutzbedeckung, die Krieger im Kampf trugen, um sich zu bedecken. Sie haben runde, ovale oder spitzzulaufende Formen. Machen Sie sich einen Schutzschild, der symbolisch Ihre Seele schützt. Er kann Scheckkartengröße haben und in die Brusttasche gesteckt werden, unterm Hemd als Anhänger an einem Band um den Hals getragen werden oder in größerem Format in einem Bilderrähmchen auf dem Schreibtisch stehen... Zeichnen Sie die Form dieses Schildes auf Papier oder Karton, schreiben Sie Ihre herausragenden Eigenschaften darauf und gestalten Sie Ihren Schild mit Farben und Formen schön aus. Schauen Sie immer wieder darauf, besonders wenn Sie mit anstrengenden Menschen zusammentreffen oder eine schwierige Situation vor sich haben. Ihr Schild begleitet Sie diskret in der Akten- oder Brusttasche oder mental, wenn Sie es auf dem Schreibtisch noch einmal ansehen, ehe sie in das Meeting gehen oder einen Konflikt mit Ihrem Partner austragen.

Abb. 5: Seelenschild leer und gefüllt

6 Wie Sie andere mit dem Permeagramm verändern

Kann man andere Menschen ändern? Ja, man kann. Vorausgesetzt man kennt die richtigen Methoden. Denn die klassischen, die Sie bisher angewandt haben, funktionieren nicht. Sie haben Ihrem Gegenüber zum soundsovielten Mal gesagt: „Jetzt sei doch mal anders, das ist ja unerträglich mit dir.“ Aber nichts ist passiert. Außer dass er vielleicht wieder für ein paar Tage nicht mit Ihnen geredet und sich in seine Schmollecke verzogen hat. Sie haben es auch schon mit Ratschlägen versucht: „Geh doch mal in den Kurs, versuch‘s doch mal mit Therapie...“

Ab sofort gehen Sie zur Guerilla-Taktik über. Sie reden nicht mehr auf Ihre Mitmenschen ein wie auf einen lahmen Gaul. Sie arbeiten einfach still und selbstvergnügt mit dem Permeagramm. Still heißt: ohne belehrende Worte über das Permeagramm Ihres Gegenübers zu verlieren. Es macht keinen Sinn, ihm zu sagen: „Schau mal, so einer bist du!“ Nicht alle Menschen sind bereit, nähere Bekanntschaft mit sich selbst zu machen.

Die Aufgabe heißt an dieser Stelle also: „Was kann ich mit mir tun, wenn der andere mir nicht passt?“ Was kann der Werksleiter, dessen Sohn ein Chaot und Versager ist, mit sich tun, um die Beziehung zum Sohn zu verbessern? Zunächst einmal sein eigenes Permeagramm studieren und seine Emporenspieler – den Schwerarbeiter, den Selbstantreiber und den Perfektionisten – anerkennen. Und dann, was ist der nächste Schritt? Sie erraten es schon: die eigenen Gummibänder lockern. Den inneren Chaoten und Versager, da wo es sein darf, einmal wieder ein bisschen leben lassen. Und damit dem Sohn überhaupt erst einmal die Chance geben, Aufgaben zu übernehmen – auch wenn die Ergebnisse nicht 150%ig sind.

Mit den störenden Persönlichkeitsaspekten anderer umgehen lernen

Nachfolgend erfahren Sie, wie Sie mit den jeweiligen Emporenspielern Ihrer Mitmenschen so umgehen, dass diese entspannen können. Und wie Sie alles vermeiden, um sie anzustacheln, um noch dominanter zu werden. Einige prominente Spieler, denen wir häufig begegnen, werden besonders ausführlich besprochen, zu den übrigen finden Sie die notwendigen Tipps. Es sei noch erwähnt, dass nicht nur private Beziehungen ungeheuer davon profitieren, wenn man weiß, wie man angespannten Emporenspielern hilft, locker zu lassen, statt sie in noch größere Anspannung zu treiben. Auch im Berufsleben ist das von Vorteil: Es ist schädlich für Unternehmen, wenn Mitarbeiter groß ausgebildete Perfektionisten, Selbstabwerter, notorische Helfer, Neider oder Hilflose haben. Die mit den Selbstantreibern verschleißen sich. Wer ständig mit sich und seiner Leistung unzufrieden ist, hat keine Freude an der Arbeit, keine Freude am Leben. Freudlos gemachte Arbeit ist erfahrungsgemäß qualitativ schlechtere Arbeit. Mitarbeiter mit inneren Versagern machen Fehler oder fordern ständig Hilfe von anderen an. Die Missgünstigen säen Zwietracht. Da hilft kein Hochseilgarten und kein Kajak-Event, um Teamgeist zu entwickeln, aber die Kenntnis des Permeagramms und eine dementsprechende Handlungsweise.

Umgang mit einem Perfektionisten

Wie geht man mit einem Mitarbeiter um, der einen extrem ausgeprägten Perfektionisten in sich trägt? So ein Arbeitnehmer kann irgendwann zur Gefahr für das Unternehmen werden. Er wird keinen Termin einhalten, weil seiner Meinung nach immer noch ein Quäntchen an Qualität fehlt. Er kriegt keinen Auftrag raus, weil in seinen Augen immer noch etwas verbesserungswürdig ist. Seine Maxime lautet: „Entweder man macht es richtig oder man lässt es ganz." Ein Inneneinrichter hatte einen solchen Schreiner. Ein hervorragender Mann. Was dieser Schreiner machte war Spitzenklasse. Aber das genügte ihm nicht. Er sah den kleinsten Fehler im Furnier und dann schliff, retuschierte und polierte er stundenlang daran herum. Das wollte der Kunde nicht bezahlen. So hervorragend wie der Schreiner war, für den Inneneinrichter wurde er zum Verlustgeschäft. Nötigt man einen Perfektionisten, den Stichtag einzuhalten, dann hat er bestimmt einige Nachtschichten gemacht. Er hat sich wieder einmal komplett selbst ausgebeutet, aber mit dem Resultat ist er noch immer nicht zufrieden. Einen solchen Menschen müssen sie als Vorgesetzter oder auch als Kollege zum Wohle aller bremsen. Sie brauchen nicht vom Permeagramm zu sprechen, aber es gilt, ihm zu helfen, dieses Gummiband zu lockern. Stellen Sie ihm zuerst einmal Erlaubnisse aus. Die Erlaubnis, nicht vollkommen zu sein. Die Erlaubnis, auch mal Fehler machen zu dürfen. Und die Erlaubnis, etwas heraus zu geben, wenn es den Anforderungen entspricht, unabhängig davon, ob die maximal mögliche Qualität erreicht wurde oder nicht. Zeigen Sie ihm die Qualität seiner Leistung, die auch ohne Perfektion vorhanden ist.

Helfen Sie ihm durch häufiges, ganz spezifisches Lob, zu erkennen, was er kann. Zeigen Sie ihm, dass Sie den Menschen in ihm und nicht nur seine Leistungen anerkennen. Ganz genauso gehen Sie mit dem Perfektionisten in der der eigenen Familie um. Beweisen Sie ihm, dass er den Gartenzaun schöner gestrichen hat als der Nachbar, ja, dass selbst, wenn die Pinselansätze weniger exakt ausgefallen wären, er ein wunderbarer Mensch für sie ist.

Umgang mit einem Versager

Ein Versager hat ein negatives Selbstbild in Bezug auf seine Leistungen. Er hat in seinem Bemühen, etwas zu Wege zu bringen, Beschämung erleben müssen. Statt Lob für seine Leistung erhielt er Tadel, Spott oder Nichtbeachtung von seinem nahen Umfeld. Diese Beschämung war so schmerzlich für ihn, dass er keinen Mut hat, wieder etwas anzufangen. Er fürchtet, erneut beschämt zu werden. Um das Gummiband des Versagers zu entspannen, gilt es, ihm sehr eindringlich zu versichern, dass er mit Ihnen mindestens eine Person hat, die es wertschätzen wird, wenn er sich wieder ans Werk macht. Helfen Sie ihm, kleine Schritte zu tun. Der erste Schritt ist nicht das vollendete Werk, sondern dass er überhaupt wieder etwas beginnt. Das sollte etwas sein, von dem sie wissen, dass er hier über einige Kompetenz verfügt. Begleiten Sie diese Schritte und zeigen Sie Freude an seinen Versuchen. Versichern Sie ihm, dass Sie an ihn glauben. Helfen Sie ihm, dass er die auf ihn gerichteten Augen der Außenwelt für eine Weile vergessen und nur für sich selbst tätig werden kann. Wenn es gelingt, ihm zu einem Kompetenzvergnügen an seiner eigenen Aufgabe zu verhelfen, ist der schwerste Schritt getan.

Umgang mit einem Selbstabwerter

Ein Selbstabwerter ist ein übergroßer Selbstkritiker, der nichts gelten lassen kann, was er geleistet, getan, gesagt oder auch nicht getan und gesagt hat. Er erlebt sich als mangelhaft, hört in sich Sätze wie:

„Na ja, von dir war ja nichts besseres zu erwarten. Du kannst nie etwas wirklich gut machen. Bilde dir bloß nichts auf deinen Erfolg ein, so toll war das auch wieder nicht...“ Perfektionisten tragen oft auch groß ausgebildete Selbstabwerter in sich. Andererseits muss nicht jeder, der einen Selbstabwerter auf seiner Empore hat, auch einen Perfektionisten dort oben haben. In jedem Fall: ein Mensch mit so einem inneren Miesmacher hungert außerordentlich nach Lob. Er hat ein hohes Bedürfnis danach, in dem, was er tut, anerkannt und gelobt zu werden. Das ist, wir erinnern uns, ein Urbedürfnis des Menschen: wissen zu wollen, dass er so, wie er ist, und mit dem, was er tut, richtig ist. Dass er dazu gehört und einen wichtigen Platz in der Familie und in der Firma einnimmt. Wenn dieses Bedürfnis häufig frustriert wurde, Eltern und Erzieher diesem Menschen oft zeigten, dass er fehlerhaft und ungenügend war, dann bildet sich der innere Kritiker zu einem Selbstabwerter aus. Im Permeagramm eines jeden Menschen ist der innere Kritiker ein persönliches Frühwarnsystem. Noch bevor die anderen Spieler etwas merken, springt der innere Kritiker an und mahnt: „Achtung, pass auf, wenn du das so schlecht machst, dann kriegst du gleich Ärger. Wenn du die Gläser nicht mit einem Tuch ausreibst, ehe du sie in den Schrank räumst, dann wird die Mutter schelten.“ Zum Selbstabwerter mutiert ist der innere Kritiker ein übler Geselle. Er redet der Gesamtpersönlichkeit ständig ein, dass sie nichts wert sei, dass ihre Arbeit nichts tauge, dass sie sich zumindest nichts drauf einbilden dürfte. Dass sie ganz gewiss kein Lob vom Chef erwarten könne. Falls es dann doch passiert, der Chef tatsächlich ein Lob ausspricht, dann glaubt der Selbstabwerter, er könne es gar nicht ernst gemeint haben. In einer Liebesbeziehung ist ein Selbstabwerter ebenso belastend. Denn der Partner fühlt sich nicht wert, geliebt zu werden, nicht von so einem Prachtsmenschen, wie Sie es sind. Er fragt: „Sag, wie du mich haben willst. Du brauchst doch für mich nicht...“ Vielleicht geht er sogar soweit, zu sich selbst zu sagen: „Irgendwas kann mit meinem

Partner nicht stimmen, dass er mit mir zusammen sein will.“ Loben Sie diese Menschen häufig. Dabei auf keinen Fall pauschal. Sagen Sie nicht: „Du bist einfach ein wunderbarer Partner.“ Das würde nicht auf fruchtbaren Boden fallen. Machen Sie sich die Mühe und seien Sie immer ganz spezifisch mit Ihrem ernst gemeinten Lob. Zeigen Sie auf das, was er gut gemacht hat, und noch besser, zeigen Sie ihm ungebundene Liebe. Eine Liebe, die nicht an Leistung gebunden ist, sondern den Menschen bereits liebt, ehe er noch etwas geleistet hat. „Ich liebe dich, weil ich deine schöne Seele sehe, deinen inneren Reichtum.“ Menschen mit starken Selbstabwertern sind Meister darin, ein Lob gar nicht zu hören. Sie trauen dem, der sie lobt, nicht über den Weg, sie hören schnell weg, wenn das Lob kommt, sie vermuten darin eine Falle – nach dem Motto: „Er sagt, ich könne das gut, das soll gewiss nur heißen, ich solle den ganzen anderen Teil auch noch erledigen.“ Diese Menschen müssen Sie mit leichtem Druck zwingen, Ihnen zuzuhören, das Lob tatsächlich entgegenzunehmen. Nachfragen sind hier hilfreich. „Haben Sie gehört, was ich gerade gesagt habe, ich habe Sie gelobt. Ich habe ihnen gesagt, dass Sie hier eine wichtige Aufgabe fürs Unternehmen zuverlässig und sehr gut ausführen.“ Noch besser, wenn Sie die Person, die Sie angesprochen haben, wiederholen lassen, was Sie gerade gesagt haben. Durch die Wiederholung entsteht eine Verstärkung. Da wir alle ständig Sprech-Denken vollführen, also während der andere spricht bzw. während wir selbst sprechen, darüber nachdenken, was wir als nächstes sagen wollen, wird häufig das aktuell Gesprochene nur halb wahrgenommen. Indem Ihr Gegenüber das Lob, das Sie ihm gerade ausgesprochen haben, wiederholt, stellen Sie sicher, dass es wirklich aufgenommen wurde, und geben ihm Gewicht. Menschen mit starken inneren Selbstabwertern brauchen das immer wieder, um das entsprechende Gummiband lockern zu können. Auf diese Weise aktivieren Sie, ohne über Permeagramm und Commedia della Vita sprechen zu müssen, sein Bewusstes-Ich. Das Gummiband kann nach und nach entspannen und damit den unterdrückten Angeber aus der Versenkung bringen. Erst dann können diese Menschen bei ihrer Arbeit Kompetenzvergnügen – die Freude darüber, etwas zu können und zu leisten – erleben.

Umgang mit einem Angeber

Der Angeber hat aufgehört, Kritik an sich selbst zu üben. Den inneren Kritiker, die wichtige Korrekturinstanz für jeden Menschen, hat er zum Selbstabwerter gemacht und ins Kellerverlies gejagt. Nun kann er ungestört daran glauben, dass er wunderbar sei. Alles, was er ist und tut, ist wunderbar. Sie als sein Gegenüber finden das nicht? Er ist unmöglich beim Kunden und Sie müssen ihn aus dem Außendienst abziehen, wenn das so weitergeht. Als Liebespartner haben Sie, wenn er auch sonst ein feiner Mensch ist, die Selbstverliebtheit Ihres Partners satt?

Nun, das ist nicht ganz einfach. Versuchen Sie nicht, ihm gewaltsam die Larve abzuziehen. Sie wissen nicht, was Sie ihm und sich damit antun. Sagen Sie ihm immer wieder, dass er auch okay ist, wenn er nicht so großartig ist. Sagen Sie ihm, dass er für Sie nicht so großartig zu sein braucht. Versuchen Sie es auch mit Humor. Vielleicht in der Art: „Ja, ich weiß, mein lieber Sonnenkönig, Du bist einfach wunderbar. Soll ich es Dir noch mal sagen? Oh, ich kann es Dir gerne auch singen..." Achtung: keine Ironie, kein Sarkasmus. Liebevolle Fröhlichkeit ist angesagt. Humor heißt zuerst, über sich selbst zu lachen. Es geht nicht darum, sich über den anderen lustig zu machen. Wenn Sie keinen Humor haben und nicht über sich selbst lachen können, lassen Sie es. Dann bleiben Sie bei den Aussagen darüber, dass Ihr Lebens- oder Geschäftspartner für Ihren Geschmack auch ab und zu mal weniger wunderbar sein dürfte.

Umgang mit einem notorischen Helfer

Wenn Sie ein Faktotum in Ihrer Firma oder Familie haben, könnten Sie sich freuen. Sie haben einen zuverlässigen Menschen, die sich um alles kümmert, jedem hilft und nichts anbrennen lässt. Jeder, der ein Problem hat, kann es bei ihm abladen, er schindet und quält sich für alle. Ein solcher Mensch lässt sich bis zum Nervenzusammenbruch, zum Burnout belasten. Ein enormes Risiko für ein Unternehmen wie für eine Familie. In einem Unternehmen der Halbleiterindustrie gab es einen Ingenieur mit einem unheimlich breiten Wissen und einem ausgeprägtem Helfersyndrom. Er wurde nicht nur von den Leuten seiner eigenen Abteilung, sondern auch von anderen Abteilungen ständig gebraucht. Das führte dazu, dass der Mann seine eigene Arbeit nur noch nach Feierabend erledigen konnte. Seinem Vorgesetzten gefiel das nicht. Er sah vorher, was passieren würde. Eines Tages würde der Ingenieur zusammenbrechen. Dann würden nicht nur Probleme an seinem eigenen Arbeitsplatz entstehen, sondern an all den Stellen, die sich daran gewöhnt hatten, dass er mit seiner Kompetenz helfend einsprang. Ein notorischer Helfer erzieht sein Umfeld nämlich im Allgemeinen nicht zur Selbständigkeit, indem er die Menschen weiterbildet, denen er hilft. Er erzieht sie zur Unselbständigkeit, weil er die Arbeit für sie tut.

Es sei noch einmal daran erinnert, wann immer Teilpersönlichkeiten überstrapaziert und die Antipoden unterdrückt werden, ist das ein Zeichen, dass diese Gesamtpersönlichkeit nicht in ihrer Mitte ist und damit kein ausreichendes Selbstwertgefühl hat. Ein notorischer Helfer ist süchtig danach zu helfen, nur dann fühlt er sich wichtig, was sein Selbstwertgefühl für einen Augenblick steigert. Ihm die Möglichkeit zu nehmen, den Kollegen in den anderen Abteilungen zu helfen, wird nicht von Erfolg gekrönt sein. Es ist wichtig, ihn darin zu unterstützen, sein Gummiband zu lockern. Heben Sie sein Selbstwertgefühl – Lob für das, was er an seinem eigenen Arbeitsplatz macht, ist eine gute Sache. Geben Sie ihm außerdem das Gefühl, dass er unabhängig von seiner Leistung wertvoll ist. Selbst, wenn er einmal nicht weiter weiß. Das ist ja das, wovor er sich so sehr fürchtet, nämlich selbst einmal hilflos dazustehen. Bei dem Ingenieur in der Halbleiterbranche stellte sich sogar heraus, dass er durch Umstrukturierungen auf eine Stelle geraten war, auf der er sich nicht kompetent fühlte. Er hatte also allen Grund zu befürchten, plötzlich einmal hilflos dazustehen. Um das zu verhindern, versuchte er unbewusst erst gar nicht, auf seinem Posten zu sein, sondern den Kollegen bei ihren Problemen zu helfen. In dem konkreten Fall ließ sich das nur durch eine Umbesetzung lösen – der Helfer musste zunächst einmal auf einen Platz gesetzt werden, für den er gut qualifiziert war, dann galt es, seine Funktion umzuschreiben und ihm Erfolgserlebnisse und Bestätigung in der Erfüllung seiner festgeschriebenen Aufgaben zu geben, ihm zu zeigen, wie nützlich und hilfreich er in seiner neuen Funktion war.

Bei manchen notorischen Helfern empfiehlt es sich, Anleitung zu geben, wie sie richtig delegieren, das heißt, Aufgaben mit den nötigen Informationen zu übergeben. Die ausführenden Personen richtig anzuleiten, auch wenn das am Anfang Zeit kostet. Mütter und Beziehungspartnerinnen leben oft nach diesem Prinzip: „Bevor ich das lange erkläre, habe ich es selbst gemacht.“ Das ist ein Trugschluss und gilt nur für einmalige, nicht wiederkehrende Aufgaben.

Umgang mit einem Hilflosen

In Gruppen und Familien gibt es häufig eine Person, der die Rolle des Hilflosen zugedacht wird. Das ist immer dann der Fall, wenn es einem oder mehreren in der Gruppe an Selbstwert mangelt und man jemand braucht, auf den man herunterschauen und dem man helfen kann.

Mit dem Permeagramm in der Hand und dem Wissen, dass wir Gegensätze in unser Leben ziehen, um uns zu vervollkommnen oder, wie es manchmal eher scheint, um uns an ihnen abzuarbeiten, wundert es nicht mehr, dass es gerade unter sehr leistungsorientierten Chefs auch Mitarbeiter mit einem ausgeprägtem inneren Hilflosen gibt. Der Volksmund sagt dazu: „Jeder Chef hat die Mitarbeiter, die er verdient.“ Ja, manchmal braucht ein Meister einen Lehrling oder einen Gesellen unter sich, der zwei linke Hände hat, um selber groß und wichtig zu erscheinen, oder weil er selbst nicht um Hilfe bitten kann, wenn er diese bräuchte. Und dann arbeitet er sich an dem Hilflosen ab, mit dem ihn so etwas wie eine Hassliebe verbindet. Als Helfer, der den Untergebenen nichts selber machen lässt, oder als Perfektionist und Pedant, der den Mitarbeiter entmutigt, weil er in dem anspruchsvollen und komplizierten Werkstück nur die zwei kleinen Macken auf der unwichtigen Unterseite sieht. Dieser Mitarbeiter hat die Rolle des Hilflosen von zu Hause mitgebracht oder ist an der Werkbank vom Vorgesetzten oder von Kollegen hinein gedrängt worden. Er hat vielleicht schon geraume Zeit und mit Erfolg im Unternehmen den Hilflosen gegeben, bis er jetzt in Ihrer Abteilung gelandet ist. Was machen Sie nun mit ihm? Vorsicht! Hilflos-Spieler sind im Allgemeinen keine Dummköpfe. Sie haben in ihrer „Karriere“ unbewusst eine ganze Menge Grips darauf verwendet, Aufgaben, die sie angeblich nicht bewältigen konnten, auf andere abzuwälzen. Sie sind gewitzt darin, Kollegen und Vorgesetzte vor ihren Karren zu spannen. Das geschah nicht bewusst, aber es hat erfolgreich stattgefunden. Lassen Sie sich von seiner Selbstabwertung nicht ablenken. Wenn er jammert, „Ich bin da überfordert, ich hab noch nie was selbständig hin gekriegt“, dann verweisen Sie ihn darauf, wie lange er es nun schon geschafft hat, im Unternehmen zu sein. Nageln Sie ihn fest, fragen Sie ihn, was genau er innerhalb dieser Arbeitsschritte nicht verstanden habe, wie weit er selbst schon gekommen sei, wo er noch wieviel Hilfe benötige. Treffen Sie präzise Abmachungen über die Hilfestellungen, die Sie geben, und die Eigenleistungen, die er erbringt. Sagen Sie ihm, dass Sie ihm zutrauen, es zu können.

Ganz ähnlich handeln Sie, wenn zum Beispiel eines Ihrer Kinder in die Rolle des Hilflosen geraten ist, oder jemand aus Ihrem Freundeskreis dieses Spiel mit Ihnen spielen will. Achtung: Diese Emporenspieler haben eine ganz beliebte Abwehrstrategie: Das „Ja-aber-Spiel“. Sie verleiten Sie dazu, Ratschläge zu geben, und antworten dann sofort: „Ja, aber in meinem Fall kann das aus dem und dem Grund nicht funktionieren.“ Sie bringen einen neuen Vorschlag. Der Hilflose antwortet wieder: „Das ist ja schön, nur bei mir geht das nicht, weil...“ Am Ende sind Sie völlig erschöpft. Sie haben sich ernsthaft mit seinem Problem auseinandergesetzt und Lösungen erarbeitet, während er nur da saß und alles abschmetterte. Wenn Sie jetzt nicht zu erschöpft wären, dann könnten Sie vielleicht in seinem Gesicht ein kleines Grinsen wahrnehmen. Er freut sich diebisch, dass er wieder einmal beweisen konnte, ein hoffnungsloser Fall zu sein. Damit schiebt er Ihnen die ganze Verantwortung für seinen Fall und das ganze Arbeitspaket zu.

Besonders Helfern fällt es schwer, einem Hilflos-Spieler die Hilfe zu verweigern und ihn an seine eigenen Fähigkeiten zu erinnern. Machen Sie sich dabei klar: Indem wir die Aufgabe eines anderen übernehmen, hindern wir ihn daran, eigene Erfahrungen zu machen und an sich wachsen zu können. Wenn man es dagegen schafft, Hilflos-Spieler mit ihren eigenen Potenzialen und Fähigkeiten in Kontakt zu bringen, wachsen Menschen über sich hinaus, die seit Kindesbeinen einen groß ausgeprägten Hilflosen auf der Bühne hatten und sich für minderwertig hielten.

Umgang mit einem Übermächtigen

Es gibt Menschen, die haben einen Übermächtigen als Emporenspieler, der dazu neigt, andere Menschen zu dominieren, zu kontrollieren und ihnen Fehler nachzuweisen. Ein Übermächtiger hat einen Ohnmächtigen am anderen Ende des Gummibandes, vor dem er sich fürchtet. Seine größte Angst ist es, dem Schicksal ohnmächtig ausgeliefert zu sein. Deshalb unternimmt er alles, um ja nicht in diese Situation zu kommen, er bildet seinen Übermächtigen groß aus. Diesen Emporenspieler findet man immer wieder bei Vorgesetzten und bei

Familienoberhäuptern. Einen Übermächtigen kann man noch mehr anspannen, indem man sich selbst ganz klein macht, bettelt und quengelt. Man hilft ihm, das Gummiband zu entspannen, indem man auf Augenhöhe kommuniziert. Das bedeutet, ihn ebenso wie sich selbst ernst zu nehmen und als gleichwertigen Partner zu sehen – selbst wenn es sich um Ihren Chef, Ihre Mutter oder Ihren Vater handelt. Begegnen Sie ihm mit Wertschätzung und Verständnis, ohne sich selbst klein zu machen. Wenn es weit und breit keinen Ohnmächtigen gibt, den er fürchten muss, dann kann der Übermächtige durchatmen und entspannen.

Umgang mit einem Ohnmächtigen

Der Ohnmächtige fühlt sich dem Leben und den Menschen ausgeliefert. Er erliegt einer fatalistischen Lebenseinstellung. Ein Mensch mit diesem Emporenspieler wird nicht so ohne weiteres Anführer einer Revolution. Von ihm hört man vielmehr Sätze wie: „Da kann man nichts machen. Wir kleinen Leute haben eh keinen Einfluss. Es nutzt ja sowieso alles nichts. Die machen ja doch, was sie wollen." Diesen Menschen kann man dadurch helfen, dass man ihnen ihre Macht vor Augen führt. Nach dem Motto: „Man kann nicht nicht kommunizieren." Ob man einen Bekannten auf der Straße grüßt oder still mit starrem Blick an ihm vorübergeht, man hat doch zu ihm gesprochen. Im letzteren Fall hat man ihm gesagt, dass man ihn nicht sehen will.

Mitten durch unsere Stadt sollte eine Güterbahntrasse für kilometerlange Gefahrgüterzüge gebaut werden, die im Dreiminutentakt fahren würden. Zum Schutz der Bürger war eine hohe Mauer geplant, die die Stadt in zwei Teile geteilt hätte. Die Deutsche Bahn demonstrierte ihre Macht und sprach von einem unverrückbaren Vorhaben. Nur ein Veto der Bürger konnte das Ganze noch stoppen. Wir brauchten 10.000 Stimmen. Aber die Bürger rührten sich nicht. Ohnmacht hatte sich breit gemacht. Wohin wir auch kamen, wir hörten die oben aufgeführten

Sätze. Da beschlossen wir, unseren Mitbürgern zu zeigen, dass sie ja sagten, wenn sie sich jetzt nicht erhoben, um nein zu sagen. Wir gestalteten ein Flugblatt mit all den folgenschweren Auswirkungen, für die sie stimmten, wenn sie sich nicht rührten. Da erhoben sie sich und wir erhielten mehr als doppelt so viele Stimmen als wir brauchten.

Es ist eine fixe Idee des Ohnmächtigen auf der Empore, dass er nichts tun könne. Also muss man ihm zeigen, welche Macht er mit diesem Ohnmachtsspiel ausübt.

Umgang mit einem Selbstantreiber

Der Selbstantreiber ist für uns kein Unbekannter mehr. Er treibt die eigene Person ständig zu Leistung an. Dabei sieht er immer nur, was noch nicht gemacht ist. Was schon geleistet ist, nimmt er gar nicht wahr. Auf diese Weise kann er die Person, in der er steckt, zu Tode hetzen. Wenn Sie mit jemand zusammen sind, der einen Selbstantreiber auf der Empore hat, gilt es diesen durch Erlaubnisse zu bremsen. Zählen Sie immer wieder auf, was schon alles erledigt ist, wie gut und viel er gearbeitet hat und dass er Pause machen darf. Es ist wichtig für ihn zu erkennen, was er tatsächlich schon alles geleistet hat, und zu lernen, stolz darauf zu sein.

Umgang mit einem Faulenzer

Faulenzer können harte Brocken sein. Das Problem ist, dass sie kein Kompetenzvergnügen kennen. Sie wissen nicht, dass Anstrengung nicht nur Mühe sondern auch Lust sein kann und dass man Vergnügen aus seiner Arbeit ziehen kann. Druck und Drohungen helfen nur bedingt. Nützlich ist die Kenntnis, welche Urbedürfnisse bei diesem Menschen im Vordergrund stehen. Wenn es Neugier und Abenteuer ist, dann stellt sich die Frage, ob sich die Aufgabe spannend gestalten lässt. Wenn es das Urbedürfnis nach Sinn und Platz ist, dann gilt es zu prüfen, wie die gestellte Aufgabe ihm Lebenssinn und einen Platz in der Welt vermitteln kann.

Umgang mit einem Neider

Ein Neider wird von dem subjektiven Gefühl zerfressen, dass er ständig zu kurz kommt. Dass Sie sich auf der Sonnenseite des Lebens befinden, während er im Schatten sitzt. Versuchen Sie, ihn von diesen subjektiven Gefühlen zu heilen, indem Sie jede Art der Prahlerei ihm gegenüber vermeiden. Stapeln Sie im ersten Schritt eher etwas tief und beklagen Sie hin und wieder mal ihr Schicksal. Sprechen Sie immer wieder an, was er doch alles hat und kann und wie beneidenswert er von den Göttern verwöhnt wird. Achten Sie darauf, dass Sie sich dabei auf Tatsachen beziehen. Ein zweiter Schritt sollte sein, dem anderen zu helfen, das zu genießen, was er hat. Denn er schielt ja unentwegt auf das, was die anderen haben, sind oder sich leisten können, und nimmt die guten Aspekte seiner eigenen Situation überhaupt nicht mehr wahr. Weisen Sie ihn immer wieder auf schöne Augenblicke in seinem Erleben hin. Vor allem auf die Vielzahl der kleinen Dinge. Vielleicht können Sie ihn sogar davon überzeugen, abends einen positiven Tagesreport zu machen, um den Reichtum in seinem eigenen Leben wieder zu erkennen und ausbauen zu können.

Umgang mit einem Naiven

Er lässt sich ausnutzen, ist brav und leichtgläubig. Wenn er das immer wieder erlebt hat, kehrt er sich beleidigt von der Welt ab. Ihm muss man die Augen dafür öffnen, dass die Welt raffiniert ist und ihn über den Tisch zieht. Menschen mit einem solchen Emporenspieler fallen gern auf die dümmsten Finten herein. Im Fernsehen war vor kurzem eine Familie zu sehen, die via Internet ein Auto superpreiswert zu kaufen hoffte. Der Verkäufer mailte, der Wagen stünde noch über der Grenze, der Käufer solle 2.000 Euro schicken, damit er geholt werden könne. Die Käuferfamilie hatte nichts als eine Internetadresse vom Verkäufer und überwies dennoch den Betrag. Da rief der Verkäufer wieder an, es gebe noch ein paar Probleme, aber wenn sie noch einmal 2.000 Euro überweisen würden, dann wäre das Auto in den nächsten Tagen da. Das Auto kam nie. Solche Menschen muss man darin unterstützen, ihren Skeptiker wieder auf die Bühne zu bringen, indem man ihnen solche Geschichten erzählt.

Umgang mit einem Geizigen

Der Geizige glaubt nicht daran, dass das Universum für alle sorgt. Seine größte Angst ist, einmal alles verprasst zu haben und als Hungerleider sein Dasein zu fristen. Was sich bei ihm auf der materiellen Ebene abspielt, hat jedoch auch eine ideelle Komponente. Er kann nicht genießen. Er erlebt einen Sonnentag oder den Tanz der Regentropfen auf der spiegelnden Oberfläche des Sees nicht als Reichtum. Damit hat er einige Ähnlichkeit mit dem Neider. Auch bei ihm gilt es, sein Erleben vom Mangel auf den Reichtum des eigenen Lebens zu lenken. Und vor allem auch seinen inneren Reichtum zu stärken, indem man ihn auf seine Gaben und Fähigkeiten anspricht. Er muss erleben können, dass das Leben fließt. Dass alles kommt und geht. Dass Geld und Güter nur im Umlauf reich machen, nicht wenn man sie hortet. Vielleicht können Sie ihn dazu bewegen, mal etwas zu verschenken, das bei ihm nur herumliegt. Und zwar an jemanden, der es sehr gut gebrauchen kann. Ich weiß von einer Änderungsschneiderin, die aus ganz schwierigen Verhältnissen in der Türkei nach Deutschland gekommen war. Unter anderem Namen wohnte sie in einem möblierten Zimmer bei einer alten, geizigen Dame. Ihre türkische Familie durfte nicht wissen, wo sie steckte, sonst wäre sie zur Ehe gezwungen worden. Auf dem Dachboden der alten Dame entdeckte sie eine funktionstüchtige Nähmaschine. Aber die Vermieterin wollte ihr diese nicht geben. Eines Tages sah sie, dass der viel zu weit gewordene Rock der alten Frau verrutscht war, und fragte vorsichtig, ob sie ihn nicht enger machen solle. Die Nähmaschine wurde vom Dachboden geholt. Die alte Dame merkte, dass sie einen Nutzen davon hatte, diesen Besitz loszulassen und weiterzugeben, und die Türkin begann mit einer winzigen Änderungsschneiderei.

Umgang mit einem Habenichts

Es gibt Menschen, die können ihr Geld und Gut nicht zusammenhalten – wie gewonnen, so zerronnen. Als mein Mann und ich in Marokko arbeiteten, hatten wir zu unserer Unterstützung zwei einheimische Stadtführer. Sie klagten viel darüber, wie schlecht sie aufgrund der geringen Auftragslage lebten. Am Zahltag fanden wir sie in einer exklusiven und teuren Hotelbar, wo sie sich einen Drink nach dem anderen bestellten. Um danach wieder Habenichtse zu sein. Solche Menschen brauchen Struktur. Sie müssen lernen, Ihre Einnahmen und Ausgaben zu planen. Man kann sie rechtzeitig darauf vorbereiten, dass sie bald Geld erhalten werden, und fragen, welchen Plan sie sich gemacht haben, um es sinnvoll auszugeben. Auf der mentalen Ebene geht es bei diesen Spielern darum, sich mäßigen zu können, von der Haltung „Alles oder nichts" zu einem durchgängigen Selbstwertgefühl zu kommen, das sich daraus speist, sich geduldig und kontinuierlich etwas zu erschaffen. Dann wird Verzicht nicht als Fortführung des Hungerleidens erlebt, sondern als Freude daran, sich etwas Dauerhaftes aufzubauen.

Umgang mit einem Vielharmoniker

Mit einem Vielharmoniker zusammen zu sein ist nicht nur entspannend. Er kann ganz schön anstrengend werden, weil er immer nachgibt. Wenn man ihn fragt: „Was willst du heute abend machen?", antwortet er: „Das, was du willst." Fragt man ihn: „Gefällt dir das rote besser oder das grüne?", erwidert er: „Nehmen wir, was dir besser gefällt." Sie dringen in ihn und bitten ihn, seine eigene Präferenz zu nennen, und stellen fest, dass sie sich von Ihrer Vorliebe unterscheidet. Da lenkt er ein: „Na, dann lass uns deine Lieblingsfarbe nehmen." Er hat eine entsetzliche Angst vor Streit und glaubt, deshalb abgelehnt und ungeliebt zu sein. Zeigen Sie ihm, dass man unterschiedlicher Meinung sein kann, ohne deshalb in Streit zu geraten. Machen Sie ihm klar, dass unterschiedliche Meinungen bereichernd sind. Das ist auch in Unternehmen wichtig. Manchmal neigen ganze Abteilungen und Arbeitsteams dazu, ihre Vielharmoniker zu Emporenspielern zu machen und die Kämpfer zu verbannen. Doch wo es keinen Widerspruch mehr gibt, gibt es auch kein Wachstum. Konflikte sind nicht nur eine negative Auseinandersetzung. Sie zeigen auch an, dass etwas nicht optimal läuft, und initiieren Überlegungen zur Verbesserung. Wenn die Angst in Teams zu groß ist, keiner sein Gummiband entspannen und den Kämpfer aus dem Keller holen kann, dann führe ich ein Ritual ein. In jeder Teambesprechung wird einer benannt, der für den Wolf spricht. Der Wolf steht als Sinnbild für den mutigen Andersdenker, der es wagt, aufzuzeigen, was nicht passt – den Kämpfer. Wenn dieser Kämpfer, Andersdenker, Kritiker institutionalisiert ist und jeder aus dem Team zwangsweise einmal an die Reihe kommt, dann muss man keine Ängste hegen, nicht mehr geliebt zu werden oder aus der Gruppe ausgestoßen zu werden, wenn man die Dinge kritisch beleuchtet. Viele Gruppen lassen dem aktuellen Wolf vor der Teamrunde sogar Informationen zukommen, um über aufgetretene Schwierigkeiten, die er Kraft seines Amtes ansprechen soll, zu reden.

Umgang mit einem Kämpfer

Er kämpft aus der Überzeugung heraus, die Welt sei bewehrt und rücke nichts heraus, wenn man es sich nicht erobere. Aus einem für die Gemeinschaft wichtigen mutig kritischen Zeitgenossen ist ein notorischer, verkrampfter Kämpfer geworden, der sich nicht mehr vorstellen kann, dass etwas leicht geht und die anderen gerne auf seine Vorschläge eingehen. Ihm hilft man am besten dadurch, dass man ihn immer wieder in offene Türen rennen lässt. Wenn er wieder zu schimpfen anfängt: „Nie krieg ich von dir, was ich brauche“, dann haben Sie es schon griffbereit und überreichen es ihm freudestrahlend. Wenn er das immer wieder erleben kann, entspannt der Kämpfer, und sein Vielharmoniker kann das Kellerverlies verlassen.

Umgang mit einem Kritiksüchtigen

Ein Mensch, der diesen Spieler auf seine Empore gehoben hat, erlebt sich selbst als mangelhaft. Indem er andere kritisiert und damit abwertet, wertet er sich selbst auf. Es bereitet ihm auf zweifache Weise Lustgewinn. Zum einen lenkt er von seinen eigenen Unzulänglichkeiten ab, wenn er die Fehler anderer anprangert. Zum anderen fühlt er sich in den Momenten, da er über andere lästert, überlegen. Er ist ein unangenehmer Zeitgenosse, weil er alles und jeden schlechtredet. Man kann sich an ihm abarbeiten, indem man ihm die guten Aspekte einer Sache oder Person entgegenhält, die er gerade im Fokus seiner Tiraden hat. Das Dramatische ist, wenn zwei Menschen unterschiedlicher Meinung sind und darüber diskutieren, findet jeder immer mehr Argumente für die eigene Meinung, je länger man diskutiert. Auf diese Weise werden Sie das Gummiband des Kritiksüchtigen nicht entspannen, sondern noch stärker anspannen. Selbst wenn ihm die Argumente ausgehen sollten, haben Sie ihn nicht überzeugt. Dann wechselt er einfach das Thema und kritisiert jemand anderen. Sie können es wie Sokrates machen und ihn bitten, seine Informationen erst durch die drei Siebe zu sieben, ehe er sie Ihnen unterbreitet, da Sie gerade eine Unverträglichkeit für wahllose Negativbotschaften verspürten. Das hilft zumindest Ihnen.

Sie können ihn auch auffordern, von sich zu erzählen anstatt von anderen. Passen Sie genau auf, spätestens nach eineinhalb Sätzen ist er wieder bei anderen, die unmöglich sind, die sich ihm gegenüber mies verhalten... Die Aufgabe Ihres Bewussten-Ichs ist, das zu stoppen und immer wieder zu sagen: „Okay, aber Du, was macht es mit Dir, wie geht es Dir in der Situation, wie gehst Du damit um.“ Loben Sie auch, wo es etwas zu loben gibt, und helfen Sie ihm dadurch, sich selbst kompetenter und wertvoller zu erleben.

Umgang mit einem Wegseher

Er will keine Fehlleistungen der Mitmenschen gesehen haben. Er fürchtet sich davor, sich zu konfrontieren, und lebt nach der Vogel-Strauß-Mentalität: Wenn ich nicht hingucke, ist das Problem auch nicht da. Für eine gewisse Zeit ist das bequem. Viele Dinge und Beziehungen werden aber nicht besser, wenn man nichts tut, sondern schlechter. Wenn man ein Leck im Abflussrohr ignoriert, weil man sich der Aufgabe, die Wand aufzustemmen und das Rohr auszutauschen, gerade nicht gewachsen fühlt, dann wird die Sache immer schlimmer. In Familien wie auch in Unternehmen wird oft weggesehen, wenn ein Mitglied ein Suchtproblem hat. Oder wenn in der Firma Mobbing stattfindet. Viele, die das mitkriegen, tun so, als ob nichts wäre. Ja sogar bei Kindesmissbrauch gibt es sehr oft Familienmitglieder oder Nachbarn, die davon wissen und so tun, als ob da nichts wäre. Manchmal wird auf offener Straße jemand angepöbelt oder sogar zusammengeschlagen, und die Passanten sehen weg. Es ist die Angst davor, sich der Wahrheit zu stellen. Die Angst vor dem schweren Konflikt, in den man da verwickelt ist. Die Angst davor, das Problem anzugehen und kämpfen zu müssen. Der Kämpfer ist tief in den Theaterkeller verbannt. Wenn Sie im Freundeskreis jemand haben, der nicht hinsehen will, dass seine Frau unter Kleptomanie leidet und Dinge aus Geschäften mitgehen lässt, oder kaufsüchtig ist und das ganze Einkommen der Familie vergeudet, dann werden Sie selbst zum Wegseher, wenn Sie nicht wenigstens den Versuch unternehmen, ihn zum Hinsehen zu bewegen. Sprechen Sie das Bewusste-Ich in ihm an. Wenn es nicht sehr entwickelt ist, wird es dadurch gestärkt, dass sie objektiv über die Dinge mit ihm reden. Lassen Sie sich nicht abwimmeln. Es ist ein schwerer Fehler unserer Gesellschaft, dass die meisten Menschen versuchen, ihre Probleme ganz alleine zu lösen. Die Dagara aus dem Dorf Dano in Burkina Faso sagen, alle Dorfmitglieder haben ein „Anrecht“ am Konflikt des Einzelnen, denn er betrifft sie alle.

Wichtig ist, dass Ihr Gegenüber den inneren Kämpfer aus dem Theaterkeller befreit. Fragen Sie Ihren Freund, wieviel Mut er habe, welcher nächste Schritt ihm maximal möglich ist und welche Unterstützung er dafür braucht. Dann überlegen Sie gemeinsam, wer diese Unterstützung bieten kann.Wenn er bereit ist, sich Hilfe von außen zu holen, ist das schon ein großer Schritt.

Umgang mit einem Nutznießer

Er ist extrem weit verbreitet, denn in unserer Gesellschaft gilt als erfolgreich, wer konsumiert. Da er nicht kreativ und schöpferisch ist, kann er die entsprechenden Urbedürfnisse nicht befriedigen. Sein Hunger führt dazu, Ersatzbefriedigungen zu suchen. Er reist, er konsumiert, er benutzt Mitmenschen und verbraucht die Welt, um sein Urbedürfnis nach Stimulanz zu befriedigen. Aber da es Ersatzbefriedigungen sind, lindern sie seine Not nicht und machen süchtig nach mehr Kompensation. Indem Sie ihn mit seinen Urbedürfnissen in Kontakt bringen, helfen Sie ihm herauszufinden, was ihm tatsächliche Befriedigung verschafft.

Umgang mit einem Phantasten

Mit dem Emporenspieler „Phantast“ hat Ihr Gegenüber die Bodenhaftung verloren. Er bewegt sich zu sehr in einer Welt der Ideen. Helfen Sie ihm, einzelne Ideen in konkrete Schritte zu unterteilen, die er realisieren und materialisieren kann, dann kann er ein für seine Umwelt wertvoller Kreativer werden.

Umgang mit einem Schwerarbeiter

Ein Schwerarbeiter hat verinnerlicht, dass Arbeit weh tun muss. „Im Schweiße deines Angesichts sollst du dein Brot essen.“ Wenn es leicht geht und angenehm ist, wenn er nicht mindestens ein T-Shirt durchgeschwitzt hat, dann glaubt er sich selbst nicht, dass er gearbeitet hat, und muss sich vor sich selbst und der Welt rechtfertigen. Halten Sie ihm entgegen, dass es auch in der Bibel andere Weisungen gibt, wo es heißt, Gott erfreue sich an dem Menschen, der sein Leben und die Schöpfung genießt. Konfrontieren Sie ihn mit der Frage, ob er lebe, um zu arbeiten, oder ob er arbeite um zu leben. Lassen Sie ihn selbst erwägen, was es wohl für einen Grund geben könne, dass Arbeit schwer sein müsse. Wo doch wissenschaftlich bewiesen ist, dass Arbeit höchster Qualität dort erreicht wird, wo sie Spaß macht.

Umgang mit einem Luftikus

Der Luftikus hat in seinem Leben wenig Übungsmöglichkeit erhalten, Dinge durchzustehen. Anders als der ehrgeizige Sportler, der sich beim Hochsprung die Latte immer ein bisschen höher legt und dann so lange trainiert, bis er auch diese Schwierigkeit überwindet, geht der Leichtfuß den Weg des geringsten Widerstandes. Er kann Eltern und Erzieher gehabt haben, die ihm die Schwierigkeiten und Herausforderungen aus dem Weg räumten, die ihm vermittelten, dass er das nicht könne oder die Anstrengung sich nicht lohne. Der Luftikus ist oft auch überdurchschnittlich begabt. Dadurch gab es für ihn keine Notwendigkeit, sich anzustrengen. Mit einem groß ausgebildeten Luftikus kommt man aber eines Tages nicht mehr weiter.

Helfen Sie dem Luftikus, Spaß an der Anstrengung und am Durchhalten zu finden. Entsprechende Sportarten können gute Lerneffekte bieten. Wer einen Dauerlauf oder gar einen Marathon geschafft hat, verspürt das Glücksgefühl, eine Anforderung durchgestanden zu haben und angekommen zu sein.

Umgang mit einem Schönbeter

In seiner Welt muss alles klappen und alles wunderbar sein. So eine Einstellung wird auch von der großen Zahl an Methoden, Büchern und Veranstaltungen zum Thema „Positiv denken“ genährt. Diese Weltsicht vermittelt, dass man selbst schuld ist, wenn man kein wunderbares Leben führt, weil man in seinen Gedanken negativ war. Ein in seiner Grundstimmung optimistischer Mensch, der erleben musste, dass sein Leben alles andere als ideal verlief, wird seinen Optimisten auf die Empore hinauf drängen, wo er zum Schönbeter wird, und damit die Augen vor möglichen Schwierigkeiten verschließen. Sie können ihm helfen, von dort oben wieder herunter zu kommen, indem Sie zum Beispiel ganz lapidar zu ihm sagen: „Ich schätze deine positive Weltsicht. Mir wäre es dennoch lieb, wir könnten ein paar Vorkehrungen treffen, für den Fall, dass die negativen Gedanken anderer stärker sind, als unsere positiven. Hat nicht schon der Prophet Mohammed empfohlen: „Vertraue auf Allah, aber binde deinem Kamel die Beine."

Umgang mit einem Schwarzseher

Das ist jemand, der für alle Fälle mit einem Worst-case-Szenario aufwartet. In manchen Familien ist der Schwarzseher ein Emporenspieler mit Tradition. Er kann ausgebildet werden, wenn ein Kind mit Versprechungen immer hingehalten wird und am Schluss feststellen muss, dass das Versprechen doch wieder nicht eingelöst wurde. Wie es zum Beispiel die Kinder in Virginia Wolfs „Fahrt zum Leuchtturm" erleben. Jedes Jahr kommt die Familie im Sommer in ihr Haus, von wo aus sie den Leuchtturm sehen. Tag für Tag versprechen die Eltern, dass der nächste schöne Tag genutzt wird, um einen Bootsausflug dorthin zu machen. Aber das findet nie statt. In dieser Weise frustriert, kann ein Mensch einen Schwarzseher als Emporenspieler ausbilden.

Loben Sie den Schwarzseher Ihres Gegenübers, dass er auch diesmal wieder daran gedacht hat, warum Ihr gemeinsames Vorhaben nicht klappen könne. Bitten Sie ihn um genaue Benennung der Gründe und fragen Sie ihn dann, was er denn vorschlage, um diese Unwägbarkeiten möglichst auszuschalten. Schließlich können Sie ihn noch bitten, einige Energie in die Hypothese zu investieren, dass es doch klappen könnte und wie man dann mit dieser Situation umzugehen habe – um auch darauf vorbereitet zu sein.

Konflikte stimulieren inneres Wachstum

Jetzt wissen Sie, wie man mit den störenden Emporenspielern anderer umgeht. Dabei sind Konflikte nicht ausgeschlossen. Das muss uns nicht schrecken, denn die Arbeit mit dem Permeagramm bringt nicht nur uns selbst ins Gleichgewicht, sondern auch unsere Beziehungen. Das heißt aber, den Dingen ins Auge zu sehen und Probleme nicht unter den Teppich zu kehren, sondern zu lösen. Es ist gut, sich selbst und Ihr Gegenüber darin zu unterstützen, die Gummibänder zu entspannen. Auf diese Weise erleben wir immer weniger Stress-Situationen. Das bedeutet nicht, dass wir nie wieder Konflikte erleben werden. Sie gehören zum Leben und sind sozusagen das Salz in der Suppe. Konflikte stimulieren zu Wachstum, denn sie stellen die aktuelle Situation in Frage. Es gilt, dem Konflikt nicht auszuweichen, sondern ihn mit guten Methoden auszutragen, um gemeinsam zu wachsen.

Konflikte, die nicht ausgetragen werden, schwären. Sie lösen sich nicht auf. Oft denken wir: „Ach, ich halt jetzt meinen Mund, ist nicht so wichtig." Aber wenn uns etwas schmerzt, können wir es auf die Weise nicht loswerden, wir geben es – bildlich gesprochen – in ein großes Regenfass. Bei der nächsten Verletzung, die uns der andere zufügt, verfahren wir wieder genauso, wir geben unsere Verletztheit und unsere ungeweinten Tränen ins große Regenfass. Bis dieses Fass eines Tages überläuft. Vielleicht hat nur noch eine Winzigkeit gefehlt. Aber schließlich läuft es über, und wir überschwemmen unser Gegenüber auf einmal mit allem gesammelten Unmut. Der aber versteht gar nichts. Er hat ja gar nicht mitbekommen, wie sich dieses Fass mit den Verletzungen füllte, die er uns zufügte und wahrscheinlich noch nicht einmal als solche erkannte. Er steht wie ein begossener Pudel da und weiß nicht, wie ihm geschieht.

Deshalb möchte ich Sie hier ermutigen, Kritik immer sofort zu üben, wenn Sie im Begriff sind, etwas in das Fass zu füllen. Es gibt eine hervorragende Methode, um Kritik in einer konstruktiven Weise zu geben. Ich habe sie ungezählte Male selbst angewandt und in Seminaren erprobt. Die Ergebnisse zeigten immer: Wenn die Methode richtig angewandt wurde, geriet die Person, die einen anderen kritisieren wollte, nicht in eine Rechtfertigungsschleife und musste nicht damit rechnen, selbst gleich eine Retourkutsche zu kriegen, wie es passiert, wenn wir aufs Gradewohl mal mit dem anderen reden. Gewiss erinnern Sie selbst viele Situationen, in denen Sie Ihren Mut zusammengenommen haben, sich sagten: „Jetzt geh ich rüber zu ihm und sag ihm, was mich an ihm stört." Und anschließend als der begossene Pudel zurückkamen, weil der andere nicht faul war, schnell eine Gegenklage erhob und ein eigenes Fass über Sie zu schütten begann. So in der Art: „Du brauchst mir grad zu kommen, du bist auch nicht besser, du hast letztens dies und das getan." Gehen Sie deshalb künftig planvoll vor. Zunächst müssen Sie sich klar darüber werden: Was tut der nervige Andere wann, wie oft, in welcher Weise, was Sie nicht akzeptieren können, und wie soll er sein Verhalten abändern. Wichtig ist, dass Sie das Gespräch nicht führen, ehe Sie nicht wieder emotional auf Normalbetrieb sind, sonst können Sie nicht denken. Verabreden Sie mit der Person einen Besprechungstermin an einem ungestörten Ort und nennen Sie dabei Ihr Anliegen. Beginnen Sie das Gespräch mit einer ehrlichen positiven Einstimmung. Auch wenn man Krach hat oder schwere Unstimmigkeiten die Zusammenarbeit oder das Miteinander belasten, gibt es irgendetwas Positives an dem anderen Menschen, das man ihm sagen kann. Man trennt dadurch den Menschen von seinen Taten. Etwa so: „Ich mag dich als Mensch, als Kollege. Durch deine unbekümmerte Art bringst du viel gute Stimmung hier herein. Jetzt ist eine Situation eingetreten, mit der komme ich nicht zurecht, deshalb habe ich dich zum Gespräch gebeten." Als Nächstes folgt die wertfreie Darstellung dessen, was vorgefallen ist. Das ist ein schwieriger Part. Hier lassen wir allzu gerne gleich unseren Unmut spüren oder fragen beleidigt: „Warum hast du das gemacht?“ Wenn Sie das tun, haben Sie verloren. Dann kriegen Sie, was Sie immer gekriegt haben: Der andere rechtfertigt sich. Sie bringen mehr Argumente, er verstärkt seine Rechtfertigung, und um endlich aus dem Dilemma rauszukommen, findet er einen Fehler an Ihrem Verhalten, den er Ihnen gerade auch mal sagen will...

Das kennen wir zur Genüge. Deshalb möchte ich Sie einladen, die Methode „Kritikgeben – Konfliktgespräche führen“ zu beherzigen und nach Plan durchzuführen. Sie ist das beste Werkzeug, das es im Konfliktmanagement gibt. Die Kurzversion finden Sie im Übungsteil des Kapitels.

Geben Sie Ihrem Kontrahenten eine wertfreie Darstellung dessen, was er getan und was Sie gestört hat. Vermeiden Sie dabei unbedingt jedes Kraftwort und jede Wertung. „Du machst immer so ein mürrisches Gesicht, wenn ich Dir was sage“, wäre schon alles andere als wertfrei. „Immer, nie, offensichtlich, andauernd...“ sind wertende Nebenwörter, weil sie pauschalisieren. Kein Mensch hat immer ein mürrisches Gesicht, wenn man ihm etwas sagt, es sei denn, es sei ihm angewachsen. Und dann macht es keinen Sinn, ihn dafür zu kritisieren. Auch Adjektive wie „mürrisch“, „angewidert“, „beleidigt“, „giftig“... urteilen und reizen den Gesprächspartner deshalb sofort zu widersprechen. Beschreiben Sie, was Sie sehen: „Ich nehme wahr, dass sich deine Brauen zusammenziehen, wenn ich über dieses Thema mit dir reden will.“ Oder kennzeichnen Sie ein nicht neutrales Wort zumindest als Ihre persönliche Wahrnehmung, um nicht gleich Widerstand zu erregen. „Wenn ich mit dir über dieses Thema sprechen möchte, scheint es mir, als reagiertest du mürrisch darauf.“

Dieser Teil der Methode ist definitiv der schwierigste. Wir haben im Allgemeinen bereits ein negatives Urteil über den anderen gefällt, wenn wir das Gespräch suchen, und bisher erschien es uns auch gut und richtig, ihn damit zu konfrontieren. Das kann jedoch nicht zu positivem Einvernehmen führen. Sie werden auf dieser Welt kaum jemanden finden, der konstruktiv, freundschaftlich und einlenkend reagiert, wenn man ihm sagt, dass er sich unmöglich benimmt. Bei einem Angriff wird der andere sich verteidigen oder zum Gegenschlag ausholen. Deshalb gilt es, den nächsten Schritt, die „wertfreie Darstellung dessen, was vorgefallen ist", sehr gewissenhaft auszuführen. Nehmen Sie sich vor dem Gespräch Zeit, um über geeignete Formulierungen nachzudenken.

Ein Beispiel: Nehmen wir an, Ihr Kollege kommt morgens zu spät zur Arbeit, was Ihnen einige Probleme und Unmut bereitet. Die wertfreie Darstellung könnte lauten: „In den letzten zwei Wochen habe ich festgestellt, dass Du morgens zehn bis fünfzehn Minuten später kommst." Wenn möglich versuchen Sie eine Übereinstimmung von ihm zu bekommen, indem Sie fragen: „Das stimmt doch?" Unabhängig davon, ob er an diesem Punkt zustimmt oder nicht, benennen Sie jetzt die Wirkung, die sein Verhalten hat. Nennen Sie zuerst die sachlichen Probleme, die sich daraus ergeben, und zeigen Sie ihm dann, welche emotionale Wirkung sein Verhalten auf Sie ausübt. Das ist sehr wichtig. Wenn wir dem anderen nicht ganz klar machen, welche Wirkung sein Verhalten hat, wird er keinen Grund sehen, es zu ändern. Er versteht vielleicht noch nicht einmal, weshalb Sie sich so aufregen. Also müssen Sie ihm auch etwas von Ihrem Innenleben zeigen, indem Sie sagen: „Mich verletzt das, ich bin stinksauer auf dich." In unserem Beispiel könnte sich das dann etwa so anhören: „Die Wirkung, die dein Zuspätkommen hat, ist: Es bilden sich lange Schlangen an unseren Schaltern, die Kunden regen sich auf, alle kommen unter Zeitnot, ich werde ganz nervös hinterm Schalter und mache Fehler. Und das bringt mich richtig gegen dich auf. Ich fühle mich von dir nicht wertgeschätzt, ich bin stinke wütend und frustriert (hier sollten Sie durch Ihre Mimik und Stimmlage die Gefühle, die Sie gerade benennen, auch sichtbar werden lassen) und das bringt unsere gute Beziehung in Gefahr."

Schließlich müssen Sie noch einen Wunsch formulieren, das heißt, dem anderen einen Vorschlag machen, wie die Dinge in Zukunft laufen sollen. Wenn Sie das nicht tun, könnte Ihr Gegenüber denken, Sie hätten nur gerade einen schlechten Tag und wollten mal Ihren Kropf leeren. Der Vorschlag könnte etwa so klingen: „Ich weiß nicht, wie Du es siehst, ich könnte mir vorstellen, dass du dich einfach nicht mehr für den Frühdienst einteilen lässt, da es dir sichtlich schwer fällt, pünktlich zu sein. Was meinst du?"

Wenn Sie das Gespräch führen, weil Sie von Ihrem Gesprächspartner übervorteilt, verletzt oder massiv beleidigt wurden, kann es richtig sein, an dieser Stelle auch den Wunsch nach Wiedergutmachung zu äußern. Überlegen Sie sich, was Ihnen helfen würde, über den erlebten Schmerz hinwegzukommen. Kinder, die sich im Sandkasten gestritten haben, spüren oft ganz von selbst, dass ein Ritual, eine Buße, eine Entschädigung helfen kann, um wieder Freunde sein zu können. Entsprechend macht der Schuldige ein Angebot: „Ich will wieder gut mit dir sein, du darfst dafür auch den ganzen Nachmittag mit meinem Feuerwehrauto spielen." Erwachsene sind da viel komplizierter. Der eine traut sich nicht, eine Wiedergutmachung anzubieten, der andere ist zu stolz, darum zu bitten. Springen Sie über Ihren Schatten! Wenn es etwas gibt, wie der andere den Schmerz wiedergutmachen kann, damit Sie in gutem Einvernehmen miteinander sein können, bitten Sie ihn darum.

Überlegen Sie, ob Sie dem anderen mit dem Vorschlag, wie solche Situationen in der Zukunft gehandhabt werden sollten, vielleicht sogar einen Nutzen aufzeigen können. Was würde es ihm nützen, auf Ihren Vorschlag einzugehen – möglicherweise, dass er sich den Stress am Morgen spart. Wenn der andere den eigenen Vorteil an einer Verhaltensänderung erkennen kann, dann wird es ihm leichter fallen, darauf einzugehen. Wichtig ist zum Schluss die verbindliche Vereinbarung.

Möglicherweise braucht es auch eine Vereinbarung, wie Sie beide mit eventuellen Rückfällen umgehen wollen. Wie Sie es gemeinsam handhaben wollen, wenn der Andere noch mal zu spät kommt.

Übrigens, wenn Sie ein Kritik-/Konfliktgespräch mit jemandem führen, der das Permeagramm kennt, können Sie auch von einzelnen Spielern sprechen. Zum Beispiel: „Dein Perfektionist hat drei Stunden an dem Schrank geschliffen Es war jedoch nur eine halbe Stunde kalkuliert..." Damit steht das Bewusste-Ich des Mitmenschen außerhalb der Kritik und kann leichter zum verbündeten Problemlöser gemacht werden.

Wie Ihr Bewusstes-Ich Kritik souverän entgegennimmt

Manchmal finden wir uns auch auf der anderen Seite, nämlich in der Situation, dass wir gerade Kritik „bezogen" haben. Menschen, die die oben besprochene Methode nicht kennen, sind oft sehr unbeholfen in der Art, wie sie sagen, was ihnen nicht passt. Oft beleidigen sie oder schütten einem ein ganzes Fass über. Wenn dann das Bewusste-Ich nicht auf dem Plan ist, reagiert der Spieler Ihrer Commedia della Vita, der sich gerade am meisten getroffen fühlt – der Kindische (der sich pampig zeigt) oder der Belehrende (der zum Gegenschlag mit einer Strafpredigt ansetzt), der Perfektionist (der mit dem eigenen Selbstabwerter zu kämpfen hat)...

Oft führt aus einem solchen Sumpf von gegenseitigen Beleidigungen kein Weg mehr heraus. Entweder wir gehen einander von jetzt an aus dem Weg oder wir bewerfen uns immer weiter mit Dreck. Oder aber, wir gehen ab jetzt professionell damit um:

Hören Sie die Kritik mit dem Bewussten-Ich an und atmen Sie. Das ist das Wichtigste. Meistens halten wir in so einer Situation vor Schreck die Luft an und können dann nicht mehr denken und das Bewusste-Ich nicht mehr einschalten. Wenn wir nicht mehr denken können, reagieren unsere Spieler mit einem der drei archaischen

Muster: Flucht, Gegenangriff oder Totstellen. Also atmen Sie erst mal lang aus, tief ein und lang aus. Das können Sie auch vernehmlich tun. Und um Zeit zu gewinnen, können Sie die Beleidigung mit Ihrem inneren Erwachsenen sogar kommentieren.

Etwa so: „Sie sagen mir gerade, was ich da geliefert habe, sei unannehmbar, ich habe überhaupt keine Ahnung von meinem Job. Da muss ich jetzt erst mal Luft holen." Indem Sie dem anderen wörtlich und als Statement (nicht als Frage) erwidern, was er Ihnen gerade an den Kopf geworfen hat, kann er es noch mal hören und überlegen, ob er es überhaupt so sagen wollte. Viele rudern dann zurück. Wenn nicht, tun Sie den nächsten Schritt.

Wenn Sie sich auf diese Weise frei geatmet haben, überlegen Sie, ob ein Fünkchen Wahrheit an der Kritik ist. Weisen Sie die Beleidigung und das, was nicht stimmt, zurück und erkennen Sie das, was zutrifft, an. Das könnte so klingen: „In einem Punkt haben Sie recht, da ist mir tatsächlich ein Fehler unterlaufen. Das tut mir leid, darüber können wir gleich sprechen. Ihre Pauschalabwertung teile ich nicht, und die Art, wie es gerade rüber kam, wirkte auf mich beleidigend. In einem anderen Ton können wir gerne über eine Lösung des Problems sprechen."

Im Übungsteil dieses Kapitels finden Sie die Kurzfassung von „Umgang mit Kritik".

Gegensätzliche Permeagramme – wenn die Chemie nicht stimmt

Im Privatleben wie im Berufsalltag streiten die Leute endlos über scheinbar objektive Dinge, da geht es angeblich um die Sache. Nach langem Hin und Her einigt man sich und geht auseinander. Aber trotz aller Absprachen laufen die Dinge unverändert weiter wie bisher, als wäre nichts vereinbart worden – bis zum nächsten größeren Krach. In solchen Fällen lohnt es sich, einmal genauer zu prüfen, ob es wirklich um die Sache geht oder das Problem ganz wo anders liegt, nämlich auf der emotionalen Ebene.

Wenn sich also wieder einmal jemand bei Ihnen beschwert, dass er mit einem anderen nicht kann, und sagt: „Die Chemie zwischen uns stimmt halt nicht", dann sollten Sie mit dieser letzten Äußerung arbeiten, alle zuvor genannten Gründe sind sehr wahrscheinlich nur Auswirkungen. Wenn zwei voneinander sagen, dass die Chemie nicht stimmt, dann äußern sie unbewusst, dass sie sich durch unterschiedlich angelegte Permeagramme reizen. Ihre Aufgabe kann es dann sein, die entsprechenden Fragen dazu zu stellen, um Verständnis zu schaffen:

1. Wie gehen Sie oder der andere ans Leben heran?

Hier geht es um Ordnungsliebe, Systematik, Genauigkeit, Konstanz, die in ihrer Übersteigerung zu Sturheit und Pedanterie führen können. Diesen Eigenschaften entgegen stehen Kreativität, Flexibilität, Spontaneität und Risikofreude, die wiederum in der Übersteigerung zu Unberechenbarkeit und Chaos führen.

2. Wie ist Ihr Umgang mit anderen?

Hier geht es um Kontaktfreude, Teamfähigkeit, Nähe, Harmoniebestreben, die in der Übersteigerung zu Konfliktscheue und Harmoniesucht führen. Diesen Eigenschaften entgegen stehen Distanz, Objektivität, analytische Sichtweise und Eigenständigkeit, die in der Übersteigerung zu Kontaktunfähigkeit und Zynismus führen.

3. Auf welche Fähigkeiten und Eigenschaften ist jeder von Ihnen besonders stolz?

Wenn man in etwas gut ist, ist man in der Regel stolz darauf. Ein Spieler der Commedia della Vita hat meist lange geübt, um da hin zu kommen, und er hat sich dabei angestrengt, bis er schließlich die Empore erklomm. Dort oben angekommen sagt er zum Beispiel: „Ich bin stolz darauf, noch nie etwas Fehlerhaftes abgegeben zu haben" – ein Satz, der auf einen Perfektionisten schließen lässt.

4. Was können Sie, was kann Ihr Partner auf den Tod nicht ausstehen? Was geht Ihnen gewaltig gegen den Strich?

„Ich kann es auf den Tod nicht ausstehen, wenn ein ungespülter Teller im Spülbecken steht." Die Äußerung in diesem Beispiel klingt nach Kabarett, so absurd erscheint sie. Das ist aber nicht so. Viele Menschen haben solche oder ähnliche Aversionen. Man muss sich also fragen, was ist an einem ungespülten Teller so gefährlich, dass man ihn „auf den Tod nicht ausstehen" kann? Die Formulierung kommt direkt aus dem Unbewussten – aus in der Kindheit gemachten Erfahrungen, als die Person hilflos und verletzlich war. Als es lebensbedrohlich erschien, die Eltern so zu erzürnen, dass sie sich abwenden und das Kind im Stich lassen, weil es böse war – einen schmutzigen Teller stehen ließ. Wenn man erwachsen ist, hat die Situation objektiv nichts Bedrohliches mehr; unbewusst rührt sie jedoch an die alten Ängste. Deshalb kommt es zu solch unverhältnismäßigen Reaktionen und Haltungen – auch dann, wenn ein anderer sich erlaubt, was mir selbst früher Todesangst einjagte.

Mit den Antworten auf diese Fragen können Sie einige markante Emporenspieler ausmachen und entsprechend der gegebenen Anleitungen mit ihnen umgehen. Das funktioniert im Berufsleben, in der Familie und in der Liebesbeziehung. In der Partnerschaft nicht ganz so leicht, weil man selbst stärker verwickelt ist, emotional und kausal. Hier wird es umso wichtiger, sich selbst immer besser auszubalancieren, um mit dem Partner entspannter und liebevoller umgehen zu können. Wenn eigene Spieler überspannt und unterdrückt sind, werden sie immer sofort anspringen, wenn der Partner das Stichwort liefert. Je näher wir einander stehen, je mehr Gefühl wir füreinander aufbringen, umso schmerzlicher können wir uns gegenseitig verletzen. Kein Wunder, dass viele Menschen sich mehr oder weniger verkapseln und keine oder nur wenige Gefühle zulassen wollen. Aber das ist ein Hungerweg. Dabei bleiben alle hungernd und frierend auf der Strecke. Wieder heißt es, in die eigene Mitte zu kommen und es dadurch dem Partner und den Familienangehörigen zu ermöglichen, ihre Gummibänder zu lockern.

Familienstress und Ehekrisen entzünden sich nicht an den großen Themen, sondern an den vielen kleinen Ärgernissen, die man an den folgenden Beispielen sehen kann.

Mein Mann und ich hatten einmal so ein Thema mit Geschirrtüchern. Wo werden nasse Geschirrtücher aufgehängt? Mein Mann legte sie weit ausgebreitet über die Spüle oder über die Rohkostmühle. Ich hängte sie an den Geschirrtuch-Haken. Der eine sah, was der andere tat, und es entflammte ein Streit: „Nasse Geschirrtücher gehören ausgebreitet auf die Rohkostmühle. Nein, nasse Geschirrtücher gehören an den Geschirrtuch-Haken." Wir hegten Groll gegeneinander. Jeder wollte, dass der andere die eigene Version als die richtige akzeptierte und sein provokantes Tun einstellte. Nach dem Motto „Try to see it my way" – gib deine Position auf und sieh es mit meinen Augen, bereue und tu es künftig so, wie ich es haben will. Aber der Streit war uns lästig und in einer stillen Stunde überlegten wir, was denn dahintersteckte. Wir befragten einander, was jedem so wichtig sei, dass die Sache genau so ausgeführt werden müsse. Mein Mann antwortete, das Wichtigste sei, dass nasse Handtücher schnell trockneten – aus hygienischen Gründen. Ich antwortete, dass für mich in jedem Raum alle Dinge ihren Platz haben müssten, damit die Räume immer nett aussehen – aus ästhetischen Gründen. Mein Mann hatte einen Praktiker auf seiner Bühne, ich einen Ästheten. Nun ging es darum zu verhandeln. Unser gemeinsames Ziel war, uns aneinander freuen zu können, nicht miteinander streiten zu müssen. Unser beider Beweggründe waren auf dem Tisch. Jeder überlegte nun, was aus seiner Sicht heraus vertretbar wäre, um zu einem guten Kompromiss zu kommen. Jetzt hängen die nassen Handtücher zu beider Zufriedenheit adrett ausgebreitet vor dem Herd.

Nehmen wir ein weiteres Beispiel: Bei der Kosmetikerin Claudia Ferch und ihrem Lebenspartner Holger Kahl hatte sich die Situation über Jahre immer stärker zugespitzt. Sie lebten seit sieben Jahren zusammen. Beide waren noch immer der Meinung, dass es eigentlich die große Liebe ist, die sie miteinander verbindet, und sie waren sich auch über die großen Themen des Lebens einig. Sie fanden es richtig, dass jeder von beiden arbeitete, sein eigenes Einkommen hatte und die Hälfte an den laufenden Kosten bezahlte. Dass jeder seinen Freundeskreis besaß und auch ein Hobby, das er nicht mit dem anderen teilte. Sie hatten sich darüber verständigt, wie das werden sollte, wenn sie mal Kinder hätten, und wieviel Einfluss die zukünftigen Großeltern kriegen sollten. Und trotzdem hatte Claudia zu zweifeln begonnen, ob ihre Beziehung wirklich so gut war. Es ging ihr auf die Nerven, dass Holger so unordentlich war. Sie erlebte es wie einen persönlichen Angriff, wenn er die Ordnung im Kühlschrank nicht einhielt – es konnte doch nicht so schwer sein, immer alle Milchprodukte ins dritte Fach zu räumen. Im Wohnzimmer hatte sie gerade alles nett gemacht, da setze er sich mit einem Stapel Zeitungen und ein paar Snacks hinein und am anderen Morgen fand sie: nicht weggeräumtes Geschirr mit Essensresten, Gläser, zerstreute Zeitungen, Pullis, Socken und Schlappen. Dann kriegte sie regelmäßig einen Anfall und sie stritten sich heftig. Holger wollte gar nicht verstehen, weshalb sie wegen dieser Lappalien so ein Tamtam machte. Sie verstand nicht, wie er so ignorant sein konnte. Dann fühlte sie sich abgewertet und missachtet.

Das Erstellen des Permeagramms verblüffte Claudia. Sie hatte einen Pedanten auf der Empore. Einen übergenauen, pingeligen, der nicht nur einen perfekten Lidstrich setzt, sondern auch die Wohnung 150% in Ordnung haben will. Ein Pedant, der Holger gar keine Chance gab, etwas richtig zu machen. Je länger sie darüber nachdachte, desto mehr fiel ihr auf, dass sie Holger hinterherräumte, wenn er schon mal was machte. Das Permeagramm zeigte ihr auch, dass sie selbst ebenfalls einen Chaoten besaß, aber ganz tief im Theaterkeller versteckt. In ihrer Kindheit war es nicht gut gewesen, ihn zu zeigen. Claudia stellte fest, dass sie beide sich spiegelten. Holger lebte den Chaoten, den sie verdrängte, und sie lebte den Pedanten, den Holger verdrängte. „Eine riesige Erkenntnis! Und irgendwie spannend!“, fand Claudia. Und damit hatte sie schon den ersten wichtigen Schritt getan. Denn von diesem Augenblick an musste sie sich nicht mehr als Opfer von Holgers Nachlässigkeit fühlen, sie konnte Gestalterin der neuen Situationen werden.

Der zweite wichtige Schritt hieß nun: „Änderung beginnt bei dir selbst.“ Diese Erkenntnis fiel ihr ein bisschen schwer. Wir hätten zu gern, dass sich der andere bewegt, nachdem die Sachlage klar ist. Dazu gibt es ein gutes Sprichwort: „Es gehören immer zwei zum Spiel!“ Das heißt, beide haben einen Anteil daran, wie sie miteinander klar kommen. Das heißt auch, jeder kann von seiner Seite aus an der Änderung arbeiten. Man muss nicht warten, bis der andere sich bewegt. Der kann das vielleicht gar nicht, weil seine Emporenspieler und Kellerasseln so festgefahren sind, dass sein Bewusstes-Ich sich nicht durchzusetzen weiß. Oder er kennt sein Bewusstes-Ich noch gar nicht.

Claudia wollte es schließlich versuchen. Die Beziehung mit Holger war ihr wichtig genug, und auch für sich selbst sah sie es als lohnend an, die angespannten Gummibänder zu lockern, um gelassener und in ihrer Persönlichkeit abgerundeter zu werden. Die Übung lautete, ihren eigenen Pedanten und ihren Chaoten zurück in den gesunden Bereich zu bewegen. Damit würde sie außerdem ihre Kreativität wiedergewinnen und aus einem pingeligen Pedanten einen Ordnungsliebenden machen. Um dahin zu kommen, spielte sie in Gedanken immer wieder ihre Stress-Situationen durch. Sie erlebte, wie der Pedant ausrastete und aufräumend durch die Wohnung raste, aber nun schaltete sie auch ihr Bewusstes-Ich ein und führte innere Dialoge. Mit ihrem Bewussten-Ich stellte sie immer wieder die Frage an ihre innere Spielertruppe: „Um was geht es uns in diesem Spiel? Was ist wichtiger, die Beziehung zu Holger und die eigene Persönlichkeitsentwicklung oder die Wirkung auf unangemeldete Gäste? Was ist so gefährlich daran, wenn ein Joghurtbecher im vierten Fach steht?“ Das Bewusste-Ich ist außerordentlich wichtig, um die überausgeprägten Spieler immer wieder zu korrigieren. Sie sind es gewohnt, uns durchs Leben zu steuern. Sie haben sozusagen breit angelegte Autobahnen geschaffen, auf denen sie uns durchs Leben fahren. Jetzt wollen wir etwas Neues probieren und müssen dafür erst einmal einen Trampelpfad anlegen, der mit der Zeit zu einer komfortablen Straße wird. Claudias Bewusstes-Ich lieferte dem Pedanten kluge Argumente, damit er mal entspannte, wie zum Beispiel: „Na, im Bad und im Schlafzimmer empfangt ihr ja wohl keine Gäste, da kannst du mal alle fünfe grad sein lassen.“ Ihr Bewusstes-Ich lauschte aber auch auf die anderen Spieler ihrer Commedia della Vita, die bisher nicht zu Wort kamen: den Chaoten, den Faulenzer, den Gefälligen, den Selbstantreiber. Und dann galt es Vereinbarungen zu treffen. Das war wieder ein sehr wichtiger Punkt für sie. Vereinbarungen mit sich selbst zu treffen und diese auch einzuhalten. Es ist einfacher, vom Partner Ehrlichkeit zu verlangen, als zu sich selbst ehrlich zu sein.

Claudias Bewusstes-Ich stellte fest, dass es neben dem Pedanten auch einen groß ausgebildeten Selbstantreiber gab und neben dem verdrängten Chaoten einen verdrängten Faulenzer. Zum ersten Mal hörte sie bewusst, wie die beiden im Theaterkeller jammerten: „Ich möchte auch mal einfach abends ins Bett fallen und nicht erst noch aufräumen müssen.“ Jetzt verstand sie die Wut besser, die sie so oft auf Holger hatte. Ihr Bewusstes-Ich versprach dem inneren Chaoten und dem Faulenzer, dass sie ab sofort Samstagabends nicht mehr aufräumen müssten. Dem Selbstantreiber aber sagte ihr Bewusstes-Ich: „Dich kenn ich schon, du hast mich ganz schön durchs Leben gehetzt. Ständig hast du lange Listen für mich, die kein Mensch erfüllen kann.

Andererseits kann ich dir dankbar sein, ich wäre ohne dich heute nicht hier, hätte meine Prüfung nicht geschafft, nicht so einen tollen Job, kein Auto, keine schicke Wohnung. Jetzt hast du allen Grund, mal zu relaxen. Entspann dich, Selbstantreiber, ich habe die Sache unter Kontrolle."

In dieser Weise führte Claudia innere Dialoge und wurde sich dabei über sich selbst und ihre Spieler immer bewusster. Und sie traf Verabredungen mit sich selbst, also mit den Spielern ihrer Commedia, und begann in ganz kleinen Schritten ihre Gummibänder zu entspannen. Wir erinnern uns: Es ist wichtig, dass dies in kleinen Schritten geschieht. Wenn wir versuchen, plötzlich alles anders zu machen, kennen wir uns selbst nicht mehr und die Emporenspieler setzen uns so zu, dass wir es nicht durchhalten.

Trotz der kleinen Schritte war die Wirkung groß. Claudia fühlte sich innerlich weniger gehetzt und von Holgers Verhalten weniger genervt. Nach einiger Zeit merkte sie, dass sich auch bei Holger etwas veränderte. Er achtete jetzt selbst mehr auf Ordnung. Und in ihre Beziehung kam wieder Freude und Leichtigkeit. Außerdem kam wie prophezeit Claudias Kreativität zurück. Wo vorher soldatische Ordnung geherrscht hatte, gestaltete sie jetzt stimmungsvolle Atmosphären.

Durch kluges Verhandeln Kompromisse finden

Seit es feste Preise für alles gibt, haben die meisten von uns das Feilschen und Verhandeln verlernt. Und viele Menschen wissen gar nicht, wie bedeutend es gerade zur Lösung von Konflikten ist. Wenn wir nicht auf ein Missverständnis stoßen, das sich dadurch ausräumen lässt, dass jeder dem anderen noch einmal wiedergibt, wie er die Sache verstanden hat, und man auf diesem Weg feststellt, dass man aneinander vorbei geredet hat, dann handelt es sich gewiss um eine Meinungsverschiedenheit. Und da gilt es immer zu verhandeln, wenn es nicht Gewinner und unglückliche Verlierer geben soll.

Verhandeln heißt, Kompromisse eingehen. Jeder muss von seiner Position ein Stück abrücken, um zu einer für alle befriedigenden Lösung zu kommen. Die Mehrzahl der zwischenmenschlichen Konflikte scheitert daran, dass nicht verhandelt wird. Jeder bleibt auf seiner Position und verlangt vom anderen, dass der sich bewegt und zu ihm rüber kommt: „try to see it my way". Wenn aber beide sich als gleich wertvoll erleben, macht Verhandeln richtig Spaß. Dann können beide anerkennen, dass unterschiedliche Spieler unterschiedliche Wahrheiten haben, dass es also mehrere Wahrheiten gibt und nicht einer Recht hat und der andere im Unrecht ist. Stellen Sie sich einen orientalischen Bazar vor, da sitzt man gut gelaunt bei einem Glas Tee und man bietet sich gegenseitig ein kleines Entgegenkommen an. Wenn man sich in der Mitte trifft, hat jeder das Gefühl, das größere Stück vom Kuchen bekommen zu haben, und alle sind zufrieden. Mein Mann und ich haben es bei dem Geschirrtuch-Problem ebenso gemacht. Und dabei halfen wir uns auch noch gegenseitig, unsere Gummibänder zu entspannen. Ich entspannte meinen überaus groß ausgebildeten Ästheten, der immer und unbedingt alles schön haben musste, mein Mann entspannte den rigorosen Praktiker, der alles der möglichst problemlosen Handhabung unterordnete.

Im Übungsteil dieses Kapitels finden Sie eine Schritt-für-Schritt-Anleitung fürs Verhandeln und eine Übung, die Ihnen hilft, rasch zu unterscheiden, ob es sich in der aktuellen Konfliktsituation um ein Missverständnis oder um eine Meinungsverschiedenheit handelt.

Wenn man sich selbst als wertvoll und den Partner als gleichwertig erleben kann, sind solche Gespräche ganz einfach. Die ganze Schwierigkeit liegt in unseren Minderwertigkeitsgefühlen, die ständig von überdehnten Gummibändern verstärkt werden. Je entspannter wir sind, desto entspannter läuft es im Berufsalltag und zu Hause. Und wenn wir einmal aus dieser Entspanntheit heraus die Mehrzahl der

Streitpunkte im Alltag betrachten, erscheinen sie uns als Lappalien und Lächerlichkeiten. Wenn uns das jedoch nicht gelingt, führen diese Lappalien zu Familien- und Berufskrisen, zu Mobbing, Trennung und Traurigkeit.

Das Dramadreieck – Kreislauf der Abhängigkeiten

Immer wieder passiert es, dass sich nicht nur zwei, sondern drei Permeagramme ineinander verhaken. Dann sprechen wir von einem Dramadreieck. Nehmen wir das Gummiband des notorischen Helfers mit dem Hilflosen am anderen Ende und das des Übermächtigen mit dem Ohnmächtigen am andern Ende und stellen sie nebeneinander. Dann zeigt sich, dass der Hilflose und der Ohnmächtige sehr „verwandt" miteinander sind. Wenn wir sie zu einem Spieler zusammenfassen, wäre das ein Opfer. Daraus ergibt sich ein Dramadreieck, in dem ein Übermächtiger als Verfolger und ein notorischer Helfer als Retter zusammen mit einem Opfer in einem Beziehungsdreieck stehen.

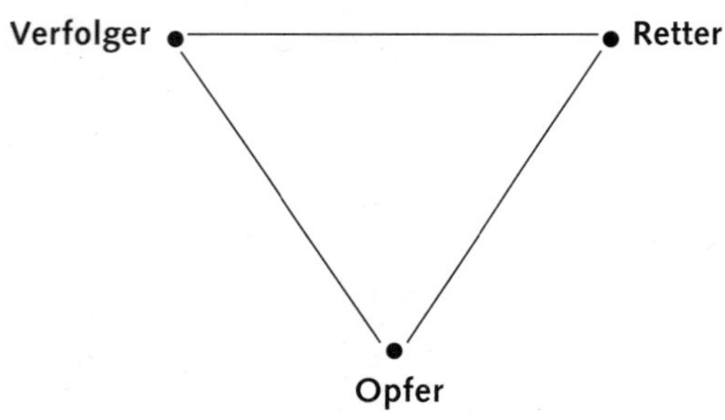

Abb. 6: Dramadreieck

Es passiert sehr häufig, dass drei Menschen, die miteinander zu tun haben, beruflich oder privat, in eine Situation geraten, die ein Dramadreieck provoziert. Menschen beeinflussen sich gegenseitig auch insofern, dass sie sich in Verfolger-, Opfer- und Retter-Rollen ziehen und damit Dramadreieck-Spiele auslösen. Solche psychologischen Spiele sind Ausbeutungsspiele. Diese „Spiele“ werden aus einer inneren Not heraus gespielt, nämlich dem Gefühl von Minderwertigkeit. Unbewusst hofft man durch so ein „Spiel“ Zuwendung zu erhalten oder gefürchtete Situationen wie Konflikte, Nähe oder Verantwortung abzuwenden. Oder man sucht eine Bestätigung für die negative Weltsicht seines Emporenspielers: „Wenn man nicht hinterher ist, wird nichts richtig gemacht und die Mitarbeiter liegen nur auf der faulen Haut.“

Jeder Beteiligte versucht unbewusst, während des Spielverlaufs seine eigene Minderwertigkeit etwas weniger zu spüren und Selbstwert zu erleben, was für den Augenblick sogar gelingt. Aber eben nur für den Augenblick. Danach gibt es auf allen Seiten nur noch Verlierer. Der Verfolger muss viel Energie aufbringen für Handlungen, die ihm nur Ärger eintragen und keinen Nutzen bringen. Er macht sich dabei ebenso unbeliebt beim Opfer wie beim Retter. Der Retter blutet sich bis zur Erschöpfung aus. Er macht sich dabei den Verfolger zum Feind, und selbst das Opfer wendet sich nicht selten hasserfüllt gegen ihn. Das Opfer aber kann sich nicht entfalten, es bleibt in seiner hilflosen Versager-Rolle.

Solche Konstellationen entstehen immer wieder, egal ob in privaten Beziehungen oder im Berufsalltag. Hier ein Beispiel aus dem Büroalltag: Seit einem dreiviertel Jahr gibt es in der Lohnbuchhaltung eine neue Mitarbeiterin, Vera Schiller. Sie sitzt mit den anderen Buchhaltern im Großraumbüro. Der Chef kommt hereingestürmt und macht Frau Schiller fertig, weil zwei Lohnabrechnungen fehlerhaft waren. Frau Clausmann ist ihre direkte Kollegin und sitzt gleich neben ihr. Und sie findet das schrecklich unfair, wie der Chef sich als Verfolger aufspielt und Frau Schiller zum Opfer macht. Ihr Retter regt sich. Sie steht auf und sagt zum Chef: „Also das finde ich jetzt nicht okay, dass Sie Frau Schiller so kritisieren. Sie ist ja noch nicht lange da. Und eigentlich arbeitet sie ja gut. Und bei der Vielzahl..." Das spannt den Verfolger des Chefs noch mehr an. Die drei sind in einem Dramadreieck angekommen. Wenn sie auf dieselbe Weise weitermachen, dann festigen sich die Rollen. Es könnte passieren, dass sie für Monate, vielleicht sogar für Jahre in dieser Dreiecksbeziehung von Verfolger, Opfer und Retter steckenblieben.

Es kann aber auch ein dynamisches „Spiel" werden. Das Dramadreieck ist ganz gefährlich. Besonders für den Retter. Denn die drei Personen können sich dahingehend beeinflussen, dass sie die Rollen tauschen. Wenn der Chef sich darüber ärgert, dass Frau Clausmann Partei ergreift, kann er sie plötzlich zum Opfer machen, indem er harsch erwidert: „Das müssen gerade Sie sagen, Frau Clausmann, Ihre Leistung lässt in letzter Zeit auch zu wünschen übrig." Es könnte auch sein, dass Frau Schiller sich genervt fühlt, da Frau Clausmann sich als ihre Retterin aufspielt. Dann wird sie sie vielleicht anherrschen: „Von Ihnen muss ich mir nicht helfen lassen. Sie sitzen ja nur noch die Zeit bis zur Rente ab und machen jede Menge Fehler am Computer." Damit ist Frau Schiller in die Rolle der Verfolgerin von Frau Clausmann gesprungen und Frau Clausmann ist zum Opfer geworden. Auch in dieser Dynamik kann so ein Dramadreieck-Spiel über lange Zeit die Beziehungen beherrschen. Dabei büßen alle ungemein viel Kraft ein. Aber es ist sehr schwer, heraus zu kommen, wenn man die Technik nicht kennt. Im Übrigen bringt es für jeden der Beteiligten auch kurzfristige Lustgewinne. Ihnen allen mangelt es an Selbstwert. Der Verfolger fühlt sich immer dann wichtig, wenn er verfolgt, der Retter wertvoll, wenn er hilft, und das Opfer bedeutend, wenn es wahrgenommen wird – negativ vom Verfolger und schützend vom Retter. Dennoch sind die Energieverluste, der Verlust von Lebensfreude und Arbeitskraft weitaus höher als der Lustgewinn, den die Spieler aus solchen Spielen ziehen. Deshalb gilt: Finden Sie so schnell wie möglich heraus, in welche Rolle sie im Dramadreieck geraten sind, und wenden Sie die Ausstiegstechniken im Übungsteil dieses Kapitels an. Wenn einer der drei den Willen und die Methodik hat, aus dem Dramadreieck heraus zu kommen, bricht die Dreierkonstellation zusammen. Haben die anderen sehr starke Emporenspieler, werden sie sich nach neuen Mitspielern umsehen, aber Sie sind immerhin draußen. Manchmal empfiehlt es sich, den Beteiligten die Dynamik dieses Dramadreiecks zu vermitteln, um ihnen ebenfalls einen Ausstieg zu ermöglichen.

Was für den Berufsalltag gilt, passiert genauso in privaten Beziehungen. Auch da kann man in Dramadreiecke gezogen werden. Stellen Sie sich vor, Vater, Mutter und Sohn gehen zusammen in ein Lokal. Der Sohn bestellt Maracujasaft. Als er ihn vor sich hat, quengelt er, dass ihm der Saft nicht schmecke, dass er immer Sachen bekäme, die er nicht möge und wieder zu so einem „Scheißausflug" mit musste. Er hat sich soeben zum Opfer gemacht. Der Vater reagiert verärgert. Er fühlt sich an seinem wohlverdienten Sonntag von seinem Sohn genervt und putzt ihn runter: „Du musst jetzt grade noch den Mund aufmachen. Wer hat denn den Saft bestellt? Du weißt nicht, was du willst, du bist verwöhnt und ungezogen..." Der Vater ist in die Verfolgerrolle gerutscht. Jetzt greift die Mutter nach der Retterrolle: „Jetzt lass ihn halt in Ruhe, er hat sich den Geschmack von dem Saft eben anders vorgestellt."

Und wenn sie nicht gestorben sind, so spielen sie noch heute: Verfolger, Opfer, Retter, in gleichbleibenden oder wechselnden Besetzungen.

Nachdem Sie erkannt haben, in welche Rolle sie geraten sind, lesen Sie sich die entsprechende Methode für den Ausstieg durch und steigen Sie aus. Gegebenenfalls machen Sie Ihrer Familie oder Ihrem Team das Dramadreieck bekannt.

Fassen wir zusammen: Den anderen ändern heißt den anderen entspannen. Nur wenn man ihm hilft, seine angespannten Gummibänder zu lockern, kann man eine Verhaltensänderung erwarten. Mit Ermahnungen und Ratschlägen erreicht man nur, dass sich seine Gummibänder noch mehr anspannen. Um einem anderen zu helfen, die Gummibänder zu lockern, muss man seine Emporenspieler und deren Nöte kennen. Wichtig ist auch, dass Kritik angesprochen, nicht im Regenfass gesammelt wird. Dazu gibt es die im Übungsteil befindlichen Techniken. Dramadreiecke sollten rasch erkannt und abgebrochen werden, wenn man sich Schmerz ersparen will. Sie sind Ausbeutungsspiele für alle Beteiligten.

Wie man ein Dramadreieck durchbricht

Was bewegt den Retter? Überprüfen Sie, ob Sie zum Retter geworden sind. Wenn Sie mindestens eine der Fragen bejahen, trifft das für Sie zu:

- Ich denke für den anderen.
- Ich handle für den anderen.
- Ich mache mehr als 49% seiner Arbeit.
- Ich weiß, was für den anderen gut ist.
- Ich erteile Ratschläge, anstatt Vorschläge zu machen.

Hinterfragen Sie: „Weshalb mache ich sein Problem zu meinem. Wieso glaube ich, besser zu wissen, was für ihn gut ist, obwohl ich nie in seinen Mokassins ging?“ Erkennen Sie, dass das Opfer sehr wohl im Stande ist, für sich zu sorgen: „Ein gutes Opfer macht die ganze Welt zu Eseln.“ Machen Sie sich bewusst, dass man einen anderen Menschen am Wachstum hindert, wenn man ihm seine Aufgaben abnimmt.

Ihre Aufgabe wird es sein, dem Opfer Grenzen zu setzen. Dabei gilt es, ihm zu zeigen, dass Sie die Person schätzen, ohne deshalb ihren Job tun zu wollen oder ihr als Klagemauer zu dienen. Lernen Sie, nachzufragen, was für ein Problem das Opfer hat. Anstatt den Sachverhalt zu ergründen, stellen wir meist die Frage: „Warum...?“ Auf diese Frage erhalten wir immer nur eine Rechtfertigung. Fragen zur Problemlösung lauten dagegen: Wer (tut), was (kostet es), wie, wo, mit wem, wann, wie oft?

Prädestiniert für die Retterrolle sind die bereits besprochenen Gruppen. Außerdem auch Mütter, Vorgesetzte, Vertreter sozialer und therapeutischer Berufe. Aber auch nicht notorische Helfer können plötzlich einmal in diese Rolle gezogen werden, weil sie die Behandlung des Kollegen ungerecht finden, weil sie Mitleid mit einer Person hatten etc.

So kann der Retter aus dem Dramadreieck aussteigen

1. **Den anderen anhören**. Erleichtern Sie ihm damit, seine Situation zu reflektieren. Das hilft ihm wiederum, seine Arbeit selbst zu machen.
2. **Das Problem genau erfragen: Wer, was, wie, wo, mit wem, wann, wie oft.** Häufig kommt das Opfer ohne genaue Problemkenntnis und ohne jeden Lösungsvorschlag. Auch wenn Sie schon eine Idee haben, wie das Problem zu lösen wäre, verkneifen Sie sich eine Suggestion zur Lösung. Gestehen Sie sich ein, dass Sie bis jetzt gar nicht um etwas Spezifisches gefragt wurden, und dass Sie keine Kenntnis haben, was der andere bisher zur Problemlösung tat.
3. **Wiederholen, was man verstanden hat**: „Wenn ich dich richtig verstanden habe, ist es so, dass...“ Wichtig dabei ist, nicht kritisch, sondern lösungsorientiert zu agieren, sonst ist man schon dabei, das Problem des anderen zu lösen. Es geht darum, das Opfer dazu zu bringen, genauer nachzudenken: „Verstehe ich dich richtig...?“ oder „Ich möchte sicher gehen, dass ich dein Problem richtig

verstanden habe, deshalb frage ich nach. Wenn ich dich recht verstanden habe, dann ist..."

4. **„Was hast du bis jetzt zur Lösung getan?"** Achtung: „Auskotzen" ist keine Problemlösung, sondern eine Erleichterungsmaßnahme. Insistieren Sie also, dass das Opfer sich konkretisiert.
5. **Konfrontieren**. Machen Sie liebend darauf aufmerksam, wenn Taten und Worte einander nicht entsprechen.
6. **Erwartung abfragen**: Auf die Opferfrage „Was soll ich tun" antworten: „Was erwartest du von mir, wie könnte ich dir konkret helfen?"
7. **Weniger als 49% seiner Arbeit machen**, möglichst nur 5%.
8. **Mit Fragen konkretisieren „**Was also hast du nun vor zu tun? Die drei wichtigsten Punkte für dich sind...?" Eventuell einen Vorschlag machen, was man selbst tun würde. Dann auf die Reaktion warten. Versucht das Opfer immer wieder, die Vorschläge abzuschmettern, zurück zur Frage: „Was also hast du nun vor zu tun? Entscheide Dich. Wenn Du die Situation nicht lieben lernen kannst, ändere sie oder löse sie auf. Love it, leave it or change it."
9. **Eine Abmachung treffen:** „Ich unterstütze dich in den und den Grenzen. Deine Verpflichtung dabei ist..."
10. **Zielkontrolle**. Fragen Sie abschließend das Opfer: „Woran wirst du erkennen, dass es Dir gelungen ist?" Damit richten Sie den Fokus des Opfers auf das von ihm zu erarbeitende Ergebnis und gewährleisten, dass es seine eigene Leistungsfähigkeit nicht ignoriert, um weiterhin Opfer spielen zu können.

Was bewegt den Verfolger?

Er soll sich fragen: „Was versuche ich mit diesem Nörgeln, Beschimpfen? Weshalb gehe ich immer wieder in diese Rolle oder lasse mir immer wieder diese Rolle aufdrängen?" Vorgesetzte und Chefs können leicht in diese Rolle kommen, weil ein Teil ihrer Aufgabe darin besteht, die Arbeit der Mitarbeiter zu kontrollieren. Väter geraten in diese Rolle, wenn sie von den Müttern angehalten werden, ein Machtwort mit dem Nachwuchs zu sprechen, oder wenn sie selbst meinen, auf diese Weise die Familie auf Kurs halten zu müssen. Manchmal wird jemand auch in die Verfolgerrolle getrieben, der dafür eigentlich keine Ambitionen hatte, einfach weil er in der Hierarchie höher steht oder weil er eine bestimmte Funktion ausübt: Hausmeister, Bademeister, Polizist...

So kann der Verfolger aus dem Dramadreieck aussteigen

Vereinbaren Sie einen Zeitpunkt für die Besprechung, anstatt einfach anzunehmen, dass das Opfer gerade dann bereit ist, wenn man es will.

Ändern Sie die eigene Haltung. Statt zu verfolgen – fordern! Das heißt, einen Wunsch aussprechen, zu dem das Opfer ja oder nein sagen kann, anstatt am Opfer herumzunörgeln, es auszuschimpfen oder anzuklagen.

In einer Unterredung sollten Sie folgende Punkte beachten:

1. **Den Sachverhalt klarstellen: Wer, was, wo, wozu...** Argumentieren Sie urteilsfrei: *„Du bist gestern in mein Zimmer gekommen, hast dir einen Kaffee eingegossen und deine Tasse auf die Foto-Originale gestellt und dabei Flecken darauf hinterlassen."*
2. **Übereinstimmung einholen:** *„Stimmst du damit überein?"* Ist die Antwort des Opfers *„nein"*, dann brechen Sie an dieser Stelle ab und warten auf eine andere Gelegenheit. Da man sich in einem Dramadreieck befindet, kommt bald die nächste Konfliktsituation. Wenn nicht – umso besser. Stimmt das Opfer zu, fahren Sie fort: *„Ich denke, du hast überhaupt nicht daran gedacht, wie es mir damit geht, was mich das kostet... Da fühle ich mich irritiert..."*
3. **Konkreten Wunsch äußern:** *„Ich möchte, dass du tust..."*

4. **Vereinbarung über zukünftiges Tun:** *„Wirst du es tun? Bist du bereit oder hast du eine Idee, wie wir die Situation in Zukunft lösen können?“* Oder Sie geben Hinweise auf Möglichkeiten zur Wiedergutmachung. Beispielsweise: *„Eine Einladung ins Kino und ich vergesse meinen Ärger.“*

Was bewegt das Opfer?

Überprüfen Sie, ob Sie sich in der Opferrolle befinden: Wenn ich in einer Situation bin, die mir nicht gefällt, aber mir nichts einfällt, wie ich sie ändern kann, und ich auch nicht bereit bin, sie so zu akzeptieren, dann bin ich in der Opferrolle. Schieben Sie die Glaubenssätze: „Ich bin ein nutzloser Versager“, und „Die Welt ist schlecht“ beiseite und versuchen Sie, den starken Menschen in Ihnen zu finden, der noch andere Spieler zur Verfügung hat. Stellen Sie sich die Frage: „Wann ist mir einmal etwas gut geglückt?“

Kein Mensch ist so erfolgreich im Versagen, dass er keine geglückten Projekte hätte. Finden Sie diese geglückten Projekte in Ihrem Gedächtnis und fragen Sie sich, was Sie damals gemacht haben, dass sie geglückt sind. (Nein, es war nicht nur Zufall oder die Leistung anderer.)„Wann war die Welt einmal nett zu mir?“ Erinnern Sie sich daran, lassen Sie diese Erinnerung groß und lebhaft werden und stellen Sie sich vor, dass das jederzeit wieder eintreten kann. Fragen Sie sich auch, ob Sie etwas an Ihrem Verhalten ändern können. Vielleicht sind Sie Ihren Mitmenschen gegenüber nörglerisch und abweisend oder hängen an ihnen wie ein Klette. Öffnen Sie sich für die positiven Momente im Leben. Nehmen Sie diese ganz bewusst wahr und sammeln Sie sie wie kostbare Juwelen, dann werden es immer mehr.

So kann das Opfer aus dem Dramadreieck aussteigen

1. Beschreiben Sie die Situation mit exakter Angabe: Wer tut was, wann, wo und mit wem? Und wie schadet Ihnen das?

2. Fragen Sie sich: „Messe ich diesem Schaden eine Bedeutung bei, die er nicht hat?“
3. Denken Sie an Menschen, die mit dieser Art Probleme gut umgehen können. Wie würde er/sie das lösen?
4. Schreiben Sie sieben Möglichkeiten auf, mit denen Sie experimentieren könnten, um diese Situation zu lösen. Nehmen Sie auch abstrus erscheinende Ideen auf.
5. Schlafen Sie darüber und denken Sie am nächsten Tag über die Vorteile der jetzigen Situation nach. Hat es nicht auch einen Nutzen für Sie, dass die Situation so ist, wie sie ist? Welchen Schwierigkeiten müssen Sie sich nicht stellen als Opfer? Wiederholen Sie die Selbstwertübungen aus Kapitel 5, um Ihren Selbstwert anzuheben. Fordern Sie von anderen Lob und Honorar für Ihre Leistungen ein. Bedenken Sie dabei: „Die Kuh gibt auch nicht gleich Milch, man muss sie ein bisschen massieren.“
6. Überprüfen Sie, ob Sie mit Ihrem Verhalten nicht etwa alte Muster, Entwertungen oder Glaubenssätze gelebt haben, die Sie von Ihren Eltern übernommen haben.
7. Erkennen Sie, dass es nicht mehr nötig ist, diese Rolle zu spielen. Lassen Sie Ihr Bewusstes-Ich andere Spieler auf die Bühne schicken.
8. Erklären Sie Ihrem Retter, dass Sie es ab jetzt selber schaffen wollen. Lassen Sie sich nur die aller nötigsten Schritte erklären und machen Sie sich selbst an die Arbeit. Manche Retter sind hartnäckig. Bleiben Sie es auch. Wiederholen Sie freundlich aber bestimmt, dass Sie ihn nicht ewig in Anspruch nehmen können und sich jetzt deshalb selbst bemühen werden.
9. Fragen Sie Ihren Verfolger, um was es ihm eigentlich gehe. Ob es ihm darum gehe, ordentliche Arbeit zu bekommen oder Sie fertig zu machen. Will er ordentliche Arbeit, so könnte er Sie mit den nötigen Informationen unterstützen. Wenn er Ihnen direkt

sagt, dass ihm Ihre Nase nicht passt, antworten Sie ihm, dass die Natur es nicht vorgesehen hat, dass Sie dasselbe Modell tragen wie er. (Schlagfertigkeit oder zumindest Standfestigkeit hilft Ihnen aus der Opfer-Rolle heraus.)

Andere mit dem Permeagramm motivieren

Haben wir uns bis hierher Konfliktsituationen mit anderen Menschen angesehen, so geht es jetzt darum herauszufinden, wie man andere Menschen im Privatleben und bei Arbeitssaufgaben motivieren und fördern kann. Motivation ist ein wichtiger Faktor, um unnötige Konflikte zu vermeiden.

Stellen Sie sich vor, Sie möchten die handwerklichen Fertigkeiten Ihres Kindes fördern. Sie geben ihm Modellierton und sagen ihm, wenn es einen Kerzenständer formt, bekommt es Geld für eine Playstation. Auf diese Weise haben Sie der handwerklichen, kreativen Beschäftigung mit dem Ton alle Attraktivität genommen. Fördern Sie stattdessen sein Urbedürfnis nach Stimulation. Kinder können sich tief versenken und eine große innere Stimulation erleben, wenn sie sich in etwas vertiefen. Das ist ein herrliches Kompetenzvergnügen, weil sie dabei eine neue Welt erschaffen. Sie befriedigen ihr Urbedürfnis nach Neuem, danach, schöpferisch zu sein. Ich erinnere mich, wie mein sechsjähriger Neffe zu Besuch kam, um mit mir Tonfiguren zu machen. Er wollte einen Geist formen. Dumm wie nur Erwachsene sein können, fragte ich ihn, ob er denn wisse, wie ein Geist aussehe. Da wurde er sehr mürrisch und unwillig. Kurze Zeit später erkannte ich, dass meine Frage ihn eher gehindert als gefördert hatte. Er nahm ein paar Klumpen, versenkte sich in den Ton und jauchzte vor Freude, denn der Geist war schon darin, er sah ihn und musste nur noch hier und da etwas wegnehmen oder dazufügen. Das ist eine Motivation, die aus der Aufgabe heraus, nicht aus der Belohnung mit einem Eis oder der Bewunderung des fertigen Werkes durch die Eltern entsteht.

Motivation ist auch in der Arbeitswelt ein ganz wichtiges Thema. Deshalb möchte ich hier etwas ausführlicher darauf eingehen. Wieder gilt: Was im Unternehmen funktioniert, lässt sich auch auf private Situationen übertragen.

Viele Unternehmen beklagen, dass Mitarbeiter zwar ihre Arbeit ordentlich verrichten, aber nicht wirklich engagiert sind, keine neuen Impulse einbringen oder gar das selbständige Denken in der Werksgarderobe abgelegt haben. Wenn sie dann abends nach Hause gehen, organisieren sie einen Verein über Stadtgeschichte, entwickeln in ihrer Garage Wundermaschinen oder durchpaddeln im Urlaub ganz allein den Amazonas. Weshalb bringen sie diese Qualitäten am Arbeitsplatz nicht ein? Was läuft da falsch?

Die Mitarbeiter werden im Unternehmen nicht nach ihrem individuellen Permeagramm gefördert und gefordert und selbst die menschlichen Urbedürfnisse bleiben unbefriedigt. Wir haben uns darauf beschränkt, Leistung im wesentlichen über Belohnungs- und Bestrafungsmaßnahmen anzuregen. Diese „Reward-and-Punishment-Methode" (Belohnungs- und Bestrafungsmethode) wird sogar von einigen amerikanischen Management-Gurus empfohlen. Sie entwickelt Menschen nicht zu echtem Selbstwert aus innerer Balance heraus, sondern zu Gier, Habsucht und Machtstreben, durch ständig zunehmende innere Anspannung. Bereits angespannte Spieler werden auf immer höhere Emporen hinauf gejagt, verdrängte, verkümmerte Spieler in immer tiefere Theaterkeller verbannt. Auf diese Weise erleben die Mitarbeiter kein Kompetenzvergnügen am erfolgreichen Abschluss der Aufgabe selbst, sondern nur eine Ersatzbefriedigung aufgrund des erhaltenen Gehaltszuschlages. Ihre inneren Ängste nehmen durch die Gehaltszulagen und Beförderungen nicht ab, die immer stärker angespannten Gummibänder erzeugen mehr Ängste, die wiederum mehr Habgier und Machtsucht generieren. Die wahren menschlichen Bedürfnisse, die Urbedürfnisse des Menschen, bleiben unbefriedigt. Das, was fürs Menschsein am wichtigsten ist, bleibt unbeantwortet. Stattdessen werden diese Menschen immer weiter sich selbst entfremdet und brennen innerlich aus.

Das können Sie als Mitarbeiter und besonders auch als Vorgesetzter ändern! Dazu müssen Sie nicht das ganze Permeagramm jedes einzelnen Kollegen oder Mitarbeiters kennen. Es genügt, einzelne wesentliche Spieler zu erkennen und zu wissen, welche Urbedürfnisse der jeweiligen Person besonders wichtig sind. Mit diesen Kenntnissen können Sie Menschen intrinsisch motivieren. Das heißt, die Aufgabe selbst reizvoll gestalten, anstatt mit einer Belohnung für die getane Arbeit zu verlocken oder mit Strafe zu drohen.

Fördern Sie den Selbstwert Ihrer Mitarbeiter und Kollegen, die Balance ihres Permeagrammes und das Kompetenzvergnügen und damit die Vitalität, Kreativität und Leistungskraft. Stellen Sie die Aufgabe selbst in den Mittelpunkt des Interesses. Sprechen Sie die individuellen Begabungen an und versuchen Sie, die wesentlichen Urbedürfnisse zu befriedigen.

Nehmen wir an, Sie erfahren von Ihrem Vorarbeiter, dass er am liebsten Abenteuer-Reisen macht, dann können Sie davon ausgehen, dass er einen Abenteurer als Bühnenspieler hat. Es könnte leicht sein, dass dieser Abenteurer bisher im Unternehmen noch kein Einsatzgebiet gefunden hat, deshalb muss er sich in der Freizeit ausleben. Ein pfiffiger Manager würde jetzt über die Stellenbeschreibung für den Vorarbeiter nachdenken. Sich fragen, wo im Unternehmen Abenteuergeist gebraucht wird; nämlich immer da, wo Neuland betreten wird, wo es gilt, neue Märkte zu öffnen, neue Produkte zu entwickeln, neue Vertriebswege ausfindig zu machen und Ähnliches. Der Mitarbeiter, der in seiner Garage tüftelt, könnte Gold wert sein bei der Produkt- und Herstellungsoptimierung, im ganzen Bereich Innovation und Weiterentwicklung.

Wenn Sie einen Marathon-Läufer in Ihrer Crew haben, dann wissen Sie, dass diese Person über Ausdauer verfügt. Haben Sie eine Angestellte, die ihre Freizeit am liebsten mit ihrer Familie und mit der Pflege des Gartens verbringt, dann können Sie erahnen, dass sie einen hegenden Spieler auf der Bühne hat. Sie läuft im Unternehmen zu Hochform auf, wenn sie einen klar umgrenzten, überschaubaren Arbeitsplatz hat, vielleicht mit einiger Routinearbeit und im Kontakt mit Menschen. Sie könnte auch eine sehr gute Teamarbeiterin sein, also dafür sorgen, dass es allen in der Gruppe gut geht und positive Stimmung herrscht und damit eine Schlüsselperson in einem Hochleistungsteam werden. Denn Hochleistungsteams bedürfen mehr als Bildung, Erfahrung und Ausdauer. Sie brauchen das gute Klima, störungsfreie Kommunikation und Vertrauen der Kollegen untereinander.

Wenn es Ihnen gelingt, Mitarbeiter oder Kollegen nicht nur gemäß ihrer fachlichen Abschlüsse, sondern auch gemäß ihrem Permeagramm und gemäß ihrer stärksten Urbedürfnisse zu fördern, wird das Team zugleich leistungsstärker wie auch zufriedener werden. Durch diese intrinsische Motivation – Motivation, die die Mitarbeiter aus der Arbeit selbst ziehen – steigern Sie Leistung und Qualität der Arbeit und senken Krankenstand und Fluktuation.

Achten Sie unbedingt darauf, die überspannten Emporenspieler – wie zum Beispiel den Perfektionisten, den Schwerarbeiter, notorische Helfer – nicht zu fördern. Diese darf man nicht weiter motivieren, sonst brennt man die Person aus. Sie müssen entsprechend gebremst werden.

Als Kollege oder Kollegin in einem Team können Sie auf diese Weise feststellen, welche Aufgaben Ihnen selbst eher liegen würden und was den anderen entspräche. Sprechen Sie diese Dinge in der nächsten Teamsitzung an, es ist zum Wohle aller. Gehen Sie dabei behutsam vor, sprechen Sie von Vorlieben, Fähigkeiten und Qualitäten, die Sie bei sich und anderen entdeckt haben, sprechen Sie nicht von Psychologie. Wie gesagt, nicht jeder Mensch möchte mit sich selbst Bekanntschaft machen. Das Hauptaugenmerk sollte immer auf die Entwicklung der eigenen Persönlichkeit gerichtet sein, nach dem Motto: „Was kann ich mit mir tun, wenn der andere mir nicht passt." Wir müssen nicht den schweren Weg gehen und die Welt verändern. Das sind etwa 6,6 Milliarden Menschen und jede Sekunde kommen wieder drei dazu. Wir können ganz locker und entspannt bei uns selbst beginnen – uns Erlaubnisse ausstellen, damit unsere Emporenspieler entspannen können.

Fassen wir zusammen: Den anderen ändern heißt, ihm zu helfen, seine Gummibänder zu entspannen. Dazu muss man die Not seiner Emporenspieler kennen. Konflikte sind Wachstumschancen, wenn man sie mit den beschriebenen Techniken anspricht und löst. Im Dramadreieck verhaken sich drei Permeagramme in Ausbeutungsspielen. Sie sind für alle Beteiligte schmerzlich, deshalb tut man gut daran, sie so schnell wie möglich mit den hier beschriebenen Techniken zu beenden.

Übungen

Intrinsisch motivieren

Sinn der Technik: Mehr Zufriedenheit, mehr Engagement, besseres Arbeitsklima, höhere Qualität der geleisteten Arbeit.
Anwendung der Technik: Pflegen Sie einen vertrauensvollen Umgangsstil und lernen Sie Ihre Mitarbeiter und Kollegen als Menschen kennen, um verstehen zu lernen, welche Urbedürfnisse bei ihnen jeweils im Vordergrund stehen. So können Sie ihnen die Aufgaben zuteilen, in denen sie Überdurchschnittliches leisten. Dazu bieten sich an:

- Firmenfrühstück mit Gelegenheit zu unverkrampften Gesprächen, die über die Firmenthemen hinausgehen.
- Veranstaltungen, in denen Mitarbeiter außerhalb der Arbeit etwas miteinander tun, wie zum Beispiel Grillfeste, Wandertage, Outdoor-Teamveranstaltungen und auch Familientag im Unternehmen.
- Management by walking around. Führungskräfte, die regelmäßig von Arbeitsplatz zu Arbeitsplatz gehen und sich ansehen, woran ihre Mitarbeiter in welcher Weise arbeiten, und die dabei auch das Gespräch suchen, erhalten eine ganze Menge wichtiger Informationen, um gut zu führen und intrinsisch zu motivieren.

Technik – um Kritik zu geben

Einen Mitmenschen zu kritisieren oder mit ihm über einen Konflikt zu sprechen, der durch sein Verhalten entstanden ist, gehört zu den delikatesten Aufgaben im menschlichen Miteinander. Ausgerechnet darin haben wir nie eine Anleitung oder Ausbildung erhalten. Hier die Kurzanleitung Schritt für Schritt:

- Termin vereinbaren und Anliegen nennen.
- Ehrliche positive Einstimmung.
  Beispiel: *„Ich freue mich, dass Sie sich die Zeit nehmen konnten..."*
- Wahrnehmung: Wertfreie Darstellung dessen, was ist.
  Beispiel: *„Das ist 1h Aufwand pro Tag."*
- Übereinstimmung einholen, ob der Konfliktpartner das auch so sieht.
- Wirkung.
  Sachlich: Beispiel: *„Die Konsequenz ist, dass ich die Aufgabe X nicht erledigen kann."*
  Emotional: Beispiel: *„Da fühle ich mich müde und ausgebrannt."*
- Wunsch.
  Beispiel: *„Ich habe mir folgende Lösung überlegt..."* Auf jeden Fall einen Vorschlag für die Zukunft machen, wie solche Situationen zukünftig gehandhabt werden sollen. Falls es sich um eine schwere Verletzung handelt, die Ihnen zugefügt wurde, überlegen Sie, ob es auch etwas gibt, was der Verursacher zur Wiedergutmachung tun kann – ein Akt der Reue, eine Entschädigung.

- Nutzen.
  Beispiel: *„Das spart Ihnen... und das erleichtert uns..."*
- Entscheidung erzeugen. Verbindliche Absprache treffen, Rückfall einplanen.

Technik – um Kritik anzunehmen

1. Die Kritik anhören und gut dabei atmen.
2. Die Kritik möglichst wörtlich wiederholen (ohne Frage- oder Unterton), damit der andere die Gelegenheit hat zu hören, was er sagte, und um Zeit zu gewinnen.
3. Zutreffendes anerkennen und Schuld eingestehen.
4. Unzutreffendes zurückweisen ebenso wie den unangemessenen oder beleidigenden Ton.
5. Lösungsdiskussion anregen und Vereinbarung treffen.

7 Mann und Frau – die kollektiven Prägungen der Geschlechter

„Was wollen Frauen eigentlich“, fragte mich ein Freund resigniert und erzählte von seiner neuen Partnerin, die ihn verrückt mache. „Ich soll sie verstehen, ich soll meine Gefühle zeigen und dann sagt sie plötzlich zu mir: „Jetzt stell dich nicht so an, sei doch mal ein richtiger Mann.“ Da fragte er sie, was für sie ein richtiger Mann sei? Sie zeigte auf so einen muskelbepackten Typen, der so richtig kalt mit seiner Begleiterin umging und der das Kommando führte.

„Männer kommen vom Mars, Frauen von der Venus“, „Männer sind anders, Frauen auch“. Was ist von solchen Sprüchen zu halten? Unterscheidet sich das männliche Permeagramm so gravierend vom weiblichen? Oft heißt es, Männer seien aggressiver und Frauen harmonischer. In der Psychologie gilt Aggression zunächst einmal weder als rein männlich noch als negativ. Sie gehört zum Überlebenstrieb. Jedes Lebewesen braucht ein gewisses Maß an Aggression, um sich in der Welt zu behaupten. Dennoch kann man sagen, dass Männer tendenziell kämpferischer und Frauen harmoniebestrebter sind. Das macht auch Sinn, denn die Frau ist biologisch dafür vorgesehen, irgendwann kein singuläres Wesen mehr zu sein, sondern Kinder auszutragen. Dafür benötigt sie ein ungefährliches, aggressionsarmes Umfeld. Ergo übt sie sich darin zu harmonisieren. Männer dagegen neigen eher dazu, ihre Kräfte zu messen.

Rituale und Initiationen – die Wegweiser für Übergänge

Ein sehr alter Mythos der Blackfeet-Indianer erzählt, dass die Menschen früher keinen Krieg kannten, aber die jungen Männer auszogen ins Lager eines anderen Stammes, um zu versuchen, dort einem der Männer mit einem Stock einen leichten Schlag beizubringen. Stolz ins Lager zurückgekehrt, erzählten sie dem Mädchen, das sie liebten, sie hätten dem Nachbarstamm „einen Schlag beigebracht“. Dann tanzten die Frauen, jede in den Kleidern des Mannes, den sie liebte, und während sie tanzte, rühmte sie seine Taten. Später, so der Mythos, seien diese Kämpfe blutig geführt worden.

Bei den afrikanischen Massai werden die jungen Männer zunächst einmal Krieger und ziehen miteinander herum. Wenn sie dann heiraten, geben sie ihren Kriegerstatus auf und sie erhalten eine Initiation in ihren nächsten Lebensabschnitt. Initiationen sind Einführungen in die Geheimnisse des Lebens, die stufenweise von den Alten und Weisen weitergegeben werden – gemäß dem jeweiligen Lebensabschnitt. Wichtig sind vor allem die Geburt, der Übergang von der Kindheit zum Erwachsenenalter, die Elternschaft, die Aufnahme in den Kreis der weisen Alten und der Tod. Für alle diese Übergänge gab es überall auf der Welt Übungen, Rituale und Einführungen durch die Älteren. Diese Initiationen gewährleisteten nicht nur ein Zusammengehörigkeitsgefühl der Menschen, sie befriedigten auch eine ganze Reihe der im vorigen Kapitel beschriebenen Urbedürfnisse. Zum Beispiel die Urbedürfnisse nach Stimulation, nach Zugehörigkeit und nach Transzendenz. Und sie trugen zur psychischen und seelischen Gesundheit der Menschen bei. Die Permeagramme der Einzelnen wurden durch die Initiation ihrer Lebensstufe gemäß abgeändert. War bei den jungen Massai-Männern bisher der Krieger ein starker Bühnenspieler, so wird er beim Haareschneiden innerhalb der Hochzeitsinitiation ehrenvoll von der Bühne entlassen. Er macht einem sorgenden Familienvater Platz. Immer mehr Menschen in unserer Gesellschaft spüren diesen Mangel an Ritualen und Einweihungen in kommende Lebensstufen. Ein wachsender Tourismus zu aussterbenden Ethnien und ihren Ritualen zeigt dies deutlich an.

Initiationen, insbesondere die Übergangsriten von der Pubertät ins Erwachsenenalter, fielen für Jungen bei etlichen Völkern härter, spiritueller und manchmal auch kämpferischer aus. Sie haben nicht nur Belehrungs-, sondern auch sehr stark Prüfungscharakter. Man könnte Initiationen auch als Reifeprüfungen bezeichnen.

Pubertierende Mädchen wurden in vielen Ethnien weniger hart auf ihr Erwachsensein vorbereitet, da sie durch die erste Menstruation schon eine starke, natürliche Initiation und Vorbereitung auf die neue Lebensphase erleben. Bei vielen Stämmen war die Menarche ein bedeutendes Fest, bei dem das erstmals menstruierende Mädchen liebevoll unter die Frauen aufgenommen wurde. Nisa, eine junge Nomadenfrau aus dem Stamm der Kung erzählt, wie es bei ihr war: „Alle Frauen kamen zu mir. Sie nahmen ihre Perlen und ihren Schmuck und flochten ihn in mein Haar. Dann rieben sie mich mit Öl ein. Sie bereiteten ein Lager für mich und bauten eine Hütte. Sie deckten sie mit Gras, dann legten sie mich hinein und begannen zu singen. Ich lag da und hörte ihnen zu. Sie sangen und sprachen und tanzten und tanzten.“ Mit dem Abschied von der Kindheit und der Aufnahme in den Kreis der erwachsenen Frauen werden die entsprechenden Bühnenspieler in ihre neuen Rollen eingewiesen.

In unserer Kultur existierten solche Initiationen auch. Vor der Hochzeit gab es zum Beispiel den Polterabend, den die Männer mit ihrer Männerclique und die Frauen mit ihrer Mädchenclique feierten. Es war ein Abschied von der Junggesellenzeit und ein bewusster Übergang in die Phase der Verantwortung als zukünftige Ehegatten und Eltern. Zum Teil wird das noch gefeiert, aber der Sinn ist nicht mehr bewusst und damit ist das Fest als echtes Übergangsritual verloren gegangen. Wenn wir uns aber darauf besinnen, können wir solche Schwellen im Leben der Frauen und der Männer wieder bewusst machen und mit neuen Einführungen und Ritualen zu Initiationen – Wachstumsschwellen – werden lassen.

Macho und Superweib – die erlernte Unfähigkeit

Will man Unterschiede zwischen Mann und Frau im Permeagramm abbilden, würde man beim Mann den Kämpfer statt des Harmonikers als stärker ausgeprägten Bühnenspieler einzeichnen. Bei der Frau wäre der Harmoniker stärker ausgeprägt als der Kämpfer. Ich will nicht behaupten, dass damit alle Unterschiede zwischen Mann und Frau restlos geklärt sind, ganz auflösen können wir das Mysterium Frau und das Mysterium Mann nicht, es bleibt jedem Geschlecht ein kleines Geheimnis, das uns aber auch interessant füreinander macht.

Die meisten weiteren, scheinbar offensichtlichen Unterschiede, die wir uns einreden und von den Medien, die mit unseren Schwächen Geld machen wollen, einreden lassen, sind anerzogen. Wenn unser entsprechendes Gummiband entspannt ist, können wir sowohl sogenannte männliche wie auch weibliche Aspekte leben. Wenn nicht, zeigt die ergänzende Spielerliste im Anhang, in welche Richtung wir uns unter den gegebenen Einflüssen entwickeln: zum Macho und zum Superweib.

In den letzten Jahren hielt ich an Hochschulen und bei Veranstaltungen zum internationalen Frauentag Workshops zu dem Thema: „Gleichwertigkeit von Mann und Frau“. Einige junge Frauen waren eigens gekommen, um mir zu sagen, dass dieses Thema in die Mottenkiste gehöre. Frau sei gleichberechtigt, sie studiere und vereinbare einen Top-Job mit Familie und Partnerschaft. Kann man sagen, dass unsere Geschlechterfrage gelöst ist, weil einige wenige Frauen durch die gläserne Decke stoßen? Wo bleiben die vielen Männer, die sich heute fragen: Wie soll Mann sein? Welchen Lebenssinn bietet mir das Mannsein? Und wie vermeide ich es, dass ich künftig nicht nur im Wettbewerb mit den Männern, sondern auch mit meiner eigenen Partnerin stehe? Wo ist mein Platz als Mann? Wo ist der Platz der Frau? Und wie können wir diese Gleichwertigkeit und Vertrautheit herstellen, die notwendig ist, um unser Urbedürfnis danach, ganz erkannt zu werden, zu befriedigen?

Gleichwertig sind wir erst dann, wenn wir Selbstwert entwickelt haben und nicht mehr fragen müssen: Wie soll ich sein als Mann, um Frauen zu gefallen? Wie soll ich sein als Frau, um Männern zu gefallen. Wenn wir in unserer Mitte sind und den Partner, nicht seine Geschlechterrolle wahrnehmen und wertschätzen.

Dass diese Fragen längst noch nicht geklärt sind, zeigt uns ein Spaziergang durch eine gut sortierte Buchhandlung. Da kann man gut zwei Meter Lebenshilfe-Bücher finden, die sich mit Männern und Frauen beschäftigen. Leider haben viele der Autoren nicht die Fähigkeiten der Geschlechter, sondern ihre Verprägungen als grundlegend angenommen. Sie zementieren dadurch Rollenbilder, die die alten Klischees bedienen, die moderne Frauen und zum Teil auch Männer gar nicht mehr für möglich halten. Wie zum Beispiel: Frauen können keine Landkarten lesen und Männer lügen immer. Es gibt aber keine geschlechterspezifische Festlegung im Permeagramm, die solche Begrenzungen bedingt. Hier werden alte Verprägungen wieder und wieder repetiert und damit als Wahrheiten festzementiert, so dass wir diese erlernte Unfähigkeit für genetische Merkmale von Männern beziehungsweise Frauen halten. Man muss jemandem nur oft genug einreden, dass er gewisse Dinge nicht kann, dann glaubt er es selbst. So machte zum Beispiel ein Transsexueller nach seiner Umwandlung zur Frau die Erfahrung, dass ihm Dinge, die er vorher problemlos bewältigte, wie etwa Landkarten lesen, einparken, sperrige Koffer tragen, immer schwerer fielen, ja unmöglich wurden, je öfter die Leute ihm sagten: „Das ist doch für eine Frau zu schwer." Männer erleben, dass man ihnen einredet, sie hätten zwei linke Hände im Haushalt, und können irgendwann ihre Wäsche nicht mehr selbst waschen beziehungsweise lernen es erst gar nicht.

Kinder erleben es als extrem beschämend, wenn man ihnen die Zugehörigkeit zu ihrem Geschlecht abspricht. Wenn ein Junge gesagt bekommt: „Jetzt heul doch nicht, du benimmst dich ja wie ein Mädchen", dann ist das einschneidend. Das darf ihm einfach nicht mehr passieren. Von nun an achtet er genau darauf, was als mädchenhaft gilt, und welches Verhalten für Jungen adäquat erscheint. Aus dem natürlichen Selbstausdruck des Kindes ist ein anerzogenes, kulturell geprägtes Rollenverhalten geworden. So ein Junge wird sich fortan bei häuslicher Arbeit und als Seelentröster falsch fühlen müssen. Wie die jungen Frauen in meinen Workshops glauben auch viele Eltern von sich, dass ihre Kindererziehung nicht geschlechterspezifisch ausfalle. Aber man muss nur mal ins Schwimmbad gehen oder an einen Platz, wo sich viele Eltern mit Kindern aufhalten, und beobachten, was gesprochen und wie gehandelt wird: Wir geben unsere Verprägungen weiter, wenn wir sie nicht bei uns selbst auflösen konnten.

Kollektive Rollenbilder und ganzheitliches Menschsein

Selbst als Erwachsene fällt es uns schwer, nicht mehr darauf zu schielen, wie man sich als Frau verhalten oder als Mann darstellen soll. Die frühe kollektive Prägung unseres Permeagramms auf die entsprechenden Rollenbilder sitzt. Kollektive Prägung bedeutet, dass alle Menschen, die in derselben Kultur groß geworden sind, ein ähnliches Welt- und Gesellschaftsbild vermittelt bekamen und deshalb in diesen Punkten ähnlich geprägte Permeagramme aufweisen. Es ist ein Stück Arbeit, sich als ganzer Mensch zu verhalten. Aus wohliger Bequemlichkeit halten wir lieber an den Großwildjäger-Geschichten mit den überlegenen Männern, an der zarten, schönen, schutzbedürftigen Jane und an den Märchen vom rettenden Prinzen fest. Selbst Wissenschaftler haben in den vergangenen Jahrhunderten mit gefärbter Brille geforscht, Verhaltensweisen im Mensch- und im Tierreich so interpretiert, dass sie uns ein patriarchales Rollenverhalten als Natur gegeben suggerierten. Die Forscher sahen, was sie sehen wollten, und so wurden Erkenntnisse über das Zusammenleben von Spezien bewusst und unbewusst verfälscht, um ein bestimmtes Gesellschaftsbild zu untermauern.

Wenn man jedoch Kulturen, die noch heute steinzeitlich leben, mit den Überbleibseln unserer eigenen Frühgeschichte objektiv vergleicht, muss man erkennen, dass die Großwildjäger-Romantik, die wir so gerne zitieren, um unser Geschlechterverhalten zu begründen, diese Steinzeitära mit männlichen Helden und Höhlen bewohnenden Frauen, Erfindung ist. Es gab keine Zentralheizung in der Höhle, also konnte die Frau dort nicht sitzen bleiben, während der Mann zur Jagd ging. Sie konnte auch nicht darauf hoffen, dass er abends mit Fleisch beladen nach Hause kam, um die hungrigen Mäuler seiner Familie zu stopfen. Waren die Jäger tatsächlich auf Großwildjagd, blieben sie wochenlang unterwegs. Erlegten sie dann endlich einen Büffel oder ein Mammut, so aßen sie gleich so viel sie konnten davon auf. Es war nicht möglich und überdies höchst gefährlich, den Kadaver über eine so weite Strecke nach Hause zu befördern. Man geht davon aus, dass die mutigen Jäger jener Zeit nicht mehr als 20-30% zur Ernährung ihrer Familie beitrugen. Da musste die Frau sich selbst auf die Jagd begeben, Fallen stellen und Beeren sammeln. Wir aber wollen glauben, dass der Mann heldisch kämpfend für sie sorgte, während sie in der Höhle saß und Amulette für ihn stickte.

Großwildjäger und Höhlenbewohnerin, das sind verhängnisvolle Märchen. Sie führen unsere Geschlechterbeziehungen in eine Sackgasse. Männer und Frauen betrachten einander wie Aliens von einem anderen Stern. (Männer vom Mars, Frauen von der Venus.) Wir leben nebeneinander, wie durch eine Glasscheibe getrennt. Und anstatt uns auf das zu besinnen, was uns als Menschen verbindet, starren wir auf das, was wir als trennende Muster eingeübt haben, um uns dann in unserer Not die erlebten Klischees bestätigen zu lassen.

Tatsächlich liefert uns die moderne Wissenschaft immer mehr Beweise dafür, dass in den frühen Kulturen kein wertender Unterschied bestand zwischen Männerarbeit und Frauenarbeit. Dass es auch keinen Unterschied im Ausdrücken von Emotionen gab. Männer weinten genauso wie Frauen, und Männer gingen ebenso liebevoll und fürsorglich mit Kleinkindern um. (Detaillierte Untersuchungen dazu bietet die Soziobiologin Sarah Blaffer Hrdy in ihrem Buch „Mutter Natur".)

Mann und Frau statt Macho und Superweib – die eigene Persönlichkeit entdecken

Diese Erkenntnisse sind unglaublich wertvoll, sie erlauben uns, uns zu entspannen und versteckte Spieler unserer persönlichen Commedia della Vita wieder hervorzuholen und mitspielen zu lassen. Männer dürfen auch gefühlvoll sein und Frauen auch stark. Wenn wir uns endlich wieder als gleichwertig erleben dürfen, fällt ein ungeheurer Stress von uns ab. Männer können aufhören, den Platzhirsch darzustellen und Macho-Attitüden zu zeigen, Frauen müssen nicht mehr in jeder Lebenslage das verführerische Superweib geben. Endlich kann der Mann aufhören, ein Besserwisser sein zu müssen, es tut seiner Männlichkeit keinen Abbruch, wenn eine Frau einmal mehr weiß. Genauso wie er nicht dadurch unmännlich wird, dass er Trauer und Schmerz in sich zulässt, anstatt zu rationalisieren. Der zermürbende Krieg zwischen den Geschlechtern kann aufhören. Wir können ihn in unserem eigenen Permeagramm beenden. Wie das Permeagramm zeigt, wird der Mann nicht zum Softi, wenn er dieses Gummiband entspannt, sondern zur integrierten Persönlichkeit. Genauso wenig wie die Frau zur Revolver-Jenny wird, wenn sie ihre Männlichkeit integriert. Wir haben Angst, von einem Extrem ins andere zu fallen. Das passiert jedoch nur, wenn wir alles anders machen wollen, ohne unser Bewusstes-Ich einzuschalten. Dann drehen wir die Gummibänder einfach nur um 180 Grad.

Wir können das entwickeln, wonach wir so sehr hungern – echte, tiefe, vertrauensvolle Beziehungen. Dann sind viele unserer angespannten Gummibänder auf einmal im gesunden Bereich und unsere Bühnenspieler flexibler, weil wir uns endlich erlauben, eine ganze Reihe weiterer Facetten unserer Persönlichkeit zu leben. Nämlich die, die bisher mit dem Etikett weiblich/männlich als andersartig, nicht zu uns gehörend in die Ecke gestellt wurden. Wir erleben persönlichen inneren Reichtum und reichere, vielschichtigere und buntere Beziehungen.

Rund um den Globus hat es solche gleichwertigen Gesellschaften schon gegeben und gibt es sie noch immer: Einige Eskimo-Stämme gelten als hierarchielos mit Gleichwertigkeit zwischen Mann und Frau. Um in einer so unwirtlichen Gegend zu überleben, konnte man es sich gar nicht leisten, Menschen zur Unfähigkeit hin zu erziehen, dass

Frauen nicht schwer tragen und jagen können sollten und Männer nicht hegen und pflegen. Alle waren gleich wichtig, jede Arbeit gleich bedeutend und jeder konnte und musste einen wertvollen Beitrag zum Überleben der Gruppe leisten. Bei den Indianerstämmen der Huronen in Kanada lebten Mann und Frau ebenfalls gleichwertig und in Gruppen von mehreren Familien, was die französischen Kolonisten und Missionare bestürzte. Ihnen erschien das solidarische Gemeinschaftsleben der Indianer in ihren Langhäusern als barbarisch und unzivilisiert. Sie zwangen den Huronen nicht nur den Monotheismus auf, sondern auch die Klassengesellschaft, die Kleinfamilie und die Vorherrschaft des Mannes. Sie lehrten sie, ihre Frauen und Kinder zu prügeln. In Afrika leben bis heute unter anderem der Volksstamm der Kung-San in der Kalahari-Wüste und das Bauernvolk der Dagara in Burkina Faso gleichwertig. Das bedeutet, dass Frauen und Männer gleich wertvoll sind und gleiche Rechte haben.

Das haben wir trotz Emanzipationsbewegung noch lange nicht erreicht. (Dabei gab es das auch schon einmal im Alten Europa – eine Epoche der Gleichwertigkeit und des Wohlstands in der Jungsteinzeit.)

„Die Hausfrau", so schreibt die Verhaltensforscherin Hellen E. Fisher, „ist eher eine Erfindung privilegierter Schichten in einer Klassengesellschaft, denn eine natürliche Rolle des Menschen. Die Double-Income-Familie ist Teil des menschlichen Erbes." Die Professorin für Anthropologie Sarah Bluffer Hrdy, die in ihrem Buch „Mutter Natur" auch die Fähigkeiten zur Kinderliebe von Mann und Frau untersuchte, kam zu dem Schluss, dass es einzig und allein darauf ankommt, ob den Männern Gelegenheit gegeben wird, sich mit dem Wickelkind abzugeben. Wo sich die Frau immer als gute Mutter profilieren muss und bei jedem Laut des Kleinen als Erste am Bettchen steht, wird der Mann als Kinderbetreuer abgedrängt. Und der Säugling, der nach der zuverlässigsten Bezugsperson sucht, wird die Mutter vorziehen. Immer mehr Männer in unserer Gesellschaft erkennen, dass der Umgang mit Kindern sehr erfüllend ist, und versuchen, mehr Zeit mit ihrem Nachwuchs zu verbringen. Unsere Gesellschaft und unsere Wirtschaft aber entwickeln hierfür nur sehr zögerlich den nötigen Spielraum.

Emanzipation – Gleichwertigkeit – ist die Entwicklungsaufgabe für beide Geschlechter. Auch der Mann spürt das Bedürfnis, sich zu emanzipieren, Aufgaben übernehmen zu dürfen, die bei uns bisher nur der Frau vorbehalten waren und die ihn an seiner Entwicklung zur Ganzheit hinderten.

Im fünften Kapitel wurde sichtbar, wie viel Entspanntheit wir alleine dadurch gewinnen, dass wir weniger urteilen. An dieser Stelle gilt es nun, auch die festgefahrenen Einteilungen in männlich–weiblich aufzulösen. Die harmoniebestrebten, hegenden, nährenden, fürsorglichen und gefühlvollen Spieler werden in unserer Kultur gemeinhin zu den weiblichen Aspekten gezählt. Nach außen gehende, argumentierende, scharf und logisch denkende, rationale, kämpfende Spieler gelten als männlich. In manchen Kulturen ist der Mond weiblich, weil er einen ähnlichen Zyklus durchläuft wie die Frau; und die Sonne ist männlich, weil sie heißbrennend, also kämpferisch ist und als Sonnengott in einem Wagen mit hitzigen Pferden über das Firmament jagt. In anderen Kulturen gilt die Sonne als nährend, als Zeichen der Göttin und ist damit weiblich. Dasselbe gilt für Attribute wie weich, eckig, feucht, rund, dunkel, hell. Ja, es gibt sogar kämpferische Göttinnen und weise, nährende Götter. Es existieren also keine festen geschlechtsspezifischen Traditionen. Deshalb teilen wir am besten gar nicht mehr ein.

Um eine abgerundete Persönlichkeit zu werden gilt es, als Erwachsener alle Aspekte zu reintegrieren, die sogenannten männlichen und weiblichen. Der Psychoanalytiker C.G. Jung sprach von Anima und Animus und davon, dass die Frau ihren Animus und der Mann seine Anima wieder finden müssen. Uralte jüdische Überlieferungen erinnern noch daran, dass auch Gott Jahwe nicht alleine war. Die große Göttin Shekhina – auch Sophia, die Weisheit, genannt – war an seiner Seite. Und es geht die Sage, dass es erst dann Frieden geben wird, wenn Gott Jahwe seine Göttin wieder gefunden hat. Frau Weisheit, die man bei genauer Suche noch in einigen Bibelstellen entdecken kann.

Gleichwertigkeit entsteht nicht in den Gesetzbüchern, sondern im Permeagramm jedes Einzelnen – Mann wie Frau. Wer seinen eigenen Selbstwert entwickelt, kann auch den Partner wertschätzen. Gleichwertigkeit braucht also nicht zuerst gleiche Besoldung, sondern das Gefühl von „ich bin wertvoll und ich bin richtig“ des Einzelnen. Von da aus ist der zweite Schritt, „Du bist ebenfalls wertvoll, ich schätze dich gleichwert, so wie du bist“, ein ganz leichter.

Liebe ist, den anderen zu erkennen

Wenn wir dieser Persönlichkeitsentwicklung aus dem Weg gehen, spielen unsere Bühnenspieler auch in unseren Liebesbeziehungen immer wieder dieselben alten Stücke. In dem Maße, wie man vermeidet, sich selbst kennen und lieben zu lernen, ist man auch nicht neugierig auf den Partner und nicht liebesfähig. Bevor sie noch gefragt haben, wer der andere ist und weshalb er/sie so reagierte, geben viele Menschen ihre Beziehung mit der Vorstellung auf: „Mit dem nächsten Partner wird alles besser.“ Nur um dann feststellen zu müssen, dass sie vom Regen in die Traufe gekommen sind. Viele Lebensgeschichten und viele Bücher handeln davon. Anaïs Nin schrieb im „Labyrinth des Minotaurus“: „...im Grunde suchen wir nur eine neue Besetzung für die Wiederholung desselben Dramas.“ Wir suchen die bestmögliche Reproduktion des Freundes, Liebhabers oder Ehemanns, den zu vergessen wir uns Mühe geben. Eines Tages öffnen wir die Augen und sind wieder in denselben Mustern gefangen und wiederholen die gleiche Geschichte... „Würden Menschen doch nicht die Jalousien herunterlassen“, schreibt Anaïs Nin weiter, „sich Verkleidungen zulegen und in Einzelzellen leben, über denen geschrieben steht: Die Zeit für Enthüllungen ist noch nicht gekommen. Wären sie nur zusammen hinunter gestiegen, wären sie doch mit Pickel, Laternen, Seilen, Sauerstoff, Röntgenstrahlen, Verpflegung in die Höhlen der Seele hinabgestiegen... wo das gefangene Selbst verborgen lag.“

Eines Tages sagte ein Mann, den ich noch nicht sehr lange kannte, zu mir: „Sybille, ich liebe dich.“ Ich sah ihn verwundert an und antwortete ihm: „Aber du kennst mich doch kaum, du weißt doch gar nicht, wer ich bin, wie willst du mich da lieben?“ Da antwortete er mir: „Sybille, es ist mir egal, wer du bist, ich liebe dich. Ganz gleich wer du bist.“ Ich war sehr aufgebracht, als ich meiner Freundin davon erzählte. Sie meinte: „Ich verstehe dich nicht, er liebt dich mit allem, was du bist, das ist doch wunderbar!“ „Du irrst dich“, antworte ich ihr:

„Er liebt mich ohne alles, was ich bin.“ Es ist viel mehr so, wie es der Schriftsteller D.H. Lawrence in „Regenbogen“ von seiner Protagonistin ausdrücken lässt: *„Sie (die Männer) kommen nicht zu einem und lieben einen, sie kommen zu einer Vorstellung und sagen ‚du bist meine Vorstellung‘, so lieben sie sich selbst.“* „Zu lieben bedeutet tief in den anderen Menschen hineinzuschauen“, schreibt der große Bewusstseinslehrer Thich Nhat Hanh. Er spricht damit vom Urbedürfnis nach „Verständnis“. Wenn wir nicht einer Vorstellung aufsitzen wollen, müssen wir zuerst unser Bewusstes-Ich installieren und dann bei uns selbst und beim anderen auf wohlwollende Erkundungsreise gehen. Und das gilt nicht nur für Männer. Frauen gehen ihrerseits ebenso mit vorgefertigten Bildern auf Männer zu.

Wir haben romantische Vorstellungen von der Liebe, aber die taugen nur für Groschenromane, nicht fürs Leben. Ist Ihnen je aufgefallen, dass alle diese Geschichten mit dem *„schönsten Tag in ihrem Leben“*

enden? Der schönste Tag im Leben eines Paares ist in den romantischen Märchen der Hochzeitstag. An der Stelle hört die Geschichte auf, denn danach geht es bergab. Liebe – tiefe, gleichwertige Beziehung – hat mit Romantik überhaupt nichts zu tun. Im Gegenteil, Romantik steht ihr geradezu im Weg. Wir halten uns für modern und frei von dem alten Kitsch. Dann frage ich mich nur, wer liest sie denn, diese Ritter- und Fräuleinromane, und wer sieht sich die Soap Operas an? Das ist ja nur so zur Unterhaltung? Unser Unterbewusstsein erlebt das nicht so. Es kann nicht unterscheiden zwischen Witz und Ernst. Wenn ich mit Klienten nicht auf der kognitiven Ebene (der Wissensebene) arbeite, sondern sie malen und gestalten lasse, dann tauchen eben doch diese frühen Verprägungen und alten Klischees aus dem Unbewussten auf. Bilder wie diese: Da bringt er rote Rosen und steht singend unter dem Balkon. Sie ist zart und zerbrechlich, sie trägt hauchzarte Spitzenwäsche, sitzt selbstvergessen vor dem Spiegel und kämmt ihr Haar. Dann kommt er und rettet sie vor der lauernden Gefahr und vor der Traurigkeit, in die sie ohne ihn gefallen wäre.

Liebe liebt das Beste aus uns heraus, heißt es. Liebe macht uns besser, größer, schöner. Das aber kann nur bewusste Liebe. Romantische Liebe kann das nicht. In der romantischen Liebe binden wir uns aneinander. Wir machen uns voneinander abhängig. „Nur wenn du mir nahe bist, kann ich glücklich sein." „Ich will keinen Augenblick mehr ohne dich sein." „Ohne dich, kann ich mein Leben nicht meistern." Das sind Schwüre, die Abhängige einander machen. Menschen, die eine Bindung statt einer Beziehung eingehen. Der romantische Prinz will seine Prinzessin glücklich machen – aber sie soll nur durch ihn glücklich sein. Es frustriert ihn, wenn sie durch ihre Arbeit glücklich wird oder im Zusammensein mit ihren Freundinnen. Das ist Bindung – Abhängigkeit. Beziehung entsteht aus Selbstwert, innerer Balance und Gleichwert.

Mit dem Bewussten-Ich Liebe finden

Für alle diejenigen, die ihr Permeagramm noch nicht erstellt und ihren Theaterkeller nicht aufgeräumt haben, ist das Urbedürfnis nach Verständnis nicht nur mit Sehnsucht, sondern auch mit sehr viel Angst verbunden. Wenn man selbst nicht mehr weiß, was man da unten alles versteckt – welche Leichen man im Keller hat – wie soll man es aushalten, wenn ein anderer so tief in einen hinein schaut? Und kann man denn sicher sein, dass man auch dann noch für den anderen Menschen liebenswert und schön ist?

Es ist wie in der Geschichte von der schwarzen Frau:

> *Eine Frau, nicht jung nicht alt, lebte in einem großen schönen Haus. Eines Tages ging sie spazieren und fand ein junges Mädchen, ein Waisenkind. Sie nahm die Kleine herzlich bei sich auf. „Sei meine Tochter, und dies sei dein Zuhause", sagte sie zu ihr und zeigte auf das schöne große Haus. „Du darfst dich überall hinein begeben, du kannst überall sein, nur diesen einen Raum, der hinter der Tür liegt, die ich dir hier zeige, den betrete nie." Das junge Mädchen versprach es und lebte gut und glücklich bei der lieben Frau. Eines Abends jedoch stand die Tür zu dem verbotenen Raum einen Spalt offen. Da war die Neugier des Mädchens zu groß und sie warf einen kurzen Blick hinein. Drinnen war ihre gute Ziehmutter. Aber was war das? Sie verwandelte sich gerade in eine schwarze Frau. Das Mädchen sprang zurück, aber es war schon zu spät. Die Frau fuhr heraus und fragte das Mädchen, was es gesehen habe. Sie sagte nichts. Es wurden viele Leute herbei gerufen zu einem großen Rat und wieder wurde das Mädchen verhört. Aber es schwieg. Da wurde ein Scheiterhaufen aufgetürmt, das Mädchen darauf gestellt und die Flammen züngelten schon an ihrem Gewand. Die Frau fragte noch einmal: „Was hast du gesehen?" Das*

Mädchen antwortete nicht. Da fiel das Feuer in sich zusammen und erlosch. Ihre Ziehmutter aber strahlte. Sie ging auf das Mädchen zu und sagte: „Du hast mich erkannt und hast dazu geschwiegen. Mein Haus und alles, was darin ist, gehört dir.“

Wir wollen erkannt werden. Ein anderer Mensch soll tief und zugleich liebevoll in uns hineinschauen. Er soll uns ganz ergründen und uns lieben, so wie wir sind – er soll verständnisvoll sein. Er soll uns lieben mit unseren Schwächen und auch dann loyal sein, wenn er etwas Merkwürdiges, Erschreckendes, Ungewohntes sieht. Ja, wir hoffen, dass seine Loyalität und sein liebevoller Blick uns von unseren „Schatten“ erlösen. Zugleich wollen wir unseren inneren Reichtum teilen. Bei der schwarzen Frau steht die Farbe für Ganzheit. Schwarz ist die Summe aller Farben. Die schwarzen Madonnen des Mittelalters verkörperten die Integration von Körper, Seele und Geist, ebenso wie die Integration von weiblichen und männlichen Aspekten. Sie waren Göttin und Gott in einem.

In einer Bindung machen sich die Partner voneinander abhängig, in einer Beziehung sind sie eigenständig, gleichwertig und gleich wertvoll. Jeder steht mit beiden Beinen auf dem Boden, jeder meistert sein Leben – aber gemeinsam ist es noch mal so schön, beglückend und erfolgreich. Beziehung kann nur gedeihen, wo gearbeitet wird, das ist nichts für Romantiker, sondern für Menschen, die mehr vom Leben haben wollen als nur einen falschen Traum. Eine Beziehung kann nur leben, wer sein Bewusstes-Ich installiert hat.

Wir haben gesehen, wie leicht es passiert, dass unterdrückte Kellerasseln angezogen werden von Menschen, die gerade diesen Aspekt leben. Ist man nicht bewusst, so wird man nun im geliebten Partner verfolgen, was man an sich selbst nicht leiden kann oder sich selbst nicht zugesteht. Es werden immer wieder dieselben Dramen gespielt werden, man wird sein Leben zwischen Krächen und Versöhnungen fristen und sich voneinander abhängig machen.

Die Gefühle werden unecht. Um nicht wieder in einer Auseinandersetzung zu landen, unterdrückt man, was man wirklich fühlt, und zeigt nach außen ein anderes Gefühl. Auf einmal ist es, als könnte man sich gegenseitig nicht mehr wirklich erreichen, als seien Mauern zwischen den beiden Menschen eingezogen worden. Sie reden noch miteinander, aber sie berühren ihre Herzen nicht mehr. Sie unternehmen Dinge zusammen, sie reisen, treffen Leute, haben Sex miteinander, und doch fühlt sich jeder einsam und beginnt ganz langsam zu erfrieren.

„Liebe und Verstehen ist dasselbe", sagt Thich Nhat Hanh, „wenn du nicht verstehst, kannst du nicht wirklich lieben." Wenn wir mit dieser Grundeinstellung auf unser eigenes Permeagramm und auf das unseres Partners schauen, dann können wir uns gegenseitig darin unterstützen, unsere bisher nicht gelebten Potenziale zu entwickeln und damit auch in unsere Mitte zu kommen. Ein Mann, der bisher seine Nähr- und Hegeaspekte tief im Kellerverlies verbergen musste, könnte zum Beispiel seine Chance, sie zu reintegrieren, bekommen, wenn plötzlich ein Kind krank wird und die Partnerin nicht in der Lage ist, sich darum zu kümmern.

Rollentausch – nicht gelebte Potenziale reintegrieren

Sie können das auch aktiv tun, durch einen Rollentausch. Schauen Sie sich an, wer was macht, und tauschen Sie dann einmal die Rollen. Wenn er unterwegs immer die Tourenkarte studiert und angibt, wo es lang geht, dann gebe er mal die Karte an sie. Nicht ohne freundliche, aber zurückhaltende Unterstützung – man kann nicht, was man nicht übt. Aber mit etwas Übung können Sie feststellen: Das ist nichts für mich, oder, da habe ich ja bisher gar nicht gekannte Fähigkeiten.

Wichtig beim Rollentausch ist, dass man sich gegenseitig über die dabei entstehenden Gefühle austauscht. Mein Mann und ich haben die Gartenarbeit getauscht. Bisher war ich fürs feine Jäten zwischen den Stauden zuständig, während er hinten im Garten die groben Arbeiten machte, wie Efeu rausreißen und Büsche und Bäume beschneiden. Jeder hasste seine Arbeit. Da beschlossen wir zu tauschen. Es zeigte sich, dass mein Mann ein wunderbarer Gartengestalter ist, der den Stauden Form gab, einen geschwungenen feinen Weg dazwischen sorgsam von Unkraut frei hielt und mit viel Liebe Schönheit in den Vorgarten brachte, während ich hinten im Garten schwitzend mit den Lianen kämpfte und große Abfallsäcke füllte. Und jeder von uns freute sich an seiner Arbeit. Dann kamen uns aber die Rollenklischees in die Quere. Wir mussten ausführlich darüber sprechen, ob nicht der Mann der Starke sein muss, der den Kampf mit der Wildnis auf sich nimmt, während die Frau sich mit den feinen Dingen beschäftigt. Wir erkannten diese Bilder als alte, uns in unserem Selbstausdruck hindernde Prägungen – als eine kollektive Prägung unserer Permeagramme auf die gängigen Rollenmuster. Sie hatten uns bisher daran gehindert, das zu tun, was uns persönlich Spaß macht, worin wir gut sind. Und nicht nur in der Gartenarbeit. Nachdem wir uns diesen Rollentausch im Garten erlaubt hatten, stellte ich fest, dass dies nicht die einzige kraftfordernde Arbeit ist, die ich gerne mache. Ich merkte, dass ich gerne große Tonskulpturen machen wollte, dass ich aber, da es unweiblich ist und meinen Mann vielleicht sogar stören könnte, bisher auf solche Kraftakte verzichtete. Mein Mann stellte fest, dass er gerne zeichnet, malt und kocht und dass er gerne Kunstschrift schreibt und Karten verziert. Als wir soweit waren, dass jeder frei von Rollenklischees das tun konnte, was ihm am meisten liegt, hatten wir einen riesigen Schritt getan in Richtung Reintegration aller Spieler und glückvolle Beziehung.

In vielen Partnerschaften gibt es zum Beispiel eine nie besprochene und nie in Frage gestellte Gewohnheitsregel: Die Frau ist dafür zuständig, dass eine gute Grundstimmung herrscht, dass alle sich wohlfühlen können. Ergo, wenn er gerade übellaunig ist, dann ist das wohl ihr Fehler und sie muss jetzt etwas tun. Versuchen Sie in solchen

Momenten auch mal einen Rollentausch. Sprechen Sie in einer entspannten Situation darüber, wie das im Allgemeinen bei Ihnen abläuft. Vereinbaren Sie dann, dass Sie beim nächsten Mal einen Rollentausch vornehmen wollen. Wenn der Fall eintritt, erinnern Sie sich gegenseitig an die Abmachung. Etwa so: „Wie vereinbart, bin ich heute mal nicht zuständig für die Stimmung.“

Konflikte ausräumen, Erwartungen ansprechen

Bei wiederkehrenden Konflikten – immer wenn Sie denken „Jetzt nicht schon wieder diese Platte!“ – können Sie sicher sein, dass sich geübte Emporenspieler gegenüberstehen, bei Ihnen und bei Ihrem Partner. Lassen Sie am besten einige dieser Situationen noch mal wie einen Film vor Ihren Augen ablaufen, während Ihr Bewusstes-Ich im Theatersessel sitzt. Versuchen Sie herauszufinden, welche Spieler da agieren. Wenn Sie das festgestellt haben, können Sie mit Ihrem Partner darüber sprechen. Sagen Sie so etwas wie: „Bitte hilf mir, ich leide so an der aktuellen Situation. Ich fürchte, dass da bestimmte Emporenspieler sind, die uns dazu verleiten, immer wieder schlecht miteinander umzugehen. Ich würde gerne haben, dass Du mir hilfst herauszufinden, ob ich da richtig liege und wie wir das verändern können?“. Ihr Partner wird sich solchen Worten kaum verschließen können. Es ist ungemein befreiend zu erfahren, dass da ein Mechanismus greift, den man mit etwas Übung auch abstellen kann. Ganz anders als wenn man hört: „Du hast da mal wieder völlig überreagiert.“ Das heißt nämlich: Du bist falsch und musst anders werden. Das verletzt einmal mehr und macht keine Lust darauf, sich selbst zu reflektieren.

Wir haben nicht nur Vorstellungen darüber, was an einem schönen Wochenende mit dem Partner passieren soll, wir haben auch noch Erwartungen, wie das vonstatten zu gehen hat. Das Dumme ist nur, dass wir vielleicht noch darüber sprechen, was passieren soll, aber über das „wie“ schweigen wir uns häufig aus. Wenn das, was wir dann erleben, nicht mit dem übereinstimmt, was uns unsere Commedia-della-Vita-Truppe auf dem inneren Theater schon als Vorschau gezeigt hat, dann sind wir schwer enttäuscht. Die Realität deckt sich mal wieder nicht mit unseren Vorstellungen, wir hatten andere Erwartungen. Stellen Sie sich vor, sie verabreden sich mit Ihrem Partner in einem edlen Restaurant zu einem tollen Essen. Im Geist haben Sie sich die Verabredung schon wunderschön ausgemalt. Wie Sie beide in edler Abendrobe den Aperitif nehmen in der schicken Cocktailbar... Aber Sie haben Ihre Erwartungen nicht kommuniziert. Ihr Partner kennt Ihre Erwartungen nicht, denkt sich nichts dabei und kommt in lässiger Kleidung und Turnschuhen, Sie im Abendkleid. Nun müssen beide mentale Schwerarbeit leisten, um den Abend noch zu retten, nur weil sie sich nicht über ihre Erwartungen ausgetauscht haben. Entweder Sie strengen jetzt ein Konfliktgespräch an oder bauen künftig vor, indem Sie sich rechtzeitig über Ihre Erwartungen klar werden und diese auch kommunizieren. Alles andere würde dazu führen, dass Sie ein Regenfass füllen, das Sie Ihrem Partner überschütten, sobald es voll gelaufen ist.

Fassen wir zusammen: Die Beziehungen zwischen Mann und Frau sind deshalb so konflikthaft, weil wir falschen Rollenbildern nacheifern. Es fehlen uns die Initiationen, sprich die Einweihungen und Reifeprüfungen in die jeweilige Lebensstufen wie auch die Modelle für einen gleichwertigen Umgang miteinander. Außer, wir machen uns die Mühe, andere Völker und ihre Lebensformen zu studieren, denn Gleichwertigkeit hat es schon überall auf der Welt gegeben. Um das wieder zu erreichen, müssen wir uns als Frauen ebenso wie als Männer zunächst selbst abrunden, das heißt, unsere männlichen und weiblichen Aspekte integrieren. Lieben heißt zu verstehen, sich tief auf den anderen einzulassen, anstatt ein Abziehbild zu verehren.

Übungen

Rollentausch

Sinn der Übung: Den Partner in seinen Aufgaben und in seinen Auffassungen besser zu verstehen. Sich selbst weiter zu entwickeln und abrunden zu können, weil man auch mal andere Aufgaben übernimmt und damit andere Bühnenspieler aktiviert.
Übungsanleitung: Tauschen Sie immer wieder mal die festgefahrenen Rollen, wie in diesem Kapitel beschrieben. Wenn bisher immer er für die Urlaubsplanung zuständig war, dann wäre mal sie an der Reihe. Nicht ohne Tipps und Hilfestellungen von ihm zu erhalten. Überlegen Sie, wo überall feste Einteilungen (gerade auch unausgesprochene) in Ihrer Beziehung herrschen. Auch in den subtilen und emotionalen Bereichen. Wie zum Beispiel: Die Frau ist immer zuständig für die gute Grundstimmung, der Mann fordert immer zum Sex auf, sie schüttet ihr Herz aus, er findet Lösungen...

Gute Entscheidungen mit dem Partner treffen

Sinn der Übung: In einfachen Entscheidungsfragen üben Sie die Technik, die auch bei den großen Fragen unerlässlich ist. Wer darin versiert ist, kann diesen Prüfprozess auch anwenden, wenn die Emotionen hochkochen und es schwierig wird, die Verletztheit, Wut und Enttäuschung von den ursprünglichen Wünschen zu unterscheiden. In solchen gefühlsgeladenen Situationen wissen wir sonst nicht mehr wirklich, was wir wollen und folgen dann nur noch den aktuellen, starken Gefühlen.
Übungsanleitung: Trainieren Sie mit einfachen Entscheidungsfragen wie „Gehen wir am Wochenende zusammen ins Kino?“. Nicht nur Streit löst Stress aus, manchmal sogar so eine nette Frage, wenn man feststellen muss, dass man gerade nicht weiß, was man will. Die kluge Antwort hierauf heißt: „Ich sag es dir später, ich muss noch mit mir zu Rate gehen.“ Denn genau das passiert: Die äußere Ratlosigkeit hängt damit zusammen, dass gerade eine innere Auseinandersetzung der verschiedenen Spieler in Ihrem Permeagramm

stattfindet. Der eine Spieler will lieber auf dem Sofa liegen und Musik hören, der andere einen Waldlauf machen, der nächste will die Steuererklärung fertig kriegen und nebenbei die Waschmaschine ausräumen, noch einer möchte schmusen, ein weiterer schick essen gehen und einer will tatsächlich mit dem Partner ins Kino.

Gehen Sie zunächst mit sich zu Rate (siehe Übung in Kapitel 3): Hören Sie mit dem Bewussten-Ich in sich hinein. Dann treffen Sie eine Entscheidung. Diese Entscheidung wird voraussichtlich ein Kompromiss sein – sie wird einige Ihrer Spieler erfreuen, andere frustrieren. Gute Kompromisse bieten den zunächst frustrierten Spielern Alternativen. Deshalb muss Ihr Bewusstes-Ich klären, was die zu kurz gekommenen brauchen. Wenn man sich selbst gut zuhört, findet man das leicht heraus. Zum Beispiel: statt Waldlauf zu Fuß zum Kino. Am Sonntagnachmittag ein Musikstündchen auf dem Sofa. Wichtig ist, dass Sie Wort mit sich selbst halten, sonst werden einige Ihrer Spieler nicht nur wie bereits gesehen zu Saboteuren und Krankmachern, sie funken auch unangenehm in Ihre Beziehung hinein. Plötzlich und unerwartet springt einer aus dem Theaterkeller und zieht eine Show ab, spielt eine beleidigte Leberwurst, meckert den Partner wegen irgendeiner Nichtigkeit an oder organisiert einen plötzlichen Rückzug aus der Beziehung und inszeniert ein kleines Drama von der Sorte: „Ich brauche mehr Distanz in unserer Beziehung."

Beziehen Sie den Partner mit ein. Wenn Sie klar mit sich selbst sind, können Sie gute Entscheidungen mit dem Partner treffen, so dass Sie sich nachher nicht überrumpelt fühlen, nicht das Gefühl haben, immer zu kurz zu kommen und keinen undefinierbaren Unmut fühlen. Ihr Partner wird nicht immer dieselben Bedürfnisse und Wünsche wie Sie haben, es gilt also die Wünsche des anderen ebenfalls zu erfragen, um dann darüber zu verhandeln.

Wünsche und Bedürfnisse verhandeln

Nach allem, was uns die Erfahrungen mit dem Permeagramm und der Commedia della Vita gelehrt haben, muss uns ein Satz wie dieser völlig absurd erscheinen: „Wenn Du mich lieben würdest, wüsstest Du, was ich jetzt möchte." Es ist schwierig genug, selbst zu wissen, was man gerade will, da müssen wir schon mit uns zu

Rate gehen. Also lassen Sie sich nicht auf solche „Liebesränke" ein, sie führen zu Ausbeutungsspielen.
Verhandlung soll und kann eine Win-win-Situation herstellen, wo immer Menschen unterschiedliche Wünsche haben oder unterschiedlicher Meinung sind. Indem man verhandelt, bietet man sich gegenseitig die Chance, alle Spieler der jeweiligen Commedia della Vita am Entscheidungsprozess zu beteiligen und damit Entscheidungen herbeizuführen, die beide Gesamtpersönlichkeiten zufrieden stellen. Und man hilft einander, die Permeagramme auszubalancieren.
Stattdessen versuchen wir in der Regel zu argumentieren, den anderen zu überreden. Das heißt, wir reden endlos auf ihn ein, dass er doch bitte so vernünftig sein und die Welt mit unseren Augen sehen solle. Wenn er das nicht tut, halten wir ihn für verstockt, lieblos oder gar für niederträchtig. Die Beschäftigung mit dem Permeagramm zeigt aber, dass es immer mehrere Wahrheiten gibt. Dass die Gefühle des Partners und sein Blick auf die Dinge seine Wahrheit darstellen, ebenso wie die eigenen Gefühle der eigenen Wahrheit entsprechen. Wir können uns also von der Anstrengung befreien, die eine Wahrheit finden zu wollen. Es gilt, den anderen mit seiner anderen Wahrheit, seinen anderen Wünschen zu erfahren und wertzuschätzen und auf dem Weg der Verhandlung zu einer Einigung zu finden.

Woran man eine gute Verhandlung erkennt:

- Bei Verhandlungen geht es darum, ein gemeinsames Ziel zu erreichen (nicht die eigene Position zu verteidigen).
- Verhandlung gelingt nur, wenn beide Partner bereit sind, einen Kompromiss einzugehen. Das heißt, beide Seiten müssen sich ein bisschen bewegen, von ihrer Position abrücken.
- Beide Partner müssen realistische Vorschläge (Angebote, die zu einem Kompromiss führen können) machen, damit der Verhandlungsprozess in Gang kommt.
- Wenn beide Seiten auf ihrer Position beharren, verlieren beide Seiten.
- Im Kern geht es darum: Wenn du mir etwas gibst, was ich mir wünsche, dann gebe ich dir etwas, was du haben möchtest.

Unterschiedliche Wünsche und Bedürfnisse sollten schrittweise verhandelt werden:

1. Vorbereitung – Jede Seite geht mit sich zu Rate, um festzustellen, was sie selbst will. (Das kann durchaus mehrdimensional sein. Beispiel: Ja, ich möchte mit Dir ins Kino, wichtig ist mir aber auch, dass ich noch einen Waldlauf machen kann...)
2. Das gemeinsame Ziel wird fokussiert (Beispiel: ein schönes Wochenende zusammen zu verbringen.)
3. Diskussion – Jede Seite legt ihre Wünsche und Bedürfnisse dar.
4. Kreative Vorschläge kommen auf den Tisch, wie aus den unterschiedlichen Bedürfnissen eine gemeinsame Lösung werden kann.
5. Jetzt beginnen die Verhandlungen: Vorschläge und Ideen werden abgeändert, so dass sich beide Seiten einander annähern können.

   Tipp 1: Sie können Ihren Partner auch durch experimentelle Vorschläge testen, um dadurch seine Wünsche und Abneigungen genauer kennenzulernen. Wie zum Beispiel: „Gut, ich verstehe, beim Italiener willst du nicht essen und der Grieche serviert dir zu viel Fleisch. Wie wär's, wenn wir unser Fastenprogramm starten und wir machen uns nur eine Gemüsebrühe?" Abwegige Ideen, wenn sie nicht völlig abstrus sind, bringen den Unentschlossenen oft dahin, dass er sich klarer darüber wird, was er eigentlich will, und den Verschlossenen dahin, dass er vielleicht doch seine Wünsche kundtut.

   Tipp 2: Verzichten Sie auf Entbehrliches und achten Sie darauf, dass der Kompromiss enthält, was wichtig für Sie ist.

   Tipp 3: Beurteilen Sie Ihre Vorschläge auch aus der Perspektive des anderen. Hier können Sie Intuition und Einfühlungsvermögen gebrauchen.

6. Eine Übereinkunft wird getroffen. Diese kann auch so aussehen, dass einmal ganz und gar die Wünsche des Partners zum gemeinsamen Ziel werden, wenn festgelegt ist, dass beim nächsten Mal auf jeden Fall die eigenen Wünsche zum gemeinsamen Ziel werden.

Missverständnis und Meinungsverschiedenheit unterscheiden

Sinn der Übung: Einer unserer größten Fehler im Austausch mit anderen liegt darin, dass wir nicht unterscheiden wollen zwischen Missverständnis und Meinungsverschiedenheit. In der Mehrzahl der Fälle versuchen wir, Uneinigkeit als Missverständnis zu verstehen, und reden auf den anderen ein wie auf einen lahmen Gaul, dass er doch verstehen soll, die Situation sei doch die und die. Tatsächlich hat der andere längst verstanden, nur, er sieht die Dinge eben anders. Je länger wir reden, um so mehr spannen sich einige unserer Gummibänder an, bewährte alte „Haudegen" übernehmen die Empore. Es entsteht ein echter Konflikt. Indem Sie üben, rasch zu unterscheiden, können Sie die Interaktionen künftig erfolgreich weiterführen.

Übungsanleitung: Führen Sie in jeder uneinstimmigen Situation folgende Selbstbefragung durch:

1. Wenn es gelingt, meine Ansicht klar darzustellen, wird der Gesprächspartner seine Meinung ändern?
2. Wird er, wenn ich genau zuhöre und Verständnis zeige, zufrieden gestellt sein und einlenken?
3. Wenn er mir seinen Standpunkt genauer erklären würde, würde ich dann meinen ändern?

Wenn Sie eine dieser Fragen bejahen, liegt ein Missverständnis vor, das Sie ausräumen können. Lautet die Antwort immer „nein", so haben Sie eine Meinungsverschiedenheit. Hören Sie sofort auf zu argumentieren und leiten Sie eine Verhandlung ein.

Die eigenen Erwartungen kennen und kommunizieren

Sinn der Übung: Nachdem geklärt ist, was wir wollen, gilt es auch einen Augenblick darauf zu verwenden, sich klar zu machen, wie wir es wollen. Erwartungen werden noch seltener ausgesprochen als konkrete Wünsche, ja man macht sie sich noch nicht einmal selbst bewusst. Dann aber, in der Situation selbst, spürt man, dass die eigenen Erwartungen nicht erfüllt werden und reagiert verstimmt.

Übungsanleitung: Jedes Mal, wenn Sie eine Unternehmung geplant haben, setzen Sie sich kurz in den Theatersessel und sehen Sie sich die Szene in der Zukunft an. Wie soll sie ablaufen? Erwartungen sind nicht das, *was* ich haben will (essen gehen), sondern *wie* etwas geschehen soll (in einem eleganten, edlen Restaurant in Abendkleidung). Wenn Sie sich darüber klar geworden sind, dann können und sollen Sie diese Erwartungen auch mit dem Partner besprechen.

8 Schwere Pakete oder wie uns frühe Erfahrungen das Leben schwer machen

Wieso begegnen wir im Zwischenmenschlichen und ganz besonders in der Intimität der Partnerschaft immer wieder Konflikten von einer Schwere, Hartnäckigkeit und manchmal auch Befremdlichkeit, die wir überhaupt nicht einordnen können? Da können auf der Empore plötzlich Spieler auftreten, die mit einer Unerbittlichkeit agieren, dass es uns erschreckt. Das liegt daran, dass fast jeder von uns ein schweres Paket mit in die Beziehung bringt. Unter schweren Paketen verstehen wir schmerzliche Erlebnisse und Früherfahrungen, die größtenteils unbewusst aber prägend sind. Dazu gehören auch die kollektiven Rollenprägungen. Ebenfalls dazu gehören geheime Familienregeln und daraus resultierende Verletztheit, Ängste und Niedergeschlagenheit. Unter geheimen Familienregeln lassen sich Glaubenssätze, Redewendungen, Einstellungen zur Welt und zur eigenen Person zusammenfassen, die in der Herkunftsfamilie gelebt wurden und die man ungeprüft und unbewusst in sich aufgenommen hat.

Unbewusst wünschen wir uns, dass wir diese schweren Pakete an den Partner abgeben können und dass sich alles, was schwer und schmerzlich darin ist, durch die Liebe auflöst oder positiv verwandelt, dass alles, was wertvoll und kostbar darin ist, vom Partner erkannt und vergoldet wird.

Erfahrungen aus der Kindheit – schwere Pakete in der Partnerschaft

Die romantische Liebe schafft das nicht. Es braucht Aufrichtigkeit und den Mut, das Bewusste-Ich einzuschalten und hinzusehen. An dieser Stelle ist es hilfreich, die kollektive Entwicklungsgeschichte, die man als Mädchen oder als Junge in einer westlichen Familie generell durchläuft, etwas genauer anzuschauen, um erkennen zu können, dass nicht nur einzelne Spieler überspannt oder unterdrückt wurden, sondern dass der gesamten Spielertruppe Ihrer Commedia della Vita stellenweise sogar vorgeschrieben wurde, wie sie die verschiedenen Stücke zu spielen hat. Das heißt, sogar unser Lebensskript wurde in wesentlichen Punkten von unseren Erziehern geschrieben, und wir müssen uns dessen bewusst werden, um es ändern zu können.

Wagen wir also noch einmal einen Blick zurück: „Die Frauen waren gerade dabei, die Startrampe zu erklimmen, als ein großes Unglück sie ereilte: Siegmund Freud.“ Was ist dran an der Behauptung der Schriftstellerin Benoite Groult? Was haben Freuds Thesen von der natürlichen Überlegenheit des Mannes und dem Penisneid der Frau heute noch mit uns zu tun? Mit Partnerschaften in einer Zeit, da die sexuelle Revolution weit hinter uns liegt? Die Wahrheit ist: Erziehung ist stockkonservativ. Nicht, weil die Menschen nicht mit der Zeit gehen, sondern weil sie sich dessen nicht bewusst sind. Ich erinnere mich an eine Kaffeepause mit einer Freundin, die zwei halbwüchsige Kinder hat. Sie hatte einen schlechten Tag erlebt und sagte resigniert zu mir: „Ich wollte alles anders machen in der Erziehung meiner Kinder, als es meine Eltern mit mir gemacht haben. Aber ich stelle fest, ich habe dieselben Fehler wiederholt. Und was das Schlimmste ist, ich bemerke an meinen Kindern, dass sie die gleichen bescheuerten Reaktionsmuster inzwischen auch zeigen."

In der Zeitung Publik-Forum 03/08 diskutierten Jugendliche über Liebe und Sexualität. Einer von ihnen, Bastien, schrieb dazu: „Grundsätzlich kann ich nur generell antworten: gleiches Recht, Freiheit, Freude und Spaß für alle, da kann ich nichts anderes akzeptieren. Aber sieht es bei uns denn so viel anders aus? Sagt man nicht schnell: ‚Mann, ist das eine Schlampe', und der Herr, der Geschlechtspartnerinnen wie Unterhosen wechselt, wird zum ‚geilen Hengst' und bekommt womöglich auch noch Anerkennung? Wir sind vielleicht einen Schritt weiter (als unsere Eltern), aber ich weiß nicht, ob er groß ist." Das sagen Jugendliche, die scheinbar so ganz anders als ihre Großeltern, und wir dachten, sexuell unverkrampft erzogen wurden. Wir müssen erkennen: Ohne Bewusstes-Ich kann man noch nicht einmal Kinder richtig erziehen. Man wiederholt zwangsläufig die alten Muster. Und das trotz des Vorsatzes, alles ganz anders machen zu wollen. Die Spielertruppe Ihrer Commedia della Vita spielt unerbittlich die alten Stücke. Ohne Bewusstes-Ich gelingt es maximal, die Gummibänder auf den Kopf zu stellen – bei gleicher Anspannung. Dann wird der Enthaltsame in den Theaterkeller gesperrt und der Lüstling macht seinerseits viele schmerzliche Erfahrungen, die das Selbstbewusstsein der jeweiligen Person beschädigen, weil er sich nicht tiefer einlässt auf den anderen Menschen, kein Verständnis sucht, nur eine Nummer. Er konsumiert, benutzt und wirft weg. Das fünfte Kapitel hat gezeigt, dass man mit jedem Urteil, das man über andere fällt, auch ein Urteil über sich selbst fällt. Genauso hat jede Handlung im Außen eine Wirkung auf die eigenen inneren Spieler. Ein Lüstling, der Menschen nach Gebrauch wegwirft, wirft auch immer einen Teil seiner selbst weg und leert damit jedes Mal seinen Selbstwerttopf.

Deshalb muss er sich danach schnell und zwanghaft zur nächsten Eroberung aufmachen.

Was man in seiner Erziehung erfahren hat, bringt man später genauso unbewusst in seine Partnerschaft mit ein. Es ist unglaublich, mit welcher Zwangsläufigkeit wir Prägungen aus der Kindheit in der Partnerschaft wiederholen. Wir versuchen, alte Geschichten mit den neuen Partnern zu einem guten Abschluss zu bringen. Der neue Partner wird zum Beispiel unbewusst zum strengen Vater gemacht, um das Spiel von damals fortsetzen zu können, darauf hoffend, dass es sich diesmal zum Guten wenden lässt. Die Partner sollen alle unsere frühen Verletzungen heilen – Verletzungen, die wir selbst oft nicht einmal kennen. Unbewusst bestrafen wir unsere Liebespartner für das, was uns in der Kindheit angetan wurde. Nirgendwo herrscht unterschwellig so viel Gewalt wie in der Liebesbeziehung. In dem aufrichtigen Versuch, einen Partner zu finden, der uns glücklich macht und den wir glücklich machen dürfen, wird von den Kellerasseln so viel alter Müll in die Beziehung gebracht, der das Zusammenleben belastet.

Kollektive Prägungen durch Erziehung

In Afrika heißt es: „Es braucht ein ganzes Dorf, um ein Kind großzuziehen." Bei uns gibt es oft nicht einmal mehr Großeltern in Reichweite. In der klassischen, arbeitsteiligen Kleinfamilie der letzten zweihundert Jahre war es so, dass der Mann das Geld verdiente, die Frau den Haushalt erledigte und die Kinder erzog. Die Kinder waren damit bis zum Eintritt in den Kindergarten oder bis zum Schulanfang mehr oder weniger mit der Mutter zusammen. Das ist nicht nur für die Mutter eine riesige Belastung, auch für die Kinder, die nur von dieser einen, weiblichen Person lernen und Zuwendung beziehen können. Nicht viel besser sieht es bei den heutigen Double-Income-Kleinfamilien und den Alleinerziehenden aus. Hier werden die Kinder häufig zu

Partnern der Eltern. Denn wo den Erwachsenen die gleichaltrigen Gesprächspartner fehlen, wie es der Fall ist, wenn Zeitnot und Arbeitsanspannung den Freundeskreis dezimiert und Verwandte nicht mehr zum Lebensalltag gehören, müssen die Kinder als Ansprechpartner für alle Sorgen und Nöte herhalten. Das ist, wenn man dem Kinderpsychiater Michael Winterhoff folgt, mindestens eine Überforderung des Kindes, wenn nicht sogar ein Missbrauch. Dabei glauben Eltern und Erzieher, mit diesem Verhalten zur Selbstbestimmung und Autonomie des Kindes beizutragen. Sie übersehen aber, dass sich die menschliche Psyche im Lauf der Zeit entwickelt, dass das Permeagramm zwar von Anfang an das komplette Kaleidoskop der Möglichkeiten zur Verfügung hat, aber die Spieler erst Erfahrungen sammeln müssen. Sie lernen aus dem Vorleben der Erwachsenen. Der Mensch braucht andere Menschen als Spiegel seiner selbst – um seine Gefühle und die Wirkung seines Handelns erkennen und einschätzen zu lernen. Er braucht die anderen Menschen auch als Begrenzung seiner selbst. Wenn ein Kind heranwächst, erkennt es früher oder später schmerzlich, dass die Vollversorgung ihre Grenzen hat. Dass man nicht immer alles haben kann, was man gerade will. Das heißt, die Psyche reift mit den Erfahrungen. Warten zu müssen, einen Wunsch verschieben, Unlust ertragen, mit Frustration umgehen zu können sind dabei bedeutende Übungen. Auf der anderen Seite entwickelt das Kind Selbstwert durch Eigenleistung, es erlebt dabei Kompetenzvergnügen. Dazu muss das Kind seiner Reifestufe gemäß gefordert und gefördert werden. Es von klein an selbst über seinen Tagesablauf und sogar über Erwachsenenfragen entscheiden zu lassen, führt zu Überforderung – zur Anspannung des Gummibandes von Angeber und Selbstabwerter. Es wird sich entweder der Angeber auf die Empore schwingen und den Selbstabwerter in den Theaterkeller verbannen, oder umgekehrt. Das Kind bekommt Allmachtsphantasien und zugleich Versagensängste. Die Spannung auf dem Gummiband zwischen Angeber und Selbstabwerter nimmt zu.

In einem traditionellen Dorf wie bei den Dagara in Afrika gibt es viele Mütter, Tanten, Großmütter, die helfen, die Kinder großzuziehen und auch viele Männer. Die Kinder suchen sich selbst aus, mit wem sie gerade zusammen sein möchten. Und es kann durchaus passieren, dass die leiblichen Eltern nicht zu den bevorzugten Personen des Kindes gehören. Unter Erziehung versteht dieser Volksstamm übrigens etwas ganz anderes, als Freud es getan hat. Er war der Meinung, ein Kind müsse Disziplin, Regeln und Tüchtigkeit lernen. Freud war davon überzeugt, dass man das Kind um seine Wildheit und Lustbezogenheit bringen müsse. Die Dagara dagegen sind der tiefen Überzeugung, dass mit jedem Kind, das geboren wird, eine Seele den Entschluss gefasst hat, sich zu der Gemeinschaft zu gesellen, um eine Lebensaufgabe zu erfüllen. Ist eine Frau schwanger, sind alle im Dorf in Aufregung und freudiger Erwartung, wer denn da nun ankommen würde. Sie fragen sich, welche besonderen Fähigkeiten und Gaben das neue Mitglied der Gemeinschaft mitbringen werde. Wenn das Kind dann geboren ist, hat das ganze Dorf die Aufgabe, es darin zu unterstützen, seine Fähigkeiten gemäß seiner Altersstufe entwickeln und seine Lebensaufgabe erfüllen zu können. Niemand glaubt, dass man die Kinder zurechtstutzen müsse. Bei den Dagara glaubt man auch nicht, dass Kinder ihre Wildheit – also Neugier, Bewegungsdrang, Gefühligkeit, Wissensdurst, Abenteuerlust – ablegen müssten, um zu seriösen Erwachsenen zu reifen. Ihnen geht es darum, das Kaleidoskop an Gaben, das das Kind bereits mitbringt, möglichst zu erhalten und die Reifung der Psyche gut zu unterstützen. Die Erwachsenen sehen sich als liebevolle Förderer, sie wollen das Kind an seine Lebensaufgabe erinnern, die seine Seele mit auf die Welt gebracht hat, und ihm auf seinem Weg beistehen.

Bei uns dagegen werden durch Erziehung Gummibänder angespannt, das heißt, dass wir Perfektionisten, Versager, notorische Helfer, Hilflose, Angeber, Selbstabwerter, Selbstantreiber, Faulenzer, Kindische oder Belehrende heranbilden, anstatt Erwachsene, die alle ihre Aspekte im gesunden Bereich und eine Vielzahl entspannter Spieler auf der Bühne haben. Da die Initiationen – die Einweihungen in den nächsten Lebensabschnitt – in unserer Zivilisation fehlen, geht uns auch die Unterstützung ab, um unser Permeagramm gemäß unserer neuen Aufgaben und Verantwortungen umzubauen. Deshalb finden sich in der westlichen Hemisphäre viele Menschen, die ihr ganzes Leben mit dem Permeagramm durchlaufen, das sie in frühester Kindheit aufgrund der äußeren Einflüsse aufgestellt haben.

Spätestens in der analen Phase, dem zweiten bis dritten Lebensjahr, wenn das Kind sich als autonom, als ein von der Mutter unabhängiges, eigenständiges Wesen erlebt und feststellt, dass es ein Mädchen oder ein Junge ist, wird es auch wichtig, mit Erwachsenen beiderlei Geschlechts Umgang zu haben, betont die Psychoanalytikerin Christiane Olivier in ihrem Buch „Jokastes Kinder“. Kinder brauchen sowohl den gleichgeschlechtlichen Erwachsenen, mit dem sie sich gleich erleben, wie auch den andersgeschlechtlichen, von dem sie sich aufgrund der Andersartigkeit angezogen fühlen. Die ausschließliche Bezogenheit auf die Mutter wird irgendwann nicht mehr nur als schützend, sondern auch als verschlingend erlebt. Gerade für den Jungen ist die anale Phase schwierig. Er erkennt, dass er anders ist als die Mutter und als die Kinderfrauen und Kindertanten. Es wird wichtig für ihn, sein Anderssein einzuordnen, und dazu sollte es Männer in seinem Leben geben, von denen er lernen kann. Gibt es die nicht oder nicht in ausreichendem Maße, kann er die Frau als übermächtig erleben und geht als erwachsener Mann möglicherweise mit einem latenten Frauenhass und einem Nähe-Distanz-Problem auf Partnerschaftssuche. Eine natürliche Geschlechterzugehörigkeit wie bei den Dagara zu entwickeln ist diesen Kindern kaum möglich. Sie werden in ihrer Geschlechterrolle verunsichert, die Gummibänder Macho und Softi beziehungsweise Superweib und Revolver-Jenny geraten unter Spannung.

Auf den verprägten Mann trifft die Frau mit ihren Ängsten. Nach den patriarchalischen Vorstellungen, die diesbezüglich in unserer Gesellschaft noch wirken, wird sie erst durch den Mann zur Frau gemacht, vorher ist sie „nur" ein Mädchen mit einem unfertigen Körper, der den Vergleich mit der Mutter nicht aushält. In vielen Fällen bezieht eine Frau erst durch die anerkennenden Blicke der Männer Bestätigung in ihrer Weiblichkeit. Entweder wird sie nun versuchen, mit den Männern gleichzuziehen, dann bringt sie die Revolver-Jenny auf die Empore, oder sie unternimmt alle Anstrengungen, um Mann zu bezaubern, und entwickelt ein Superweib als Emporenspielerin. Dazu gehört, den Mann an sich zu binden. Bindung, das haben wir schon gesehen, kann zu nichts Gutem führen. Es führt in ein Abhängigkeitsverhältnis, nicht zu Gleichwertigkeit und damit nicht zu erfüllter Liebe.

Für ein Superweib kann die Wertschätzung ihres Äußeren durch den Mann so bedeutend werden, dass sie sich nicht mehr für existent hält, wenn die bewundernden Blicke ausbleiben. Die Mode-Industrie, Frauenzeitschriften und die Schönheitschirurgie leben hervorragend von dieser Not. Diese Frauen haben aufgegeben, danach zu fragen, was sie selbst gerne wollen und wie sie sich selbst gefallen. Ihr Idealbild von sich schaffen sie nach den (vermeintlichen) Wünschen der Männer, nachzulesen in den Frauenmagazinen. Dabei glauben sie, dass es ihren eigenen Wünschen entspricht, denn diese Not, diese kollektive Rollenprägung, ist ein schweres Paket, das im Bereich des Unbewussten liegt. Es kann lange dauern und manchmal braucht es eine Krise, um diese Idealbilder von sich selbst in Frage zu stellen und zu erkennen, dass man in seinem Permeagramm grundlegend manipuliert worden und einer kollektiven Prägung auf ein Rollenbild erlegen ist. Dass eine Frau sich Bedürfnisse, Wünsche und Ideale hat einreden lassen, nur um dem Mann zu gefallen und damit an Selbstwert zu gewinnen; und dass ihre eigenen Wünsche ganz anders aussehen. Bis dahin tun viele Frauen eine ganze Menge, um ein Superweib zu werden. Dafür lassen sie sich die Brüste vergrößern, Fett absaugen und die Schamlippen verkleinern. Sie tragen Schuhe und Kleider, in denen sie sich nicht bewegen können und die sie krank machen.

Die Verwirrung der Männer in Bezug auf ein verlässliches Männervorbild ist mindestens genau so groß. Der Macho mit dem Waschbrett-Bauch, der sich im Fitness-Center schindet, der vorgeben muss, immer zu können, ständig zu wollen und jede zu kriegen, versucht genauso angespannt, ein Abziehbild zu sein.

Das sind nun wirklich schwere Pakete, bestehend aus kollektiven Prägungen, die Männer und Frauen mit in ihre Beziehung bringen. Da gilt es viel miteinander zu reden, ganz besonders über die Urbedürfnisse. Insbesondere über die Urbedürfnisse nach Identität, nach Verständnis und nach Zugehörigkeit. Es gilt sich gegenseitig zu versichern, dass es nicht die Schablone, das Modell Frau oder das Modell Mann ist, das man im anderen gefunden hat, sondern die besondere Seele. Auf diese Weise können Partner einander helfen, die angespannten Gummibänder von Macho und Superweib zu entspannen und die Spieler von der Empore herunter in den gesunden Bereich zu bringen.

Es ist eine anspruchsvolle Übung, sich selbst wieder zu entdecken unter diesen kollektiven Prägungen. Die Aufgabe besteht darin, darüber zu reflektieren, inwieweit man bewusst diesen Rollenbildern entsprechen will, um in der Gesellschaft, in die man geboren wurde, existieren zu können; und inwieweit diese bisher unbewussten Prägungen zu erdrückenden Klischees mutieren, die man der eigenen Identität gemäß verändern muss. Das kann heißen, dass Sie als leitender Angestellter erkennen, dass es Ihrer Männlichkeit keinen Abbruch tut, mit dem Kinderwagen über den Markt zu gehen und einzukaufen, dass Sie aber, um den Bildern unserer Gesellschaft zu entsprechen, nicht mit Kinderwagen und Gemüsekorb zur Besprechung beim Kunden erscheinen. Ebenso wie Sie als Frau feststellen können, dass es Ihrer Weiblichkeit keinen Abbruch tut, wenn Sie schweißen lernen. Und das muss Sie nicht daran hindern, in anderen Momenten Rüschenblusen zu tragen.

Raus aus alten Spielen!

Es ist sehr hilfreich, wenn man sich in einer Freundschaft oder Liebesbeziehung befindet, die es ermöglicht, gemeinsam an den schweren Paketen zu arbeiten. Denn sie sind nicht leicht auszupacken. Zum einen, weil man sie schon so lange mit sich trägt, dass man eine Weile braucht, um sie als Fremdkörper erkennen zu können. Zum anderen, weil man Tag für Tag mit diesen Rollenbildern konfrontiert wird, in einer Weise, die es uns schwer macht, sie nicht für natürlich zu halten. Die Nachbarn leben sie, die Kollegen zeigen sie, die gängigen Zeitschriften, Fernseh- und Radiosender sowieso. Wenn Lieder wie dieses von Roger Cicero in den Charts sind, „Du bist eine mit der man mal müsste, du stehst ganz oben auf meiner Liste. Ich leg dich ab in meinem Register", und alle es gut finden, dann ist es schwierig, sich mit seinem Bewussten-Ich in den Theatersessel zu setzen und sich zu fragen: Was spielen die da gerade? Wieder die alte Geschichte vom Mann, dem Jäger, und der Frau, die sich darüber freut, zur Beute erkoren worden zu sein.

Ständig versucht man uns einzureden, wir hätten nur Grundbedürfnisse wie essen und kopulieren und keine Urbedürfnisse nach Zuwendung, Stimulation und Verständnis. Der Psychoanalytiker Arno Gruen drückt es so aus: „Zum Ziel des Lebens wird die Eroberung dessen, was außerhalb der Grenzen des eigenen Selbst liegt, das In-Besitz-

Nehmen von Lebewesen und Dingen. Diese nach außen gerichtete Handlung fungiert als Fluchthelfer vor der Konfrontation mit dem eigenen verletzten Selbst. Statt sich selbst ganz zu besitzen, werden äußere Dinge oder andere Personen in Besitz genommen." Mit dem Permeagramm wird uns die Angst davor genommen, uns selbst ganz in Besitz zu nehmen. Wir können Stück für Stück unsere kollektiven Prägungen darauf hin untersuchen, ob sie als Skript für unsere Commedia della Vita noch taugen, unsere entsprechenden Gummibänder entspannen und die daran hängenden Emporenspieler und Kellerasseln zurück in den gesunden Bereich bringen.

Umso mehr wir in unsere Mitte kommen, desto mehr bauen sich Ängste ab und desto solider ist unser Selbstwertgefühl. Ein gesundes Selbstwertgefühl ist wichtig, um Partnerschaftskonflikte aufzulösen. Sie kennen das: Wenn Gefühle involviert sind, schwirrt einem plötzlich der Kopf und man regrediert – man schrumpft zurück auf das Format des kleinen Mädchens, des kleinen Jungen, die wieder einmal erleben müssen, dass sie nicht genügen konnten und alles falsch gemacht haben. Mit Ihrem Bewussten-Ich und einem gesunden Selbstwertgefühl versinken Sie nicht in diesem Sumpf. Nehmen Sie jetzt noch die Erkenntnis dazu: Alles ist menschlich und niemand ist vollkommen. Dann sind Sie gut gesichert.

Schwere Pakete enthalten auch problematische, manchmal traumatische individuelle Prägungen, die meist aus unserer Familie und dem nächsten Umfeld stammen. Und jeder der beiden Partner bringt so ein Paket mit. Schaltet man das Bewusste-Ich nicht ein, werden die alten Stücke aus Kindertagen wieder inszeniert, sobald das Stichwort fällt. Der Mann spielt dann mit seiner Frau die Spiele, die er mit seiner Mutter spielte. Die Mutter wollte zum Beispiel von ihm, dass er seinen Schlafanzug anzieht und sich waschen lässt, er reagierte widerspenstig und trotzig. Nun will seine Frau, dass er mal wieder mit ihr schmust oder mit ihr tanzen geht – er reagiert ebenfalls widerspenstig und trotzig. Denn wieder stellt eine Frau Forderungen an ihn. Die Frau, die sich ganz viel Nähe und Beachtung wünscht, nörgelt jetzt und jammert. Oder sie erniedrigt sich, nur um doch noch zu bekommen, was sie so sehr braucht. All das kennt er auch schon von früher und das macht ihn richtig wütend. Sein latenter Hass wird laut. Entweder zeigt er jetzt, wer der Stärkere ist, und übt Macht aus, oder er knallt die Tür und geht mit seinen Kumpels einen trinken. – Und wenn sie nicht gestorben sind, dann spielen sie diese Spiele immer weiter, in derselben Beziehung oder mit wechselnden Partnern.

Geheime Familienregeln aufspüren und schwere Pakete auspacken

Mit den Übungen der vorangegangenen Kapitel haben Sie Ihre Gummibänder entspannt und begonnen, einige Kellerasseln zu reintegrieren, aber mit dem Ergebnis sind Sie noch nicht ganz zufrieden. An gewissen Stellen läuft das Stück, das Ihre Spieler spielen, immer wieder nach demselben Muster ab. Als gäbe es da eine geheime Übereinkunft, von der Ihr Bewusstes-Ich nichts weiß. Und genau so ist es. Wir haben, wie beschrieben, nicht nur unsere Spieler gemäß dem Erfolg, den sie in unserer Kindheit hatten, ausgewählt. Nein, wir mussten es uns sogar gefallen lassen, dass diese Spieler ein Briefing bekamen, wie sie ihre Rollen zu spielen haben. Einen Teil davon haben wir schon als kollektive Rollenprägungen kennen gelernt. Hier folgen nun die familienspezifischen Prägungen. Glaubenssätze, Redewendungen, Weltsichten und Selbstsichten, die in Ihrer Familie gültig waren. Ich nenne sie „geheime Familienregeln“, weil sie nicht explizit als Verhaltensregeln besprochen wurden. Wir konnten sie nicht bewusst wahrnehmen und in Frage stellen, wie die Regel: „Alle müssen um 18 Uhr zum Abendessen erscheinen.“ Manche von ihnen wurden durch wiederkehrende Redewendungen kommuniziert wie: „Der frühe Vogel fängt den Wurm", „Mit dem Alter kommen die Gebrechen", „Kluge Frauen finden keine Männer". Geheime Familienregeln sind Lebenseinstellungen und Haltungen, die wir als Kinder gar nicht in Frage stellen konnten, weil sie als unverrückbare Wahrheiten unser Erleben ausmachten, wie zum Beispiel: „Wir sind einfache Arbeiter. Künstler sind Schmierfinken und Tagediebe. Da schafft man lieber was Richtiges." Wenn Ihre Spielertruppe in Kindertagen ein solches Briefing erhalten hat, dann werden die Stücke, die Sie spielen, tendenziös sein. Das heißt, selbst wenn es Ihnen bereits gelungen ist, einen oder mehrere machtvolle Emporenspieler etwas zurückzunehmen, werden Sie das Gefühl haben, es läuft nicht richtig. Irgendetwas verhindert, dass Ihr Regisseur neue Stücke mit neuen Besetzungen inszeniert, Sie bleiben beispielsweise als angehender Künstler immer auf halber Strecke stecken. Dieses Irgendetwas ist die geheime Familienregel, die Sie als Kind unbewusst und ungeprüft übernommen haben. Auch in Bezug auf unser Geschlecht und auf Partnerschaften nehmen wir solche geheimen Familienregeln in uns auf. Wenn Sie erleben mussten, dass Ihr Vater Ihre Mutter verließ und Ihre Mutter weitere, wechselnde Lebensgefährten hatte, über die sie sich beklagte, dann werden Sie als geheime Familienregel abgespeichert haben: „Frauen und Männer können nicht miteinander." „Es gibt keine Treue und keine Verlässlichkeit unter den Menschen" oder auch „Männer sind alle schlecht." Um sich von solch hinderlichen Festlegungen zu befreien und der Spielertruppe Ihrer Commedia della Vita ein neues Skript geben zu können, ist es wichtig, diese geheimen Familienregeln und Glaubenssätze, die in Ihnen wirksam sind, herauszufinden und in wachstumsfördernde und richtungsweisende Erlaubnissätze umzuwandeln.

Um die geheimen Familienregeln und Glaubenssätze aufzufinden, gilt es sich immer wieder selbst zuzuhören: Was sage ich über mein Weltbild aus? Hilfreich dazu ist es auch, sich an die in der Familie gebrauchten Redewendungen zu erinnern. Vielleicht benutzen Sie diese ja noch heute. Wie zum Beispiel:

Der Krug geht zum Brunnen, bis er bricht!
Ohne Moos nichts los!
Das Leben ist hart aber ungerecht!
Lieber den Spatz in der Hand, als die Taube auf dem Dach!
Erst die anderen, dann du selbst!
Erst die Arbeit, dann das Vergnügen!
Zeig keine Schwäche und bitte nicht um Hilfe!
Wenn es am schönsten ist, soll man gehen.
Man muss immer kämpfen und gehört doch nicht dazu! ...

Andere geheime Familienregeln drücken sich darin aus, mit wem man umgehen darf und mit wem nicht. Sie sagen aus, ob man sich zugehörig fühlen darf. Ob die eigene Familie und damit man selbst als etwas Besseres gilt als die anderen oder sich zu den Verlierern zählt. Was gehörte in Ihrer Familie zum „guten Ton"? Wo fühlte sich Ihre Familie dem Umfeld gegenüber über- oder unterlegen? Welches Weltbild war vorhanden, wie erlebte Ihre Familie das Leben – als Jammertal, wo Kummer und Krankheiten zwangsläufig sind? Was hielt man in Ihrer Familie von Liebe und Partnerschaft? Gab es Sprüche wie: „Verschenk dich nicht, verkauf dich nicht unter Wert"? Dann haben Sie möglicherweise in Ihrer Commedia della Vita ein Skript abgespeichert für Stücke, in denen Beziehung ein Tauschhandel ist: Liebe gegen Ware?

Versuchen Sie sich zu erinnern und machen Sie sich Notizen, wenn zwischendurch im Alltag das eine oder andere dazu aufblitzt. Machen Sie jeder, Ihr Partner und Sie, unabhängig voneinander eine Bestandsaufnahme Ihrer Familienregeln, Glaubenssätze und Redewendungen und tauschen Sie sich darüber aus.

Legen Sie zunächst eine Liste der Regeln an, die in Ihrer Ursprungsfamilie gültig waren. Versuchen Sie mindestens ein Dutzend Regeln aus der Zeit Ihrer Kindheit zusammenzustellen. Denken Sie dabei an Redewendungen, wiederkehrende Sprüche, Umgangsformen und Haltungen. Prüfen Sie, ob Sie auch neue Glaubenssätze in sich aufgenommen haben, wie „Geiz ist geil!". Lassen Sie sich für diese Arbeit ruhig ein paar Wochen Zeit. Indem Sie Ihre Wahrnehmung schärfen, kommt mit der Zeit immer mehr aus der Tiefe zum Vorschein. Ich erinnere mich an meine eigene Arbeit mit den geheimen Familienregeln:

Irgendwann drangen auch Kriegserzählungen meiner Großeltern in mein Bewusstsein und dazu die Bilder, die sie in ihrem Hausflur aufgehängt hatten: Fotografien von der zerbombten Stadt Ulm. „Wie kann man nur alles kaputt machen!", sagten sie immer wieder aufs Neue, wenn sie uns Kindern diese Bilder erklärten. Das wurde zu einer geheimen Familienregel, die mir ins Skript geschrieben wurde. Als mir das zu Bewusstsein kam, verstand ich auf einmal, weshalb es mir unmöglich war, etwas kaputt zu machen, und ich Qualen erlitt, wenn unbeabsichtigt etwas in die Brüche ging. Eine weitere Regel, die ich erhielt, lautete: „Du musst dir immer zu helfen wissen!" Ohne diese Haltung hätten die Familien meiner Eltern die Nöte des Krieges nicht überlebt. Mich hat diese Regel weit gebracht, ich habe viel gelernt, wusste aus allem etwas zu machen, aber um Hilfe zu fragen gelang mir nie. Längst hatte mein Bewusstes-Ich den Hilflosen aus dem Theaterkeller herauf geholt und in die Gruppe meiner Bühnenspieler reintegriert. Aber er stand immer nur hinterm Vorhang herum und traute sich nicht, aktiv Beistand anzufordern. Es gab kein Skript für ihn. Erst als ich Schritt für Schritt diese nun hinderliche Familienregel in einen wachstumsfördernden Erlaubnissatz umwandelte, konnte der Regisseur dem Hilflosen ein Skript schreiben. Daraufhin konnte der hinterm Vorhang hervortreten, seine Rolle spielen und, wo nötig, Unterstützung holen.

Obwohl der Psychologe Victor Chu bereits in seinem 1994 erschienenen Buch „Scham und Leidenschaft“ auf die Prägungen hinwies, die aus Kriegstraumata an die Nachfolgegenerationen weitergegeben werden, tritt erst in den letzten Jahren ein vermehrtes Bewusstsein dafür auf. Mittlerweile erkennen Therapeuten die Gefühlskälte der Nachkriegsgenerationen als eine ererbte Schutzmaßnahme der Eltern und Großeltern, die schreckliche Notsituationen erlebten und ihre Gefühle verkapseln mussten.

Aus einer dieser furchtbaren Kriegserfahrungen meiner Großeltern erwuchs mir andererseits eine Familienregel, die mich noch heute stärkt: Ich erinnere mich an diese dramatische Erzählung: Mein Großvater wollte aus Verzweiflung in den Fluss springen, als sein Haus und seine Fabrik in Schutt und Asche lagen. Aber dann gedachte er seiner Frau und seiner Kinder und kehrte um. Er nahm seinen Mut und sein Durchsetzungsvermögen zusammen und baute alles wieder auf, mitten im Krieg. Und er baute so solide, dass die Bombe, die 1944 in das neu errichtete Haus stürzte, die Decke im Obergeschoss nicht durchschlug.

Als ich ein kleines Mädchen war, zeigte er mir die Stelle, wo die Bombe liegen geblieben war. Und die Spieler meiner Commedia della Vita bekamen eine weitere Anweisung ins Skript geschrieben: „Bau dein Haus wieder auf, auch wenn es Bomben hagelt.“ Diese Anweisung hat mir oft in meinem Leben geholfen, wenn ich ganz unten war und nicht mehr weiter wollte. Dann richteten sich meine geknickten und darnieder liegenden Bühnenspieler wie Stehaufmännchen wieder auf, schmiedeten einen neuen Plan und kamen irgendwann mit einem anderen Projekt zum Erfolg.

Also durchstöbern Sie Ihre schweren Pakete, es finden sich längst nicht nur Schmerz und Leid, Fallstricke und Hindernisse darin, sondern auch wertvolle Weisungen, die Sie im Leben voranbringen. Sortieren Sie die Regeln danach, ob sie Sie in ihrem aktuellen Lebensabschnitt weiterbringen und ihren Spielern wachstumsfördernde Anweisungen geben, oder ob sie Sie zum jetzigen Zeitpunkt an Ihrem Lebensglück hindern. Die eine oder andere Regel, die heute hinderlich erscheint, hatte den Nutzen, Sie vor etwas zu bewahren. Beachten Sie das beim Aussortieren und stellen Sie sich gewissenhaft die im Übungsteil dazu angebotenen Fragen. Besonders hilfreich ist dabei die Feenfrage: „Wenn heute Nacht eine Fee zu Ihnen käme und Sie sich wünschen könnten, dass diese Familienregel sofort aus Ihrem Skript gelöscht würde, das Hindernis also ausgeräumt wäre, was wäre dann morgen anders und wie würde es sich für Sie anfühlen?“ Wenn Sie hierauf gewissenhaft antworten, erhalten Sie Hinweise, ob diese scheinbar hinderliche Familienregel Sie nicht davor schützt, etwas anderes (möglicherweise ängstigendes) tun zu müssen.

Ein Beispiel: Sie haben die geheime Familienregel „Wir sind halt nur einfache Leute, wir können da oben nicht mitmischen“ in Ihrem Skript gefunden. Mit Hilfe der Fee ist diese Regel morgen früh schon aus Ihrem Drehbuch gelöscht. Das heißt, jetzt müssen Sie sich hinauswagen und auf interessante Stellen bewerben. Davor hat Sie diese Regel bisher bewahrt. Sie hat ihnen also insofern genützt, dass Sie sich nicht mit persönlichen Absagen und Ablehnung auseinandersetzen mussten. Sie hat Sie aber gleichzeitig gehindert, erfolgreich Ihr Leben zu leben.

Überlegen Sie jetzt, was Sie sich selbst auf Anhieb zutrauen können. Ändern Sie die hinderlichen geheimen Familienregeln in mehreren Stufen ab. Sie wissen ja, Ihre Spielertruppe hat lange mit den immer selben Spielern die immer gleichen Stücke gespielt. Wenn Sie jetzt etwas ganz anderes spielen, dann werden sich einige querstellen, und Sie werden am Schluss vielleicht sagen: „Ich kenne mich selbst nicht mehr.“ Im Übungsteil wird gezeigt, wie Sie Ihre hindernden Regeln Schritt für Schritt in Wachstumsregeln verwandeln. Erst wenn es Ihnen leicht fällt, diese Zwischenstufen im Leben umzusetzen, sollten Sie die nächste Stufe der Umwandlung vornehmen. Im obigen Beispiel wäre ein erster Schritt, den Glaubenssatz abzumildern: „Für Menschen aus der unteren Bildungsschicht ist es nicht leicht, über Realschule und zweiten Bildungsweg an lukrative Stellen zu kommen." Das eröffnet immerhin schon eine erste Möglichkeit, genauer hinzuschauen und einzelne Probe-Bewerbungen abzuschicken. Die letzte Stufe, die wachstumsfördernde Regel, könnte dann zum Beispiel lauten: „Gerade mit meinem vielfältigen Lebenslauf und meinen Erfahrungen aus praktischen Arbeitsfeldern werde ich die Führungsposition erhalten." Jetzt gehen Sie aufs Ganze und bewerben sich selbstbewusst und mit der Gewissheit, dass Sie einen besonderen Zauber ausstrahlen, auf eine anspruchsvolle Stelle – so lange, bis Sie kriegen, was Sie wollen.

Wenn Ihre geheime Familienregel heißt: „Beziehungen sind immer schwierig, und Frauen/Männern kann man nicht trauen." Dann wäre ein erster Schritt, diese hindernde Regel etwas abzumildern: „Beziehungen sind oft schwierig, und Frauen/Männern kann man unter bestimmten Bedingungen trauen, die da sind: Wir reden offen über unsere Wünsche und Bedürfnisse. Wir arbeiten beide daran, in Balance zu kommen. Die letzte Stufe und damit der wachstumsfördernde Erlaubnissatz und die Spielanweisung für die Commedia-della-Vita-Truppe würde im genannten Beispiel dann etwa lauten: „Ich darf mich auf meine Beziehung einlassen, denn ich gestalte sie mit. Wir werden einander immer vertrauter und wissen, dass wir uns gegenseitig wertschätzen."

Auflösung von geheimen Familienregeln in drei Schritten

Nachfolgend finden Sie einige Beispiele, die zeigen, wie man geheime Familienregeln Schritt für Schritt zur Auflösung bringt. Bauen Sie mindestens drei Schritte ein.

Der Krug geht zum Brunnen, bis er bricht!

1. Schritt: Nicht immer enden alle Dinge böse. Es kann auch mal etwas in meinem Leben gut gehen.
2. Schritt: Im Fall X kann ich ein paar Vorkehrungen treffen, um meine Chance zu erhöhen, dass es gut geht.
3. Schritt: Ich gehe davon aus, dass ich mindestens 50% meiner Aktionen zu einem guten Ende bringe.

Das Leben ist hart, aber ungerecht!

1. Schritt: Das Leben ist oft hart und ungerecht.
2. Schritt: Mein Leben geht immer wieder auch leicht, und ich ernte die Früchte meiner Leistung.
3. Schritt: Mein Leben ist immer wieder leicht, manchmal beschenkt es mich sogar.

Erst die Arbeit, dann das Vergnügen!

1. Schritt: Wenn ich ein großes Stück gearbeitet habe, gönne ich mir eine kleine Pause.
2. Schritt: Ich gestalte meine Arbeit so, dass ich immer mehr Vergnügen in der Arbeit selbst habe. Oder: Öfter mal Pause zu machen, hilft mir, besser und schneller zu arbeiten.
3. Schritt: Manchmal gönne ich mir Freizeit und Vergnügen vor der Arbeit, dann bin ich fitter, ausgeglichener und energiegeladener, und die Arbeit geht mir besser von der Hand.

Achtung: Bei dieser Arbeit werden viele von uns vielleicht einmal mehr das zweifelhafte Vergnügen mit ihrem Selbstabwerter haben. Er will unbedingt alles beim Alten lassen, denn durch eine Änderung zum Positiven könnte er ja unwichtig werden – seinen Job verlieren. Wer will das schon? Lauschen Sie auf den Selbstabwerter, er holt sich gelegentlich auch den Selbstantreiber zur Hilfe. Antworten Sie mit Ihrem Bewussten-Ich deutlich und bestimmt darauf. Etwa so: „Selbstabwerter, du sagst mir gerade, ich solle mit diesem Quatsch aufhören, dieser Innenschau, diesem Theaterfirlefanz. Das sei wieder typisch für mich, von mir sei nichts Besseres zu erwarten. Doch ich werde dir beweisen, dass etwas Besseres von mir zu erwarten ist. Deshalb mache ich jetzt gerade diese Arbeit. Du wirst stolz auf mich sein. Im Übrigen bist du nicht der Einzige, der auf mich aufpasst. Geh und entspann dich ein bisschen.“ Etwas ganz Ähnliches könnten Sie auch zu Ihrem Selbstantreiber sagen.

An dieser Stelle kann es sehr hilfreich sein, sich mit dem Lebenspartner auszutauschen und sich von ihm Unterstützung für das Bewusste-Ich zu holen. Erzählen Sie sich gegenseitig von Ihren geheimen Familienregeln und davon, wie Sie sie in wachstumsfördernde Erlaubnissätze abwandeln wollen. Berichten Sie auch über den schonungslosen Selbstabwerter und versichern Sie sich gegenseitige Unterstützung darin, diesen Schwerenöter in seine Schranken zu weisen und zur Ruhe zu bringen.

Schwere Pakete gemeinsam auszupacken, das ist keine Arbeit für einen verregneten Sonntagnachmittag, sondern für etliche Nachmittage oder Abende. Aber jede Minute, die Sie sich damit beschäftigen, zahlt sich für Sie aus. Die Arbeit mit Ihrem Partner könnte folgendermaßen aussehen:

1. Helfen Sie dem Partner dabei, das eigene Permeagramm zu erstellen, das heißt seinen oder seine wichtigsten Emporenspieler mit den dazugehörigen Kellerasseln zu finden.
2. Setzen Sie sich übungshalber in wenig Stress geladenen Situationen im Geiste immer öfter mal in den Theatersessel und schauen Sie sich an, welches Stück Sie mit dem Partner gerade spielen. Das trainiert ungemein.

3. Tauschen Sie sich über Ihre Emporenspieler und Kellerasseln aus.
4. Sammeln Sie Ihre geheimen Familienregeln und sprechen Sie darüber. Betrachten Sie dabei auch die kollektiven Rollenprägungen, die Sie bisher in sich trugen.
5. Untersuchen Sie, wie Sie sich gegenseitig in diesem Verhalten vielleicht sogar bestärkt haben. Tun Sie das alles bitte unbedingt ohne Wertung.
6. Besprechen Sie sich, wie Sie einander darin unterstützen können, die verdrängten Aspekte zu reintegrieren und die geheimen Familienregeln in lebbare, wachstumsfördernde Erlaubnissätze umzubauen.

Nur Mut, fangen Sie einfach an! Vor einiger Zeit sprach mich in einem Café eine junge Frau an. Sie hatte mich wiedererkannt als Referentin, die in einer Einrichtung einen einstündigen Vortrag gehalten hatte. Sie sagte mir: „Sie wissen gar nicht, wie oft ich an Sie denke! Diese eine Stunde, in der ich Ihrem Vortrag folgte, hat in meinem Leben so viele positive Veränderungen gebracht." Von Managern erhalte ich hin und wieder Emails, in denen sie schreiben, dass sie nicht nur mit ihren Mitarbeitern besser zurechtkommen, sondern auch entspannter sind und privat ein besseres Miteinander erleben.

Fremde Pakete nicht annehmen – Konflikte, die nicht in die Partnerschaft gehören

Etliche Partnerschaftsprobleme entpuppen sich, wie wir gesehen haben, als Reinszenierungen alter Geschichten aus der Kindheit oder sogar als ererbte Nöte. Das sind fremde Pakete, die mit der Beziehung nichts zu tun haben. Manchmal sind es sogar Familienregeln, also Verhaltensübernahmen von Eltern und Großeltern, Übertragungen von

Lebenseinstellungen, Werten, Ängsten und unentdeckten Geheimnissen, von denen niemand mehr etwas weiß. Familien, die im Krieg Flucht und Vertreibung erlebten, geben diese Gefühle von Entwurzelung noch über Generationen in gewissen Verhaltensweisen weiter. Manchmal zeigt es sich in Überanpassung im neuen Umfeld, manchmal als diffuse Gefühle von Anderssein und Nicht-dazu-gehören-können. Der Mensch, in dessen Familie diese Tragödien stattgefunden haben, versucht unbewusst, diese ererbten Verletzungen in seiner Liebesbeziehung zu heilen. Das führt zu Reaktions- und Handlungsmustern, die vom Partner falsch verstanden werden oder überhaupt nicht eingeordnet werden können. Und schon ist der nächste Streit da. Rufen Sie schnell Ihren Regisseur auf den Theatersessel, damit er sich ansieht, was gerade abläuft, ehe der Streit hitzig wird.

Mein Mann und ich hatten auch so einige dubiose Geschichten von der Sorte miteinander. Sie lassen sich wie gesagt nicht immer alle restlos zurückverfolgen. Wichtig ist es zu erkennen, dass es sich um alte Geschichten – fremde Pakete – handelt, für die der aktuelle Lebensabschnittspartner nichts kann, die er nicht kennt, geschweige denn verursacht hat. Das Einzige, was ihm passiert ist, er hat unbewusst das Stichwort geliefert.

Das widerfährt uns immer wieder im Leben: Wir sagen oder tun etwas und bei unserem Partner flammt eine alte Erinnerung auf. Gut, wenn diese Erinnerung ins Bewusstsein dringt, schlecht, wenn sie diffus bleibt und nur die damit verbundenen Gefühle und Reaktionsmuster an die Oberfläche bringt. Dann gibt es Schuldzuweisungen, und der Partner scheint völlig unadäquat zu reagieren. Man war zum Beispiel in einer stressfreien Unterhaltung, Sie haben gerade zu einer Erläuterung Ihrer Erkenntnisse eingeleitet mit den Worten: „Jetzt muss ich dir aber schon mal sagen...“, da verfärbt sich ihr Partner, und es bricht ein Gewitter über Sie herein. Sie könnten sich jetzt gerade mal Ihre Vorträge sparen. So müsse er sich nicht behandeln lassen...

Sie stehen völlig ratlos da und können sich keinen Reim darauf machen, was Sie jetzt wohl wieder gemacht haben. Die Formulierung war nicht gerade glücklich, aber doch ohne böse Absicht. Wozu dieser Ausbruch? Wenn jetzt das Selbstwertgefühl nicht stabil und der Selbstabwerter groß ist, dann sagen wir uns frustriert, dass wir eben immer alles falsch machen und wahrscheinlich nicht beziehungsfähig sind.

Im anderen Fall setzen wir unseren Regisseur schnell auf seinen Theatersessel, damit er sich anschaut, was gerade gespielt wird. Entschuldigen Sie sich für die ungeschickte, schulmeisterliche Formulierung, betonen Sie, dass Sie weit davon entfernt waren, den anderen zu verärgern. Und dann stellen Sie klar, dass Sie für den Rest – die übergebührliche Erregung des Partners – keine Erklärung haben und nach eigenem Ermessen nicht verantwortlich zeichnen. Ja, dass es sich hier um ein fremdes Paket handeln muss.

Wenn der Zorn verraucht ist, sagen Sie, dass es Sie schmerzt, wenn solche Situationen entstehen. Bitten Sie den Partner um Hilfe, dass er mit Ihnen herausfindet, was das für Mechanismen sind. Fragen Sie ihn, ob da nicht eine alte Geschichte aufgerufen wurde. Jetzt ist es am Partner, sich ebenfalls in seinen Theatersessel zu sitzen. Die Situation noch einmal Revue passieren zu lassen, noch einmal in das Gefühl, das so unangenehm hoch kam, hineinzugehen und zu schauen, was sich auf seiner Bühne getan hat. Manchmal will nicht gleich die entsprechende Szene erscheinen. Dann kann es hilfreich sein, sich die Stichworte ein paar Mal zu wiederholen: „Jetzt muss ich dir schon mal sagen..." Manchmal hat man Glück und die Schlüsselszene stellt sich rasch ein. Man sieht sich als Kind, wie man vom Lehrer, einer fremden Frau, der Großmutter zurechtgewiesen und beschämt wurde mit eben diesem Satz.

Nehmen wir ein anderes Beispiel: Eines Tages im Sommer kam ich zu meinem Mann ins Büro und sagte ihm, dass ich mit meiner Arbeit so weit sei, dass ich einen Break machen und für zwei Stunden zum

Baden gehen würde. Er antwortete: „So?“ Ich ging hinaus und war stinksauer. Der ganze Nachmittag war mir verdorben. Ein paar Tage später dasselbe Spiel. Ich regte mich unterwegs innerlich unheimlich auf. Fühlte mich von meinem Mann nicht ernst genommen, in meiner Arbeit nicht wertgeschätzt. Als es zum dritten Mal passierte, sagte ich ihm, dass mich sein Verhalten sehr aufbrachte. Er sah mich erstaunt und verständnislos an. „Ich habe mir nichts Böses dabei gedacht“, sagte er, „was ist falsch daran?“ Ich war verwirrt, verstand meine Reaktion selbst nicht und wollte es dabei bewenden lassen. Aber meinem Mann, der sich vorgenommen hatte, es zu unterlassen, rutschte dieses „So?“ noch ein paar Mal heraus. Das gab mir Gelegenheit, mich in den Theatersessel zu setzen, dieses Stichwort wirken zu lassen und zu warten, welches Stück gespielt werden würde. Und tatsächlich, nach einiger Zeit tat sich etwas auf der Bühne. Es wurde ein altes Stück gegeben. Nichts aus der Kinderzeit, ein späteres Stück aus meinem Studium. Ich präsentierte eine Hausarbeit vor meinem Dozenten und einigen Kommilitonen. Ich wies dabei auf einen Aspekt hin, von dem ich überzeugt war, dass ich ihn gut herausgearbeitet hatte. Mein Dozent antworte: „So?“ und verunsicherte mich damit komplett. Eine Verunsicherung, die ich lange nicht hatte überwinden können. Eine alte Geschichte, für die mein Mann nichts konnte und die er auch nicht gekannt hatte – ein fremdes Paket. Ohne den inneren Abstand herzustellen, uns selbst vom Theatersessel aus zu beobachten, wären wir in einen Streit geraten. Ich hätte ihm unterstellt, dass er mich nicht wertschätzte. Er hätte wahrscheinlich geantwortet: „Was erwartest du denn immer von mir?“ Dann wären wir irgendwann bei der Vermutung raus gekommen: „Du liebst mich nicht“.

Ich möchte noch ein weiteres Beispiel geben, das nun wirklich in sehr tiefe Schichten zurückreicht: Eine meiner Klientinnen, eine Yogalehrerin, bietet Kurse in Seminarräumen an, die sie im eigenen Haus hat. An einem Tag, an dem keine Seminare im Haus stattfanden, stand die Seminarraum-Tür offen, die zu einem der Privaträume führt. Sie war mit ihrem Mann gerade fröhlich Arm in Arm zur Haustür herein gekommen, da fiel sein Blick auf diese Tür, die offen stand, und sein Gesicht veränderte sich vollkommen. Es wurde aschfahl, seine Augenbrauen zogen sich böse zusammen und er sagte mit einem eisig-metallischen Ton zu ihr: „Die Tür steht offen. Hab ich nicht gesagt, die Tür soll zu sein? Ich werde hier missachtet." Sie sah ihn völlig verdattert an, versuchte zu verstehen. In seinem Gesicht stand kalter Zorn. Sie erschrak und ängstigte sich sehr. Rannte zu der Tür und schloss sie. „Aber, es ist doch niemand da", stotterte sie. Schließlich sagte sie nichts mehr und ging zitternd weg. In Ihrem Büro setzte sich an ihren Schreibtisch und in Gedanken in den Theatersessel. Nun sah sie sich das Stück im Geiste noch mal an. Es war abstrus. Es gab überhaupt keinen Sinn. Selbst wenn sie es war, die die Tür hatte offen stehen lassen, es war ja niemand im Haus und ihr Privatbereich auch kein Geheimnis, oft genug empfing ihre Familie im Haus auch Gäste. Sie fand nur zu dieser einen Klarheit: Mit ihr hatte dieser Wutausbruch nichts zu tun. Das war eine ganz, ganz wichtige Erkenntnis. In der Partnerschaft neigen wir ständig dazu, alles auf uns zu beziehen und uns gegenseitig für jede Stimmung verantwortlich zu machen.

Inzwischen war auch bei ihrem Mann der Zorn längst verraucht, er kam zu ihr und wirkte ganz geschlagen. Er hatte dieselbe Übung gemacht, sich auch in seinen Theatersessel gesetzt, sich die Szene noch einmal angeschaut und ebenfalls nicht verstanden, was abgelaufen war. Es war sehr schwierig. Es zeigte sich keine Szene mit einer Tür. Irgendwann, nach langem Warten im Theatersessel und mehrfachem Hineinspüren in dieses Gefühl von Zorn, zeigte sich ein kleiner hilfloser Junge in einer sonst unklaren, nebelhaften Szene. Ihr Mann sah sich selbst als kleiner Junge. Ein Junge, der sich Situationen willkürlich ausgeliefert fühlte. Irgendwo im Hintergrund spürte er seinen Großvater. Konkreter wurde die Szene nicht. Ihr Mann erzählte ihr das. Sie hatten damit Gewissheit darüber gewonnen, dass der Konflikt nichts mit ihnen beiden und ihrer Beziehung zu tun hatte, dass es sich wirklich um ein fremdes Paket handelte. Sie wussten jetzt auch, dass ihr Mann in seiner Kindheit unklare Situationen erlebt hatte, in denen er sich ausgeliefert fühlte. Situationen, die sehr angstbesetzt waren, in denen er nicht wusste, was als Nächstes passieren würde. Mehr konnten sie nicht herausfinden. Leider kamen wir auch in gemeinsamen Sitzungen nicht dahinter, welche Reizworte und -handlungen es waren, die diese Gefühle und den damit auftauchenden Zorn bei ihrem Mann auslösten. Es war zu erwarten, dass es wieder passieren würde, dass sie einmal wieder unwissend auf eine andere Mine treten würde. Deshalb kamen wir zu dem Schluss, dass die beiden ein Codewort vereinbaren sollten. Sie überlegten ein bisschen, dann wählten sie: „Der alte Donner." Sollte wieder so eine völlig unadäquate Reaktion auftauchen, würden sie schnell sagen: „Ach, der alte Donner, da ist er wieder." Und so machten sie es auch. Sie haben dieses Codewort tatsächlich ein paar Mal gebraucht. Jedes mal waren es plötzliche, heftige Zornattacken, die mit dem, was gerade in ihrem Alltag passierte, überhaupt nicht zu erklären waren. Derjenige, der zuerst die Unverhältnismäßigkeit bemerkte, sagte das Codewort. Damit fiel die Anspannung auf beiden Seiten in sich zusammen. Und nach einigen Malen war der Spuk ganz vorbei.

Wie man an diesem Beispiel sieht, sind der Theatersessel, der Regiestuhl, das Bewusste-Ich und ein ausreichendes Selbstwertgefühl Gold wert. In extremen Stress-Situationen wie der oben beschriebenen, kann man so weit einen klaren Kopf behalten, dass man die Sache nicht eskalieren lässt. Gleich darauf kann man einen Prüfprozess ablaufen lassen und beim nächsten Mal ist man schon so gewappnet, dass man sich nicht in Frage stellt, sondern sofort weiß: Damit habe ich nichts zu tun, das ist ein fremdes Paket.

Manche dieser Pakete lassen sich ganz genau zurückverfolgen. Da gibt es eine klare auslösende Situation. Eine Bekannte hatte immer wieder das Gefühl, ihr Partner würde nicht zu ihr stehen. Wenn andere etwas Abfälliges sagten, dann würde er nicht für sie eintreten. Den Nachweis konnte sie ihrem Partner nie richtig führen, es war eben immer nur so ein diffuses Gefühl. Als sie dieses Gefühl wieder einmal ganz stark empfand, setzt sie sich in den Theatersessel. Sie brachte einfach nur das Gefühl auf die Bühne und wartete. Nach einiger Zeit stellte sich eine Szene ein. Sie war ein kleines Mädchen. Und sie war mit ihrer Mutter gerade umgezogen von Italien nach Südfrankreich. Sie stand in einem Garten, während ihre Mutter im Haus als Schneiderin eine Anprobe bei einer Kundin machte. Im Garten waren andere Kinder und aßen Kirschen. Als sie sich näherte, bespuckten die Kinder, deren Sprache sie nicht sprach, sie mit Kirschkernen. Ihre Mutter trat gerade aus dem Haus, aber sie sah einfach weg und unternahm nichts.

Das ist eine traurige Kindergeschichte, wie es viele gibt, für die der Partner aber nicht geradestehen kann. Er wird versuchen, dieses Wissen in seinem Verhalten zu berücksichtigen. Die Aussöhnung muss jedoch da stattfinden, wo die Verletzung passierte. Dann kann das Verständnis und das positive Verhalten des Liebespartners die Heilung unterstützen.

Mit alten Kindheitsgeschichten aussöhnen

Aussöhnen können wir uns mit Menschen unserer Vorgeschichte, indem wir wieder das Permegramm zur Hand nehmen. Uns die erlebte Situation vor Augen führen, verstehen, welche Spieler die Menschen auf der Bühne hatten, die uns verletzten, und wieso es gerade diese Spieler waren. Welche Not, welche Begrenztheit bestand für den anderen Menschen, dass er nichts Besseres wusste, als gerade mit diesen Spielern zu agieren?

Wenn wir uns das von unserem Theatersessel aus ansehen, stellen wir wieder und wieder erstaunt fest, dass es in den seltensten Fällen Bosheit war, die die anderen Menschen trieb, so mit uns zu verfahren, sondern Unwissenheit, Unfähigkeit, Ungeschicklichkeit, Angst, Not. Wenn wir das verstehen, können wir uns aussöhnen und den Menschen innerlich verzeihen, dass sie so mit uns umgegangen sind. Manchmal sieht man dann sogar, dass die eine oder andere dieser schmerzlichen Erfahrungen später sehr hilfreich war, weil man daran gewachsen ist.

Eine Vielzahl alter Verletzungen lässt sich auf diese Weise auflösen. Verwenden Sie die Schritt-für-Schritt-Anleitung im Übungsteil dieses Kapitels. Bei manchen Verletzungen ist es hilfreich, mit den Personen, die verletzt haben, ein Konfliktgespräch zu führen (so sie noch leben) und um einen Ausgleich, eine Wiedergutmachung zu bitten. Da das Geschehene nicht ungeschehen gemacht werden kann, liegt die Wiedergutmachung eher im Bereich des Rituals, sie kann aber dennoch ausgleichend und entlastend wirken.

Für sehr schwere Verletzungen sollten Sie sich die professionelle Unterstützung eines Therapeuten sichern, am besten die eines Psychodramatikers. Mit seiner Hilfe spielen Sie die schwere alte Situation noch einmal durch und führen sie zu einem guten Ende. Jakob Levy Moreno, der diese Methode entwickelte und mit vielen psychisch sehr verletzten Menschen gearbeitet hat, stellte nämlich fest, dass wir nicht nur unsere Zukunft, sondern auch unsere Vergangenheit wachstumsfördernd verändern können, wenn wir sie noch einmal durchspielen und die Ereignisse von damals in der Reinszenierung zu einem guten Ende bringen.

Eines wird klar: Das Verstehen, das Thich Nhat Hanh als Voraussetzung für wahre Liebe sieht, ist ein Prozess über mehrere Stufen. Liebe reift Stück für Stück, in dem Maße, wie man sich um Verstehen bemüht.

Im Volksstamm der Dagara ist das Alltag. Sie schreiben für Eheleute alle fünf Tage eine Aussprache vor, auf jeden Fall aber, bevor die beiden intim werden. Sie sind der Meinung, dass es sehr belastend für die Partner werde, wenn sie im Sexualakt negative Emotionen aufeinander übertragen. Für die Dagara gilt die intime Begegnung gerade auch der Vereinigung der Seelen; dem sollen keine Konflikte entgegenstehen.

Die Aussprachen finden im Kreis der ganzen Gruppe statt. Wenn es sich um schwierigere Auseinandersetzungen, also um echte Konflikte handelt, ist es ihnen wichtig, dass Mediatoren den beiden helfen, einander zuzuhören und zu verstehen, was der andere meint. Die Gruppe bringt Ideen ein, wenn sich die beiden festgefahren haben. Die Dagara sind davon überzeugt, dass ein Konflikt zwischen zwei Partnern die ganze Gruppe angeht, weil alle davon in Mitleidenschaft gezogen sind, wenn zwei sich streiten.

Die Aussprachen, die die beiden Partner alleine unter sich führen, haben auch etwas Besonderes: Die Partner ziehen einen Kreis auf dem Boden, setzen sich Rücken an Rücken hinein, eine Schale Wasser neben sich. Dann fangen sie an, ihrem Herzen Luft zu machen, sprechen einfach aus, was ihnen in der letzten Zeit am Partner nicht gepasst hat. Und sie tun es gleichzeitig. Sie hören einander gar nicht zu. Sie sprechen es ins Off – sagen es den Geistern. Wir würden sagen: „Sie reden es sich von der Leber." Sie diskutieren es nicht aus. Es gibt keine Rechtfertigungen und keine Widerworte. Es ist einfach eine Erleichterung. Derweil spürt man den Menschen, den man doch auch liebt, als Stütze im Rücken. Wenn jeder zu Ende gesprochen hat, bespritzen sie einander mit Wasser, lachen und verlassen den Kreis.

Fassen wir zusammen: Es gibt Probleme, die in der Partnerschaft auftauchen, dort aber nicht bearbeitet werden können. Das sind schwere Pakete, die wir von anderswo mitbringen. Im Allgemeinen stammen sie aus unserer Kindheit. Das können kollektive Prägungen durch ein Erziehungs- und Wertesystem sein oder geheime Familienregeln. Sie hindern uns daran, uns weiterzuentwickeln. Deshalb müssen wir sie aufspüren und Schritt für Schritt auflösen. Gravierend sind die fremden Pakete, die unsere Partnerschaft stören. Sie sind dort nicht lösbar und stören massiv die Beziehung, deshalb müssen sie „rausgestellt" und persönlich bearbeitet werden.

Übungen

Geheime Familienregeln aufspüren und abändern

Machen Sie, Ihr Partner und Sie unabhängig voneinander, eine Bestandsaufnahme Ihrer Familienregeln, Glaubenssätze und Redewendungen und tauschen Sie sich darüber aus. Gehen Sie wie folgt vor:

1. **Legen Sie eine Liste der Regeln an, die in Ihrer Ursprungsfamilie gültig waren.** Versuchen Sie mindestens ein Dutzend Regeln aus der Zeit Ihrer Kindheit zusammenzustellen. Denken Sie dabei an Redewendungen, wiederkehrende Sprüche, Umgangsformen und Haltungen. Prüfen Sie, ob Sie auch neue Glaubenssätze in sich aufgenommen haben, wie „Geiz ist geil!".
2. **Überlegen Sie, ob diese Regeln nur Hindernisse sind oder wovor sie Sie bewahren.**
   - Was ist gut daran, dass die Regeln/Hindernisse da sind?
   - Womit müssten Sie sich auseinandersetzen, wenn sie nicht da wären?
   - Wenn morgen die Fee käme und würde alle Hindernisse ausräumen, was wäre dann?

   Versuchen Sie gewissenhaft auf diese Fragen zu antworten. Manche Regeln bewahren uns vor etwas. Andere hindern uns jedoch am Lebendigsein. Finden Sie heraus, ob es wirklich gut wäre, das, was Sie gerade als Hindernis in Ihrem Leben erkannt haben, auszuräumen.

3. **Positive Abänderungen der hinderlichen Regeln entwickeln, jeder Partner für sich.** Nehmen Sie Schritt für Schritt positive Abänderungen der geheimen Familienregeln vor, die Sie als hinderliche Prägungen erkannt haben, und bilden Sie schließlich wachstumsfördernde Erlaubnissätze daraus. Bauen Sie mindestens drei Stufen ein, denn an Ihren Prägungen hängt Ihre Identität. Sie riskieren sonst ein Scheitern, weil Sie sich selbst nicht wiedererkennen, wenn Sie morgen das Gegenteil dessen machen, wofür Sie sich bisher gekannt und vielleicht sogar wertgeschätzt haben.
4. **Auf abwertende Emporenspieler achten.** Lauschen Sie auf Emporenspieler wie Selbstabwerter oder Selbstantreiber, die Ihre neuen wachstumsfördernden Regeln zunichte machen wollen. Antworten Sie mit Ihrem Bewussten-Ich deutlich und bestimmt darauf. Tauschen Sie sich mit dem Partner darüber aus und überlegen Sie, wie Sie einander unterstützen können.
5. **Die neuen Erlaubnissätze verankern – jeder Partner für sich.** Schreiben Sie Ihre neuen Erlaubnis-Sätze als Regeln auf. Wichtig ist es, dies handschriftlich und mit Liebe zu tun, damit Sie die Regeln an dieser Stelle bereits verinnerlichen. Pinnen Sie die Regeln an einen Platz, wo Sie sie täglich sehen.

Fremde Pakete nicht annehmen

Manche Probleme, die eine Partnerschaft strapazieren, hat einer der Partner von sehr weither mitgebracht. Gelegentlich sind sie leicht erkennbar, wie zum Beispiel: Der eine Partner fühlt sich in seinen Umfeldern nie zugehörig. Er stammt aus einer Flüchtlingsfamilie. Damit hat er dieses Gefühl von Ausgestoßensein, nirgends dazu zu gehören, wenn nicht selbst erlebt, so durch unbewusstes Verhalten seiner Familie ererbt. Das zu erkennen, entspannt die Partnerschaft. Die beiden müssen den Fehler nicht mehr bei sich suchen, sich nicht mehr für das „Nichtzugehörigkeitsgefühl" verantwortlich und schuldig fühlen. Sie können das Problem sozusagen „rausstellen".
Übungsanleitung: Wenn Sie beide erkannt haben, dass sich in Ihrer Partnerschaft immer wieder ein Konflikt an einer alten, vorpartnerschaftlichen Geschichte entzündet, können Sie sich rasch selbst sagen: „Da bin ich nicht zuständig. Das hat nichts mit mir zu tun."

Das hilft Ihnen, in Ihrer Kraft zu bleiben, sich nicht schlecht und schuldig zu fühlen, entsprechend entspannt darauf zu reagieren, statt in einen Streit zu geraten.

Schlüsselsituationen finden

Wenn man die Schlüsselsituation finden kann, aus der heraus das fremde Paket einst entstand, hat man natürlich die größten Chancen, diesen Konfliktherd ganz auszuschalten und die Verletzung zu heilen. Nehmen wir folgendes Beispiel: Der eine sagt zum anderen in normalem Ton: „Na, da bist du ja wieder!", und der andere wird wahnsinnig wütend. Wenn Sie solcherart unadäquates Verhalten feststellen, können Sie annehmen, dass darunter eine uralte Verletzung liegt. Und Sie können versuchen, den Ursprung herauszufinden.

1. Immer wieder in die Stress-Situation hineingehen, mit allen Sinnen (besonders Gerüche können hilfreich sein) versuchen, alte Bilder aufsteigen zu lassen.
2. Wenn es einen Schlüsselsatz gibt, der den Stress auslöste, diesen Satz gebetsmühlenartig wiederholen und schauen, ob alte Szenerien dazu aufsteigen. Umso älter die Verletzung ist, desto schwieriger ist es, sie zu finden. Manche stammen aus der Zeit, als wir unser Erleben noch nicht mit Sprache abspeichern konnten. Manche Ängste, Stress- und Verhaltensmuster sind ererbt. Deshalb sind die Memorierungsübungen nicht immer von Erfolg gekrönt. Wenn ja, wenn Sie die Schlüsselsituation gefunden haben, gilt es, Frieden damit zu schließen. Es wird eine schmerzliche Situation sein, in der Sie sich als Kind allein gelassen, verraten oder misshandelt gefühlt haben. Es ist keine Schande zu weinen, während Sie sich das anschauen. Es ist auch keine Schande, sich Hilfe zu holen, wenn Sie das Gefühl haben, dass Sie aus dem alten Schmerz nicht allein herausfinden oder es nicht alleine machen wollen.
3. Jetzt ist es Aufgabe Ihres Regisseurs zu erfragen, was dieses elende Kind von damals in seiner Situation brauchte. Fast immer ist es Schutz, Geborgenheit, Streicheleinheiten. Welcher Ihrer Spieler könnte das geben? Schicken Sie ihn auf die Bühne und schauen Sie zu, wie Ihr inneres Kind nicht mehr alleine und ausgeliefert ist, sondern alles bekommt, dessen es bedarf. Diese Szene ist

heilsam. Sie können Sie in eine tägliche Meditation einbeziehen oder sie sich abends vor dem Einschlafen immer wieder ansehen.

4. Wenn Sie das Gefühl haben, dieses vernachlässigte Kind, das Sie einst waren und das Sie in Ihren Meditationen getroffen und gestärkt haben, ist kraftvoll geworden, können Sie versuchen, noch einmal in diese schmerzliche Situation von damals hineinzugehen und sie zu einem guten Ende zu „träumen". Der Psychotherapeut, Schamane und Traumarbeiter Carlo Zumstein empfiehlt, jeden Nachttraum und jede schwere Lebenssituation in Gedanken zu einem guten Ende zu träumen. Wie die Psychodramatiker hat er erkannt, dass wir auf diese Weise unsere Ressourcen mobilisieren. Mobilisieren Sie Ihre Ressourcen, machen Sie sich stark, Sie müssen nicht schwach bleiben, nur weil andere damals nicht gut genug zu Ihnen waren.
5. Wenn Sie einen weiteren Schritt tun wollen, dann versuchen Sie, in die Situation zu gehen, in der die Person steckte, die Ihnen damals diesen Schmerz zufügte. Manchmal lässt sich so erkennen, dass es nicht primär darum ging, uns zu schaden, sondern dass die Person keine bessere Idee oder keine bessere Möglichkeit sah zu handeln. Wenn wir feststellen können, dass die erlittene Verletzung nicht aus Bosheit zugefügt wurde, dann tut es bei Weitem nicht mehr so weh. In einigen Fällen lässt sich dann auch relativ leicht verzeihen und damit das Paket in Luft auflösen. Wenn Sie schon im ersten Schritt stecken geblieben sind - sich kein Schlüsselerlebnis zeigen will-, dann können Sie zumindest erkennen, dass es sich um ein Erleben handelt, das nicht in die Beziehung gehört. Erkennen Sie an, dass hier eine alte Geschichte - ein fremdes Paket - ist, für das Sie beide nichts können, und für das Ihr Partner nicht zuständig ist.

Codewörter vereinbaren

Das Dumme an den alten Geschichten ist, dass man oft nicht weiß, wo die Tretminen liegen, die den alten Schmerz immer wieder auslösen. Das ist für beide Partner schwierig. Der mit der alten Geschichte findet sich stetig emotional überschwemmt und möchte doch am liebsten einen Grund im Hier und Jetzt dafür finden, weil er dann nicht Opfer dieser Attacken sein muss. Für den anderen

Partner ist es ebenso schwer, wieder und wieder Auslöser oder zumindest Zeuge eines solchen Ausbruchs werden zu müssen und sich nicht Schuld dafür zu geben oder geben zu lassen.

Anleitung: Nach Abklingen einer alten Schmerzgeschichte setzen sich beide Partner zusammen und suchen nach einem emotionalen Codewort, das einer von beiden ausrufen kann, wenn er feststellt, dass gerade wieder die alte Geschichte ausgelöst wurde. Es sollte etwas Bildhaftes, Emotionales sein, das direkt die Gefühlsebene anspricht, nichts Intellektuelles. Wie zum Beispiel: Rosendornen, blauer Nebel, Wattewand, Rehkitz... Dieses Codewort ist für beide das Zeichen, dass sie keinen Streit anfangen. Es kann sogar Signal sein, einander Trost und Mitgefühl zuzusprechen, weil die alte Geschichte noch immer keine Ruhe gibt.

Die Beziehung wird dadurch ungemein entlastet. Oft zeigt sich auch, dass die alte Geschichte nach und nach an Vehemenz abnimmt, vielleicht schon bald gar nicht mehr aufgerufen wird.

9 Stark wie ein Windpferd – Unvollkommenheit wagen

Nicht alle, die atmen, sind auch lebendig.
Aborigine-Spruch

Wer bis hierher gelesen hat, wird den Spruch der australischen Ureinwohner gewiss unterstreichen. Wer kostbare Persönlichkeitsaspekte wie Spontanität, Lebendigkeit, Neugier, Kreativität und sein Kaleidoskop der Gefühle als Kind in den Theaterkeller verbannen musste, weil zum Beispiel in der engen, hellhörigen Mietwohnung kein Platz für kindliche Lebensfreude war, der atmet zwar, aber leben tut er nicht. Hat das Buch in der Einleitung „inneren Reichtum" versprochen, so wissen Sie jetzt, wie Sie ihn wiedererlangen. Wie Sie die Potenziale aufspüren, die vergessen und verdrängt in Ihnen schlummern. Wie Sie Selbstwert erlangen, Anziehungskraft und Schönheit, die Sie aus Ihrem Inneren heraus durchstrahlt. Schauen Sie sich Menschen an, die in ihrer Mitte sind, sie strahlen Gelassenheit aus, innere Kraft und Ruhe. Und sie sind schön. Sie manipulieren nicht und lassen sich nicht manipulieren. Die mongolischen Nomaden sagen von einem, der in seiner Mitte ist: „Er hat ein starkes Windpferd." So ein Mensch strahlt eine große geistige Kraft aus. Er denkt sehr klar, ist vorausschauend und trifft die richtigen Entscheidungen. Je nachdem, wie gut es einem Menschen gelingt, mit sich selbst und seiner Umwelt im Gleichgewicht zu sein, ist sein Windpferd klein oder sehr groß. Die alten Ägypter sprachen von der Inneren Schönheit, die es zu kultivieren gilt. Tugend, also eine vorbildliche innere Haltung und ein rücksichtsvolles, gerechtes Leben öffnen nach ihrer Vorstellung den Weg zum unvergänglich Schönen. Dann wird man nach dem Tod im Jenseits nicht allein, sondern unter den Göttern sein.

Wünschen Sie sich Freiheit? Dann streben Sie danach. Was ist denn Freiheit? Heißt das, ich kann machen, was ich will? Wenn Sie so weit sind, dass Sie machen können, was immer Sie wollen, dann werden Sie gar nicht mehr alles wollen. Frei sind wir nämlich nur, wenn wir mit allen Spielern unserer persönlichen Commedia della Vita im gesunden Bereich sind. Solange das nicht der Fall ist, manipulieren wir uns selbst und andere.

Nehmen wir einmal an, Ihr Bewusstes-Ich hat einen sehr guten Job gemacht, und nun sind alle Ihre Spieler im gesunden Bereich. Was ist dann mit der Revanche, die Sie dem Kollegen bieten wollten, der beim Kunden schlecht über Sie geredet hat? Ihr Kämpfer ist im gesunden Bereich, Ihr Vielharmoniker auch. Sie haben gar keine Lust mehr, ihm Gleiches mit Gleichem zu vergelten. Ihr Unterhändler wird dem Kollegen klar die Grenzen aufzeigen, und ihr Ausgleichender wird mit ihm darüber reden, wie man es beim nächsten Mal besser machen kann. „Unvollkommenheit wagen" heißt der Titel des Buches. Wagen Sie es, Ihren Spielern Erlaubnisse auszustellen und die Gummibänder zu entspannen. Denn wer Unvollkommenheit wagt, wird innere Balance und zunehmend Vollkommenheit erlangen. Die Sache des Regisseurs ist es, die Spieler richtig aufzustellen und das Skript für die Commedia della Vita so zu schreiben, dass mehr Liebe in unser Leben gelangt – Liebe zu sich selbst und zum anderen. Emporenspieler schaffen das nicht. Sie sind so angespannt, dass sie sich intolerant und humorlos verhalten. Mehr Humor ins Leben bringen, heißt wiederum: Bewusstes-Ich einschalten und Gummibänder entspannen. Mit entspannten Gummibändern sind wir spielerisch, witzig, humorvoll. Dann passiert viel auf unserer Bühne, statt der wenigen, starren Emporenspieler können wir eine Vielzahl von Persönlichkeitsaspekten auf die Bühne bringen. Das macht uns reich, bereichernd, vielfältig, schillernd, humorvoll.

Damit ist klar: In seiner Mitte sein, heißt nicht, seine starken Gefühle aufzugeben und in Langeweile zu versinken. Es ist vielmehr die Freiheit, wählen zu können. Mit dem Bewussten-Ich entscheiden zu können, ob ich mich jetzt wirklich aufregen will. Vielleicht will ich den Kollegen ja so richtig meine Wut spüren lassen, weil er sich schäbig verhalten hat. Aber dann tue ich es, weil ich es will. Weil ich so frei bin, mich dafür entschieden zu haben und es verantworten kann, auszurasten. Das ist etwas ganz anderes, als was früher war. Als Sie den Launen anderer ausgeliefert waren und sich auf die Palme bringen ließen. Als sie Ihren eigenen Emporenspielern und den an den Gummibändern zerrenden Kellerasseln ausgeliefert waren. Als die Emporenspieler eigenmächtig Stücke für Ihre Commedia della Vita inszenierten und Sie sich fremdbestimmt fühlten. Je größer die Anspannung auf einem Gummiband war, desto mehr Energie musste eingesetzt werden, um die Kellerasseln im Theaterkeller zu halten. Und desto häufiger mag es auch passiert sein, dass die Kellerasseln doch unvermittelt auf die Bühne sprangen und das Spiel des Emporenspielers auf den Kopf stellten. Statt überlegen und mächtig zeigten Sie sich dann plötzlich ohnmächtig und hilflos. Man fragt sich oft, wie friedfertige, unauffällige Menschen plötzlich zu Amokläufern werden. Wir haben jetzt eine Idee davon: Wenn das Gummiband so stark gespannt ist, dass die Kraft nicht mehr ausreicht, die Kellerassel unten zu halten, dann springt sie urplötzlich herauf und beherrscht die Szene.

Aber nun, mit entspannten Gummibändern sind Sie frei – nicht mehr manipulierbar, nicht von außen und nicht von den eigenen inneren Emporenspielern und Kellerasseln. Frei, die Gefühle zu leben, die Sie leben wollen. Sie sind nicht mehr fremdbestimmt, nicht von außen und nicht von Ihren inneren überstrapazierten Emporenspielern und unterdrückten Kellerasseln.

Wir sprachen von Authentizität – die besitzen Sie jetzt auch. Mit dem Regisseur, der die Spieler nach ihren Wünschen fragt, und der Kenntnis der Urbedürfnisse haben Sie Ihre eigenen Bedürfnisse unter dem ganzen Zivilisationsmüll wieder aufgespürt und Sie sprechen künftig für sich selbst. Sie müssen sich nicht mehr ängstlich umsehen und fragen, ob man das als Manager, als Mutter, als Erwachsener tun kann, Sie müssen sich nur fragen, ob man das als verantwortungsvoller Mensch an dieser Stelle und mit dieser Aufgabe und in Bezug auf die Konsequenzen, die es für alle haben wird, tun kann. Seien Sie eine Person! Person kommt vom lateinischen personare, das heißt hindurchtönen. Drücken Sie sich so aus, dass Ihre innere Wahrheit, Ihre individuelle Ganzheit hindurchtönt – sichtbar wird. Nur so lässt sich die Kraft freisetzen, mit der Werte und Ideen vertreten und durchgesetzt werden können. Der Filmemacher Nacer Khemir zeigt in seinem Film „Bab'Aziz, Der Tanz des Windes" einen alten blinden Derwisch, der mit seiner kleinen Enkelin zu einem Derwischtreffen durch die Wüste wandert. Als die Kleine ihn fragt, „Bab'Aziz, kennst Du den Weg, werden wir uns nicht verirren?", gibt er ihr zu verstehen, dass niemand den Weg kenne, sie aber ohne Sorge sein könne. Denn: „Wer in Frieden mit sich selbst ist, kann sich nicht verirren." Unterwegs treffen sie andere Derwische, die auch auf dem Weg zum großen Treffen sind. Da schlägt der blinde Großvater jedoch eine andere Richtung als die anderen ein, und die Kleine beunruhigt sich wieder. Bab'Aziz aber verströmt die Gewissheit, dass sie ankommen werden, und belehrt sie: „Jeder muss seinen eigenen Weg finden."

Wenn wir alle unsere Aspekte leben dürfen, ist das Fülle und Glück.

Was reizt uns an anderen Menschen, war eine Eingangsfrage. Die Antwort auf die negative Seite von Gereiztwerden haben wir hinlänglich beantwortet. Was wir positiv reizend, also anziehend an anderen Menschen finden, haben uns die beiden letzten Kapitel gezeigt. Ganz besonders anziehend finden wir innerlich reiche Menschen – die fröhlich, spontan, witzig, kreativ sind. Menschen, die Lebenslust ausstrahlen, die kindlich neugierig geblieben sind und die uns zum Lachen bringen. Es sind die bescheidenen Genießer, die sich an den vielen kleinen Schönheiten des Lebens erfreuen können und die das kindliche Staunen nicht verlernt haben. Es sind Menschen, die uns die Welt bunt erscheinen lassen und das Leben lebenswert.

Gleich und gleich gesellt sich gern, sagt der Volksmund. Nach allem, was uns das Permeagramm gezeigt hat, verstehen wir auch wieso. Das bedeutet: wenig Stress, Ruhe. Es sind die Gleichgesinnten, mit denen wir einer Meinung sein können. Es ist das Verbindende, das uns wohltuend erscheint. Da ist jemand, der kennt das auch, der versteht meine Freude und meine Not. Zwei Ordnungsfanatiker haben nicht nur eine pikobello aufgeräumte Wohnung, sie leben auch in Ruhe und Frieden miteinander. Zwei mit einem ausgeprägten Abenteurer, die können miteinander um die ganze Welt kommen. Gleichheit kann aber auch bedeuten, dass man sich nicht mehr anreizt zu wachsen. Dass Öde und Langeweile eintritt. Gegensätze können sich magisch anziehen, wie wir gesehen haben. Zwei Menschen mit gegensätzlichen Spielerpaaren können aneinander wachsen.

Manchmal werde ich von Klienten gefragt: „Wieso soll ich denn an mir arbeiten. Ich habe kein Problem, es ist mein Chef, meine Partnerin, die ein Problem haben." Dass das sehr wahrscheinlich ein Trugschluss ist, das haben wir nach der Beschäftigung mit dem eigenen Permeagramm festgestellt. Die anderen Menschen halten uns immer wieder den Spiegel vor und zeigen uns, wo wir noch etwas an uns tun können. Was nicht heißt, dass die anderen es nicht auch nötig hätten. Aber, wie gesagt, nicht alle Menschen haben den Mut dazu, sich aufrichtig anzusehen. Doch sie werden sich ein Stück weit verändern, einfach deshalb, weil Sie sich verändern. Sie werden bewusster in der Kommunikation und verständnisvoller, Kritik fortan professionell anbringen und ebenso professionell entgegennehmen. Sie werden auf entsprechende Bühnenspieler nicht mehr kopflos, sondern bewusst antworten. Die Reaktionen dieser anderen Personen werden sich entsprechend ändern. Wie es in den Wald hinein ruft, so ruft es heraus. Sie werden auch die Reaktionen Ihrer Mitmenschen eher ermessen und voraussehen können. Entsprechende Prognosen können Sie für Ihre Zusammenarbeit in der Zukunft geben. Und wenn Sie eine neue Beziehung eingehen, erkennen Sie schnell, ob Sie es mit einem Übermächtigen zu tun haben oder mit jemandem, der einen Fürsorglichen auf der Bühne hat.

Je mehr wir selbst in unserer Mitte sind, desto mehr Selbstsicherheit und Ausstrahlung haben wir und desto mehr Menschen können wir auf unseren Weg einladen. Denn Ausstrahlung strahlt aus und zieht an. Der Psychotherapeut Erik Erikson hat in seiner achtstufigen Entwicklungstheorie für den erwachsenen Menschen die Reifestufe der Generativität herausgearbeitet, im Gegensatz zu Stagnation. Der stagnierende Mensch kümmert sich seiner Ansicht nach nur um sich selbst, der generative aber verbreitet seine Erfahrungen, gibt sein Wissen weiter, verströmt seine Liebe in sozialem Engagement, ohne sich dabei selbst zu vergessen. Er strahlt Selbstbewusstsein aus und Vertrauen ins Leben. Er will die Welt weiterbringen.

Da gilt es zu überlegen, wie man neue Konzepte realisieren kann, um Anspannung aus der Kleinfamilie und der Partnerschaft herauszunehmen, die alles zu leisten hat, was früher ein ganzes Dorf leistete: „Es braucht ein ganzes Dorf, um ein Kind aufzuziehen.“ Und da ist noch nichts darüber gesagt, was Liebespaare und Eltern an Unterstützung brauchen, um ihr persönliches Wachstum, das Wachstum der Beziehung und das Heranreifen der Kinder leisten zu können. In den verschiedenen Kapiteln gab es immer wieder Vergleiche mit anderen Kulturen. Es ist lehrreich und inspirierend, sich damit zu beschäftigen, wie andere Völker das Zusammenleben und das Vermitteln von Lebenssinn meistern. Der afghanische Sufimeister Omar Ali-Shah erzählte, dass früher in seiner Heimat ein Dieb peinlich befragt wurde, weshalb er gestohlen habe. Stellte sich heraus, dass er es aus Habgier getan hatte, so wurde er bestraft. Stellte sich heraus, dass er es aus Not getan hatte, wurde seine Dorfgemeinschaft bestraft, die es ihm nicht ermöglicht hat, sein Auskommen auf ehrliche Weise zu erwerben. Bei den Dagara in Burkina Faso geht kein Mensch der Gemeinschaft verloren, denn sie sind davon überzeugt, dass jeder einzelne eine Lebensaufgabe hat, die er zum Wohle aller einbringen wird. Eine Aufgabe, die er schon mitbringt, wenn er geboren wird. Sie wird ihm nicht von den Eltern oder vom Staat gegeben. Die Gemeinschaft des Dorfes ist dafür da, ihn zu unterstützen. Ebenso ist die Gemeinschaft dafür da, die Kinder aller aufzuziehen und Konflikte zu schlichten. Nicht wie bei uns, wo Paare ihre Konflikte hinter zugezogenen Gardinen austragen. Nach allem, was wir nun über die Spieler unserer Commedia della Vita und unsere Fähigkeit beziehungsweise Unfähigkeit, die Bühne ständig umzubauen, wissen, leuchtet uns das ein. Wenn ich in einem anhaltenden Konflikt mit meinem Mann bin, dann lauern meine entsprechenden Spieler ständig hinterm Bühnenvorhang und mischen in jeder Situation am Arbeitsplatz oder mit Freunden irgendwie mit. Das Zusammenleben der Dagara ist deshalb sehr verantwortungsvoll strukturiert. In regelmäßigen Abständen gibt es Treffen und Aussprachen und für akute Konfliktfälle ein klares Prozedere, wie vorzugehen ist. Wo wir Streit und Konflikt noch immer mit dem Stempel „Versagen" belegen, haben die Menschen dort erkannt, dass Konflikt Wachstum impliziert. Und sie freuen sich darauf, wenn sie gemeinsam einen Konflikt lösen dürfen.

Es macht Sinn, darüber nachzudenken, wie wir aus der Vereinzelung heraus wieder in ein Gemeinschaftsleben finden. Die kanadischen Indianer der Huronen lebten zum Beispiel zu mehreren Familien in einem Haus und organisierten die Arbeiten gemeinsam. Es gibt viele interessante Konzepte.

Wir können uns also mutig nach neuen Lösungen umsehen.

Anhang

Ergänzende Spielerliste der Commedia della Vita

	13.	14.
Empore Ungesunder Bereich, weil diese Aspekte stark ausgeprägt gelebt und angespannt werden.	**Lüstling** Sie springen von einem sexuellen Abenteuer zum nächsten. Auf diese Weise versuchen sie, die eigene innere Leere aufzufüllen. Sie sind beziehungsunfähig. *Don Juan*	**Bauchmensch** Sie sind sinnlich, bauchgesteuert, körperbetont. Sie demonstrieren ihre Körperlichkeit spaßig, kindisch, frivol, obszön bis exhibitionistisch, manchmal närrisch und komisch. *Tiermensch, Baubo, Kasperle*
Bühne Positive Spieler und positive Gegenspieler: Gesunder, entspannter Bereich	**Sinnlicher** Sie sind sexuell aktiv und bekennen sich zu ihren Bedürfnissen. **Verhaltener** Sie sind sexuell zurückhaltend und fühlen sich schüchtern. Ihr Körper ist ihnen nicht ganz so selbstverständlich.	**Körperorientierter** Sie leben ihre Körperlichkeit unbefangen und sind in ihrem Körper zu Hause. Sie pflegen und trainieren ihren Körper. Sie sind lebenslustig und spontan und haben Sinn für Situationskomik. **Verstandesorientierter** Sie haben einen stark ausgeprägten Intellekt. Ihr Geist steht an erster Stelle vor dem Körper. Sie verstehen sich auf den hintersinnigen Witz und Wortspielerei.
Theaterkeller Ungesunder Bereich, weil diese Aspekte unterdrückt werden.	**Enthaltsamer** Sie leben von ihrem Körper abgespalten. Erotik und Sexualität sind ihnen peinlich oder werden völlig abgelehnt. *Mönch, Nonne*	**Kopfgesteuerter** Sie leben ein Stück von ihrem Körper entfernt und kennen ihre Körperbedürfnisse kaum. Sie werden stark vom Intellekt gesteuert. *Kopffüßler, Hirnmensch*

15.	16.	
Schwätzer Sie sind sehr redselig, können dabei auch gelehrig sein. Sie machen viele Worte, um einen Sachverhalt zu erklären. Dabei haben sie Angst, die eigenen Worte könnten kein Gewicht haben. Sie fürchten die Gesprächspause, in der der andere zum Nachdenken kommt. Er könnte ja etwas Unvorteilhaftes über sie denken. *Dottore, Volksredner*	**Abenteurer** Sie sind süchtig nach Nervenkitzel und Abenteuer. Sie suchen die waghalsigen Herausforderungen. Neugier ist wichtiger als Sicherheit. *Draufgänger, Waghalsiger*	**Theaterkeller** Ungesunder Bereich, weil diese Aspekte unterdrückt werden.
Unterhalter Sie sind unterhaltsame Zeitgenossen mit der Neigung, viele Worte zu machen. Sie fühlen sich lebendig, wenn sie Zuhörer haben. **Zuhörer** Sie sind pointiert und knapp und geben dadurch sich und anderen Raum, um nachzudenken.	**Mutiger/Neugieriger** Sie sind bereit, etwas zu wagen, um Arbeitserfolg, Lustgewinn, Beziehungserfolg zu erleben, wenn es lohnend erscheint. **Vorsichtiger** Sie wägen lange ab, ob die Risiken vertretbar sind, und gehen lieber auf Nummer Sicher.	**Bühne** Positive Spieler und positive Gegenspieler: Gesunder, entspannter Bereich
Verschlossener Sie halten sich und ihr Erleben für uninteressant. Oder sie verstehen sich nicht auf Smalltalk. Sie haben möglicherweise ein tiefes Wissen, das sie nicht teilen können. Sie unterbewerten ihr Wissen und ihren Unterhaltungswert. *Lippenbeißer*	**Ängstlicher** Sie sammeln Versicherungspolicen. Sicherheit ist ihnen wichtiger als Neugier. Sie erleben lieber nichts, als dass sie etwas Neues ausprobieren und sich dabei eventuell auf ein Risiko einlassen. *Hasenfuß*	**Empore** Ungesunder Bereich, weil diese Aspekte stark ausgeprägt gelebt und angespannt werden.

Abb. 7a: Ergänzende Spielerliste

	17.	18.
Empore Ungesunder Bereich, weil diese Aspekte stark ausgeprägt gelebt und angespannt werden.	**Pedant** Sie sind übergenau auch in unwichtigen Einzelheiten. Ihnen geht es nicht um die Vollkommenheit des Ergebnisses, sondern um die Einhaltung des Prozedere und der Vorschriften. *Krümelkrämer*	**Menschenfeind** Sie sind Einzelgänger, die ohne Rücksicht auf Verluste ihre Meinung als Wahrheit kundtun. Dabei halten sie andere für falsch, die nicht so sind. Sie machen sich unbeliebt und können zu Menschenhassern werden. *Misanthrop, Wahrheitsverkünder*
Bühne Positive Spieler und positive Gegenspieler: Gesunder, entspannter Bereich	**Ordnungsliebender** Alles wird daran gesetzt, Fehler zu vermeiden. Sie sind genau auch im Detail. Sie ordnen und prüfen zuverlässig. **Kreativer** In kreativer Unordnung fühlen sie sich wie ein Fisch im Wasser. Die Vielfalt und Gleichzeitigkeit inspiriert sie.	**Aufrichtiger** Diese nüchtern-ehrlichen Menschen sagen was gesagt werden muss, nicht unhöflich aber ehrlich, wenn man sie um ihre Meinung fragt. Sie kennzeichnen ihre Aussagen auch als ihre Meinung, nicht als absolute Wahrheit. Komplimente machen sie kaum. **Schönredner** Sie geben den Menschen, was diese brauchen – Lob, Motivation und Anerkennung. Dabei bleiben sie immer wahrhaftig. Sie machen sich dadurch auch beliebt, aber das ist nicht ihr erster Antrieb.
Theaterkeller Ungesunder Bereich, weil diese Aspekte unterdrückt werden.	**Chaot** Sie bekommen keine Struktur in die Dinge und bringen nur schwer etwas zum Ziel. *Tutti Frutti*	**Heuchler** Sie sagen den Menschen, was sie zu hören wünschen, um sie sich gewogen zu machen. Dabei machen sie Komplimente, die sie selbst nicht glauben, um die anderen zu umgarnen. Oder, um sie für ihre Zwecke einzuspannen.

19.	20.	
Teufelchen Sie spielen anderen gerne übel mit. Sie sind verschlagen und intelligente Lügner. Sie haben diebische Freude daran, wenn der andere in die Grube fällt. *Scapin*	**Beschützer** Ratschläge werden ungefragt erteilt, und wer in Reichweite der Flügel kommt, wird zum Küken degradiert, behütet und bemuttert. Damit behindern sie die Entwicklung ihrer Schützlinge. Sie verschaffen sich dadurch vermeintlich Lebenssinn. *Glucke und Huderer*	**Theaterkeller** Ungesunder Bereich, weil diese Aspekte unterdrückt werden.
Opportunist Hohe Werte wie Wahrheit und Gerechtigkeit können dem eigenen Vorteil geopfert werden. Sie verschonen die Welt vor unangenehmer Wahrheit, auch zum eigenen Vorteil. **Gutmensch** Sie sind ehrlich und wahrheitsliebend. Sie gehen dafür auch ein persönliches Risiko ein. Sie haben dabei das Gemeinwohl im Auge.	**Fürsorglicher** Sie nähren und vermitteln Geborgenheit, wie ideale Großeltern. Sie bewahren die Weisheit und geben sie dosiert weiter. Sie sind damit sehr wichtig für ihr Umfeld, ohne sich selbst über Gebühr wichtig zu nehmen. *Großeltern* **Selbstbezogener** Sie sind sehr mit sich selbst beschäftigt und mit der eigenen Lebensbewältigung. In ihrer Besorgnis um sich selbst und die vielen Tätigkeiten, um ihr Leben zu organisieren, neigen sie zum Einzelkämpfertum.	**Bühne** Positive Spieler und positive Gegenspieler: Gesunder, entspannter Bereich
Engelchen Zwanghaft sind sie darauf aus, gut zu sein. Sie sind immer auf der Seite der Schwachen und prangern deren ungerechte Behandlung an, ohne ganz genau die Sachlage zu überprüfen. Es ist ihnen wichtig, dass ihr Gutsein auch wahrgenommen wird.	**Egonaut** Sie interessieren sich nicht für andere. Mitmenschen werden vernachlässigt und sogar missachtet. Sie sind ausgeprägte Einzelkämpfer und meinen, jede Krise alleine meistern zu müssen. Sie teilen sich nicht mit und laden andere nicht ein, sich mitzuteilen.	**Empore** Ungesunder Bereich, weil diese Aspekte stark ausgeprägt gelebt und angespannt werden.

Abb. 7b: Ergänzende Spielerliste

	21.	22.
Empore Ungesunder Bereich, weil diese Aspekte stark ausgeprägt gelebt und angespannt werden.	**Spärlicher** Sie gehen kärglich mit sich und anderen um und klagen über ihr Schicksal. Wenn es sein muss, schenken sie lieber, als Geschenke zu bekommen. Sie halten sich nicht für wert, beschenkt zu werden, und fürchten, Gegenleistungen erbringen zu müssen. *Knapser, Knappsack, Armutsdenker*	**Wüterich** Sobald sie sich ihrer eigenen Verletzlichkeit bewusst werden oder wenn sie sich beschämt fühlen, überdecken sie dieses Gefühl mit Aggression und Imponiergehabe. Sie fahren aus der Haut, laufen rot an, schreien und poltern. *Dampfhammer*
Bühne Positive Spieler und positive Gegenspieler: Gesunder, entspannter Bereich	**Bescheidener** Sie kommen mit wenig zurecht. Sie klagen nicht, es erfüllt sie mit leichtem Stolz, dass sie auf so vieles verzichten können. **Genießer** Sie müssen nicht wirklich wohlhabend sein und dennoch leben sie in Fülle und verströmen Üppigkeit. Sie verstehen es, einfache Speisen genussvoll zu gestalten, einfaches Inventar und einfache Kleidung reich erscheinen zu lassen, und verwöhnen sich und andere auf diese Weise oft und gerne.	**Verärgerter** Eigene Schwächen und die Fehler anderer machen sie ärgerlich, insbesondere wenn man sie beleidigt. **Verletzter** Werden ihre Schwächen oder Fehler angeprangert, fühlen sie sich verletzt. Ebenso schmerzend erleben sie Beleidigungen.
Theaterkeller Ungesunder Bereich, weil diese Aspekte unterdrückt werden.	**Schlemmer** Ihr Lebensstil zeigt Überfluss und Luxus bis zur Verschwendung.Sie verwöhnen sich selbst. Für ihren Selbstwert und um vor anderen zu glänzen, müssen es teure Genüsse sein und exklusive Marken. *Lukullus*	**Beschämter** Werden sie beleidigt oder verletzt, fühlen sie Scham. Beschämung lässt sie äußerlich erstarren. Sie wehren sich nicht, lassen es über sich ergehen, auch wenn sie innerlich zerfließen. Sie erfrieren in ihrer Scham. *Amboss*

23.	24.	
Mitleidiger Je größer das Leid der anderen ist, desto mehr können sie darüber jammern. Ihr Mitleid ist auf sich selbst, nicht auf die notleidende Person bezogen. Sie leiden in Wahrheit die Not, dass es ihnen auch so gehen könne.	**Leidenschaftlicher** Sie stürzen sich und die von ihnen Erwählten in verbrennende Leidenschaft. Sie ertragen keine Distanz und suchen die völlige Verschmelzung in einer Symbiose. *Vulkan*	**Theaterkeller** Ungesunder Bereich, weil diese Aspekte unterdrückt werden.
Mitfühlender Sie spüren genau, was die anderen empfinden, und fühlen mit. Es gelingt ihnen, dabei einen gesunden Abstand zu wahren und gegebenenfalls entsprechende Hilfe anzubieten. **Gerechter** Ereignisse werden von ihnen als Folge von Ursachen und Wirkungen wahrgenommen. Sie gehen davon aus, dass „jeder seines Glückes Schmied ist" und damit die entsprechenden Herausforderungen gestellt bekommt.	**Liebender** Sie sind mit sich und der Welt im Einklang. Sie können Liebe schenken und empfangen. Sie suchen eher Nähe als Distanz. Sie kümmern sich um andere, ohne deshalb die eigenen Bedürfnisse zu stark zu vernachlässigen. **Liebessuchender** Sie sind auf der Suche nach sich selbst und nach dem Du. Sie sind offen zu lernen. Das richtige Maß von Nähe und Distanz stellt große Herausforderungen an sie. Sie bleiben lieber etwas auf Distanz und geben etwas weniger Liebe als sie fordern.	**Bühne** Positive Spieler und positive Gegenspieler: Gesunder, entspannter Bereich
Schadenfreudiger Sie freuen sich, fühlen sich größer, wenn andere Schaden erleiden. Besonders, wenn sie sich ungerecht behandelt fühlen, neigen sie zu Verwünschungen und Rachegefühlen. *Spottdrossel*	**Gefühlloser** Innerlich erfroren können sie weder Liebe geben noch empfangen. Es braucht viel beständige Wärme, um den Eispanzer aufzutauen. *Eiskönig / Eiskönigin*	**Empore** Ungesunder Bereich, weil diese Aspekte stark ausgeprägt gelebt und angespannt werden.

Abb. 7c: Ergänzende Spielerliste

	25.	Bei Männern: 26.
Empore Ungesunder Bereich, weil diese Aspekte stark ausgeprägt gelebt und angespannt werden.	**Schmeichler** Sie sind gewohnheitsmäßig freundlich. Übertrieben nett, aus Angst abgelehnt zu werden. Diese übertriebene Freundlichkeit ist anstrengend für alle. *Sickly Sweet*	**Macho** Sie tun viel, um männlich zu erscheinen. Sie versuchen dem Rollenbild möglichst perfekt zu entsprechen und sind laut, breitbeinig, bestimmend. Sie glauben Frauen unterlegen oder schlecht behandeln zu müssen und sind beziehungsunfähig. *Platzhirsch*
Bühne Positive Spieler und positive Gegenspieler: Gesunder, entspannter Bereich	**Freundlicher** Sie gewinnen dem Leben die schönen Seiten ab. Und sie strahlen Freundlichkeit aus. Offen gehen sie auf die Mitmenschen zu. **Nörgler** Ihr Wissen, dass sie ihre Mitmenschen enttäuschen können, macht sie vorsichtig. Sie neigen dazu, die kleinen Ungereimtheiten des Lebens und der Mitmenschen zu betonen, was sie nörglerisch erscheinen lässt.	**Integrierte Männlichkeit** Sie leben als integrierter Mann ihre männlichen Aspekte, ohne ihre weiblichen Aspekte zu unterdrücken. **Integrierte Weiblichkeit** Sie leben als integrierter Mann ihre weiblichen Aspekte, ohne ihre männlichen Aspekte zu unterdrücken.
Theaterkeller Ungesunder Bereich, weil diese Aspekte unterdrückt werden.	**Jammerlappen** Sie reagieren verdrießlich auf die Welt. Ihre Mitmenschen werden als Störer des persönlichen Friedens erlebt. Unvorhergesehenes und Missgeschicke werden überbetont und als Gemeinheiten des Schicksals gegen die eigene Person gewertet.	**Softi** Sie erscheinen weich. Es mangelt ihnen an Durchsetzungsvermögen. Sie können harmoniesüchtig und entscheidungsschwach sein. Sie lassen sich leicht übervorteilen und von anderen ausboten.

Bei Frauen: 27.	28.	
Superweib Sie tun sehr viel, um als tolle Frau zu gelten. Sie betonen ihre weiblichen Reize und versuchen, Männern um jeden Preis zu gefallen und weibliche Konkurrenz auszustechen. Sie erwarten, dass der Mann Macht ausübt, wollen ihn durch „Spiele" binden und sind beziehungsunfähig.	**Kindischer** Sie versuchen, ihr Leben nach dem Lustprinzip zu leben. Reagieren trotzig, wenn dem jemand Grenzen setzt. Und reagieren mit Unwillen, wenn sie zu Leistung gefordert werden. Sie sind strukturiertem Denken und Arbeiten unzugänglich. *Kindskopf*	**Theaterkeller** Ungesunder Bereich, weil diese Aspekte unterdrückt werden.
Integrierte Weiblichkeit Sie leben als integrierte Frau ihre weiblichen Aspekte, ohne ihre männlichen Aspekte unterdrücken zu müssen. **Integrierte Männlichkeit** Sie leben als integrierte Frau ihre männlichen Aspekte, ohne ihre weiblichen Aspekte unterdrücken zu müssen.	**Verspielter** Sie leben ihre Spontanität, Lebensfreude und ihre Gefühle. Sie sind neugierig, vielseitig interessiert, erfindungsreich, probieren Neues aus, sind zugewandt und positiv. In der Psychologie sagt man, sie leben ihre kindlichen Aspekte. **Analytiker** Sie untersuchen die Dinge, wie sie wirklich sind. Sie stellen die entsprechenden sachlichen Fragen, denken strukturiert und logisch. Sie planen, organisieren und hinterfragen, um völlige Klarheit zu bekommen. In der Psychologie sagt man, sie handeln erwachsen.	**Bühne** Positive Spieler und positive Gegenspieler: Gesunder, entspannter Bereich
Revolver-Jenny Sie lehnen ihre weiblichen Aspekte eher ab. Sie haben die Hosen an und zeigen den Männern, wo es lang geht. Ihr Aussehen ist ihnen unwichtig, wichtig ist ihr Können. Sie sind Männern oft auch in typischen Männerberufen überlegen. Frauen vom Typ Superweib nehmen sie nicht ernst.	**Belehrender** Sie versuchen alles mit Logik zu erschlagen. Sie glauben, alles wissen zu müssen, das macht sie rechthaberisch. Sie fragen nicht nach. Sie erstarren, weil ihnen Kreativität, Gefühle und Spontanität fehlen. *Oberlehrer.*	**Empore** Ungesunder Bereich, weil diese Aspekte stark ausgeprägt gelebt und angespannt werden.

Abb. 7d: Ergänzende Spielerliste

Begriffserklärungen

Antipode: Gegenspieler

Ausbeutungsspiele: Im Umgang miteinander bringen wir uns immer wieder in gegenseitige Abhängigkeiten. Meist finden sich in diesen Abhängigkeiten Retter, Opfer und Verfolger in einem Dramadreieck zusammen. Sie zeigen Interaktionsmuster, die gewisse Regeln haben, deshalb spricht man von Spielen. Da sie für alle Beteiligten schädlich sind, nenne ich sie Ausbeutungsspiele.

Bewusstes-Ich: Außerhalb der Bühne befindliche Instanz, die als Regisseur das Skript Ihrer Commedia della Vita schreibt, Emporenspieler entspannt und Kellerasseln auf die Bühne holt.

Bühne: Der Ort, wo sich die Spieler Ihrer Commedia della Vita idealerweise alle aufhalten sollten, um abwechselnd und gemäß dem vom Regisseur vorgegebenen Skript ihre Rollen zu spielen. Im gesunden Bereich sind die Gummibänder zwischen den gegensätzlichen Spielern entspannt. Damit können die Spieler tolerant und humorvoll sein.

Bühnenspieler: Spieler, die sich im gesunden Bereich der Bühne bewegen. Sie können ein großes oder auch sehr kleines Skript haben.

Commedia dell'arte: Im 16. Jahrhundert in Italien entstandenes Maskenspiel mit festgelegten holzschnitthaften Charakteren, die mit ihrem Spiel die Zeitgenossen belustigten und zur Selbstreflexion einluden.

Commedia della Vita: Stücke des persönlichen Lebens, die idealerweise nach einem Skript des Regisseurs gespielt, oft aber nach den Vorstellungen der Emporenspieler inszeniert werden.

Dissoziierte Selbstbeobachtung: Ein bisschen neben sich stehen, um sich selbst zusehen zu können; sozusagen als Regisseur im Theatersessel sitzen und sich selbst auf der Bühne agieren sehen.

Dualistisches Denken: Einteilen aller Dinge in positiv/negativ, gut/böse. Das bedeutet werten und urteilen.

Dramadreieck: Zwei oder drei Menschen oder Gruppen geraten durch ihr Verhalten in eine negative Beziehung zueinander – in ein Dramadreieck. Sie nehmen dabei die Rollen des Verfolgers, Opfers und Retters an.

Erlaubnisscheine, Erlaubnisse: Nach dem Modell des Permeagramms funktioniert Persönlichkeitsentwicklung und die Verbesserung von Beziehungen in hohem Maße darüber, dass man angespannte Persönlichkeitsaspekte/Spieler entspannt, indem man sich selbst Erlaubnisscheine oder Erlaubnisse ausstellt.

Erlaubnissätze: Wachstumsfördernde Umkehrungen von geheimen Familienregeln.

Empore: Sie befindet sich über der Bühne, dort halten sich besonders stark ausgeprägte Spieler auf, um von dort aus die Szene zu beherrschen. Es ist der angespannte und damit ungesunde Bereich.

Emporenspieler: Sehr stark ausgeprägte, angespannte Spieler der Commedia della Vita, die sich aus dem gesunden Bereich der Bühne hinauf auf die Empore entwickelt haben. Sie haben angespannte Gummibänder, die sie mit ihrem jeweiligen Gegenspieler verbinden, der sich im Theaterkeller als Kellerassel befindet. Diese Anspannung und die Angst, dass Kellerasseln plötzlich aus dem Theaterkeller hervorspringen, macht sie intolerant, unnachgiebig, hart, kontrollierend, beherrschend und humorlos.

Geheime Familienregeln: Glaubenssätze, Redewendungen, Einstellungen zur Welt und zu sich selbst, die in der Ursprungsfamilie gelebt wurden und die man ungeprüft und unbewusst in sich aufgenommen hat.

Gesunder Bereich: siehe Bühne

Glaubenssätze: Zur Wahrheit erhobene Behauptungen, die man bewusst oder unbewusst von irgendwo übernommen oder selbst postuliert hat.

Gummiband: Verbindung zwischen zwei gegensätzlichen Spielern. Wenn das Gummiband locker ist, sind die Spieler im gesunden Bereich der Bühne. Ist das Gummiband angespannt, befindet sich je ein Spieler auf der Empore und einer im Theaterkeller.

Individuelle Prägungen: Jeder Mensch hat eine eigene Geschichte, eigene Erlebnisse, die ihn prägen.

Initiation: Einweihung. Überall auf der Welt gab es Einweihungen in die verschiedenen Lebensabschnitte. Die wichtigsten sind Geburt, Pubertät, Familienstand, Ältestenrat, Tod. Die Ältesten weihten die Nachkommenden ein. Es gab Rituale, Prüfungen, Weihungen und Belehrungen. Das diente dem Einzelnen, um sein Permeagramm entsprechend umzubauen, die nötigen Kenntnisse zu erwerben, Abschied von der früheren Phase zu nehmen und sich zugehörig zur neuen Aufgabe und zur neuen Gemeinschaft fühlen zu können. Damit diente es auch der Gruppe.

Intrinsische Motivation: Sich für eine Sache/Arbeit begeistern, weil sie selbst interessante Aspekte bietet, nicht weil dahinter eine Belohnung steht. Interessant, anregend, begeisternd ist auf jeden Fall alles, was die Urbedürfnisse des Menschen anspricht.

Kellerasseln: Verdrängte Persönlichkeitsaspekte, die im Kellerverlies ein Gefangenendasein fristen.

Kollektive Prägungen: Jeder Mensch wird von seiner Erziehung geprägt. Menschen mit gleichen kulturellen Vorbedingungen haben einige vergleichbare Prägungen, wie z.B. Religion, Umgang zwischen Mann und Frau etc.

Pakete, schwere: All das, was wir an Vorerfahrungen, Prägungen (geheimen Familienregeln), Glaubenssätzen, Erwartungen und Verletzungen unbewusst mit in eine Beziehung bringen.

Pakete, fremde: Schmerzhafte Erlebnisse und verletzende Prägungen, die wir unbewusst mit in die Beziehung bringen. Sie können in der Beziehung nicht gelöst werden, aber viele Konflikte und viel Schmerz in die Beziehung bringen. Deshalb müssen sie „rausgestellt" werden.

Permeagramm: Bauplan der Psyche. Modell, das die Persönlichkeitsaspekte und ihre Gegensätze in einem Diagramm abbildet, das zeigt, wie ausgeprägt sie jeweils sind. Von „perméabel" = durchlässig und „permanent" = dauerhaft. Das heißt, kein Aspekt kann gänzlich abgelegt, nur verdrängt werden. Auch „permettre/permission" = Erlaubnis. Über Erlaubnisse entspannt man sein Permeagramm.

Regisseur: siehe Bewusstes-Ich

Regiestuhl: Platz des Regisseurs außerhalb der Bühne, von wo aus er Einfluss auf die Commedia della Vita nimmt. Auf die Spielerbesetzung und auf das Skript. Regiestuhl = Innenschau auf Spieler und ihr Agieren, Reflexion auf die Wirkung und Einflussnahme auf das Skript.

Persönlichkeit: Setzt sich aus den gelebten Persönlichkeitsaspekten zusammen, entwickelt sich mit der Zeit und wird auch von verdrängten Persönlichkeitsaspekten beeinflusst.

Skript: Anweisungen für die Spieler. Hier interessieren besonders die unbewussten Prägungen, wie die geheimen Familienregeln, die ins Skript übernommen wurden und nun als Anweisungen für die Spieler fungieren und in vielen Fällen den Lebenserfolg verhindern.

Spielertruppe der Commedia della Vita: Individuelle Spielertruppe jedes einzelnen Menschen. Sie enthält eine Vielzahl von Persönlichkeitsaspekten, die sich je nach Situation auf der Bühne, Empore oder im Theaterkeller befinden.

Theater: Der Spielort der Commedia della Vita ist das Theater mit seinen Bereichen: Bühne, Empore und Theaterkeller.

Theatersessel: Beobachtersessel, den eine Person in ihrer Vorstellung einnimmt, um sich selbst und die Mitmenschen in einem Blick von außen in ihrem Handeln zu beobachten.

Theaterkeller: Ort der Verbannung. Die Gegenspieler der Emporenspieler werden hier als Kellerasseln oder Gefangene festgehalten und am Mitspielen gehindert. Sie sollen möglichst ganz vergessen werden.

Überlebenswille und Verletzlichkeit: Motor, der das individuelle Permeagramm in Ausprägung bringt. Verletzlichkeit wird vom Neugeborenen sehr schnell empfunden aufgrund der Hilflosigkeit, in der sich ein Säugling befindet. Angeboren ist der Überlebenswille. Innerhalb dieses Spannungsfelds bildet sich das individuelle Permeagramm aus.

Urbedürfnisse: Psychische Bedürfnisse, die zur Natur des Menschen gehören. Sie können nicht abgelegt, nur unterdrückt oder kompensiert werden. Eine Nichtbefriedigung über lange Zeit führt zu seelischer Verkümmerung.

Auflösung zum Test: Finden Sie Ihren Emporenspieler (aus Kapitel 3)

E = Emporenspieler, **K** = Kellerassel

1a E: Perfektionist, K: Versager
1b E: Versager, K: Perfektionist
2a E: Schwerarbeiter, K: Luftikus
2b E: Luftikus, K: Schwerarbeiter
3a E: Notorischer Helfer, K: Hilfloser
3b E: Hilfloser, K: Notorischer Helfer
4a E: Neider, K: Naiver
4b E: Naiver, K: Neider
5a E: Geiziger, K: Habenichts
5b E: Habenichts, K: Geiziger
6a E: Kritiksüchtiger, K: Wegseher
6b E: Wegseher, K: Kritiksüchtiger
7a E: Selbstabwerter, K: Angeber
7b E: Angeber, K: Selbstabwerter
8a E: Selbstantreiber, K: Faulenzer
8b E: Faulenzer, K: Selbstantreiber
9a E: Vielharmoniker, K: Kämpfer
9b E: Kämpfer, K: Vielharmoniker
10a E: Nutznießer, K: Phantast
10b E: Phantast, K: Nutznießer
11a E: Übermächtiger, K: Ohnmächtiger
11b E: Ohnmächtiger, K: Übermächtiger
12a E: Schwarzseher, K: Schönbeter
12b E: Schönbeter, K: Schwarzseher

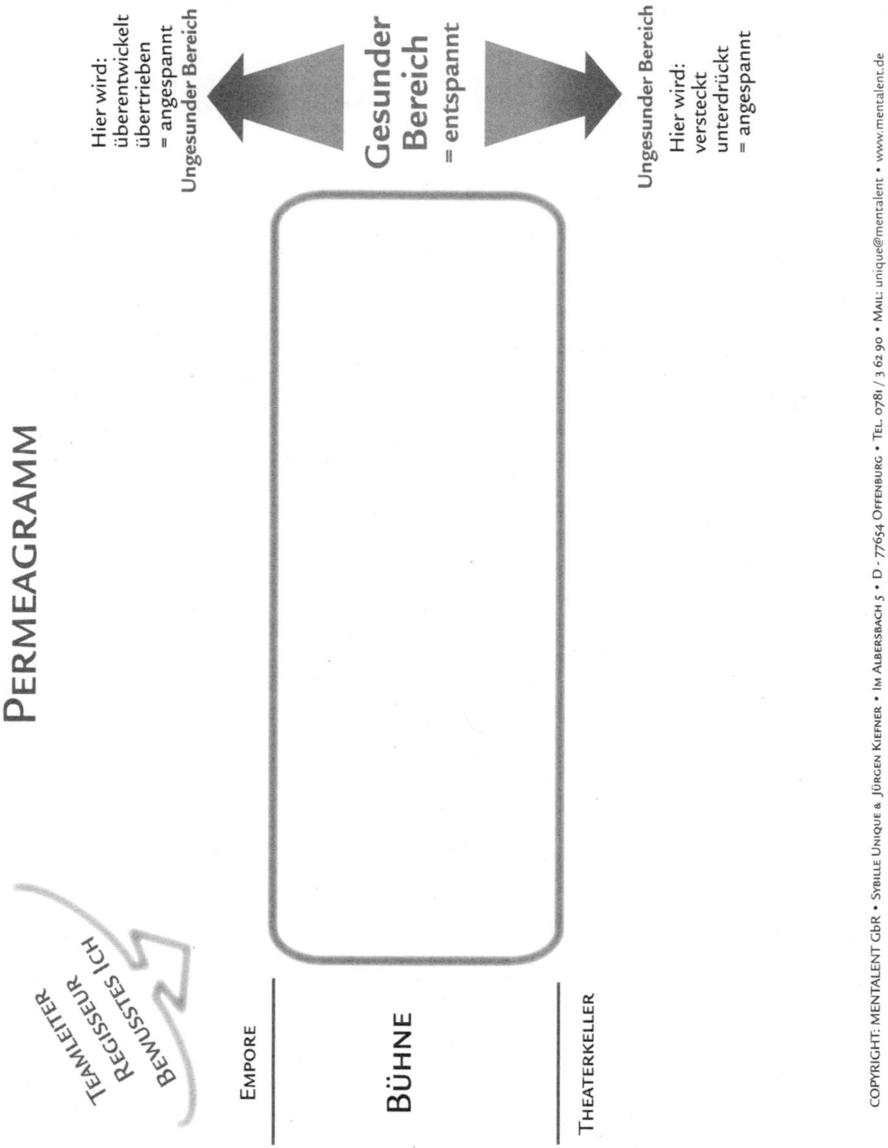

Abb 8: Permeagramm zum Selberausfüllen

Quellennachweis

Eric Berne, Spiele der Erwachsenen, Reinbek/Hamburg 1970

Eric Berne, Sprechstunde für die Seele, Reinbek/Hamburg 1970

Sarah Blaffer Hrdy, Mutter Natur, Berlin 2000

R. Bosselmann, E. Lüffe-Leonhardt, M. Gellert, Variationen des Psychodramas, Kiel 1996

Pierre Bourdieu, Die männliche Herrschaft, Frankfurt 2005

Joseph Campbell, Die Kraft der Mythen, Zürich/München 1994

Victor Chu, Scham und Leidenschaft, Zürich 1994

R.B. Dilts, Identität, Glaubenssysteme und Gesundheit, Paderborn 1991

Vitus B. Dröscher, König Salomons Ring – Geschichten aus dem Reich der Tiere, München 1999

Piero Ferrucci, Werde was du bist, Selbstverwirklichung durch Psychosynthese, Reinbek/Hamburg 2002

Viktor E. Frankl, Das Leiden am sinnlosen Leben, Freiburg 1992

Erich Fromm, Die Kunst des Liebens, Frankfurt 1976

Erich Fromm, Die Seele des Menschen, Frankfurt 1981

Erich Fromm, Vom Haben zum Sein, München, 1989

Shakti Gawain, Leben im Licht, München 2001

Eugene T. Gendlin, Focusing, Selbsthilfe bei der Lösung persönlicher Probleme, Reinbek/Hamburg 2001

Eugene T. Gendlin, Focusing-orientierte Psychotherapie, München 1998

Heide Göttner-Abendroth, Moderne Matriarchatsforschung, Ihre Ergebnisse und ihre Aktualität, Vortrag Kongresszentrum Karlsruhe 2008

Arno Gruen, Der Verrat am Selbst, München 2002

Thich Nhat Hanh, Das Wunder des bewussten Atems, Zürich 1989

Thomas A. Harris, I am o.k. you are o.k., New York 1969

Frederik Hetmann, Eulenruf und Geistertanz, Frankfurt 1982

Nikolai Gogol, Die toten Seelen, Stuttgart 1988

Prof. Dr. Rupert Lay, Führen durch das Wort, München 1989

Jack Kornfield, Frag den Buddha und geh den Weg des Herzens, München 1993

Ronald D. Laing, Das geteilte Selbst, Hamburg 1976

Stephen Levine, Noch ein Jahr zu leben, Hamburg 1999

Abraham H. Maslow, Motivation und Persönlichkeit, Reinbek/Hamburg 2002

Erich Neumann, Ursprungsgeschichte des Bewusstseins, Frankfurt 1984

Joseph O'Connor, John Seymour, Neurolinguistisches Programmieren: Gelungene Kommunikation u. persönliche Entfaltung, Freiburg 1992

Christiane Olivier, Jokastes Kinder, München 1989

Karl Riha, Commedia dell'arte, Frankfurt 1980

Laura Romano, Sumarah, Rom und Heuzert 2004

Virginia Satir, Kommunikation Selbstwert Kongruenz, Paderborn 1992

Peter Schellenbaum, Abschied von der Selbstzerstörung, München 1990

Wolfgang Schmidbauer, Du verstehst mich nicht. Die Semantik der Geschlechter, Hamburg 1991

Martina Schmidt-Tanger, Veränderungs-Coaching NLP im Changemanagement, Paderborn 1998

Friedemann Schulz von Thun, Miteinander Reden, Das „Innere Team" und situationsgerechte Kommunikation, Reinbek/Hamburg 1998

Friedemann Schulz von Thun, Miteinander Reden, Kommunikationspsychologie für Führungskräfte, Reinbek/Hamburg 2003

Marjorie Shostak, Nisa erzählt. Das Leben einer Nomadenfrau in Afrika, Hamburg 1982

Malidoma Patrice Somé, Die Weisheit Afrikas, Kreuzlingen/München 2002

Sobonfu E. Somé, Rituale für ein anderes Miteinander, New York 1997, Berlin 2007

Hal and Sidra Stone, Embracing our Selves, The Voice Dialogue Manual, Mariana Del Rey 1985

Hal und Sidra Stone, Du bist viele, München 2000

Paul Watzlawick, Anleitung zum Unglücklichsein, München 1988

Michael Winterhoff, Warum unsere Kinder Tyrannen werden – oder die Abschaffung der Kindheit, Gütersloh 2008

Artho S. Wittemann, Die Intelligenz der Psyche, München 2000

Erfahrungen von Anwendern des Permeagramms

Als ich in einem Seminar das Permeagramm kennenlernte, war ich überrascht, einen anschaulichen Bauplan der menschlichen Psyche zu erhalten, der überdies praxistauglich ist. Mir wurden meine eigenen Aspekte bewusster und ich kann seither Kollegen und Mitarbeiter besser einschätzen. Viele Konflikte kommen dadurch gar nicht mehr auf, oder lassen sich schneller und konstruktiver lösen. Es war mir auch ein Anliegen, dass meine Mitarbeiter lernen, diese Methode anzuwenden, um durch eine verbesserte Kommunikation die Stimmung und den Unternehmenserfolg zu verbessern.

Mathias Kamolz, Managing Director,
Conergy Solar Module GmbH & CoKG

Kaum hatte ich einen Blick auf das Permeagramm geworfen, da fiel es mir wie Schuppen von den Augen – ich erkannte ganz klar, in welche „Spiele“ ich mit einzelnen Mitarbeiter/innen gezogen worden war. Mit dieser Methode kann ich nun besser erkennen, was in Menschen vorgeht, welche Bühnenspieler sie einsetzen und welches Verhalten sie in gegebenen Situationen zeigen werden. Seither findet diese unbewusste gegenseitige Manipulation immer seltener statt.

Alice Paul, Fachwirtin für Organisation
und Führung, Leiterin einer Kindertagesstätte

Es erstaunte mich, welche positive Veränderung meine Führungskräfte nach ganz wenigen Coachingstunden mit dem Modell von Sybille Unique zeigten. Sie haben eine innere Balance erlangt, die es ihnen ermöglicht, auch in schwierigen Situationen und mit komplizierten Geschäftspartnern und Kollegen den richtigen Ton anzuschlagen und konstruktive Verhandlungen zu führen. Die Reibungsverluste an Schnittstellen interner Abläufe sind praktisch nicht mehr vorhanden.

Johannes Greinacher, Managing Director,
Badische Stahlwerke Engineering GmbH

Mir gefiel die Qualität der Arbeit von Sybille Unique, daher habe ich sie um ihre Unterstützung gebeten in einem Projekt zur Annäherung der westlichen und arabischen Kulturen. Ihrer Arbeit liegt eine große Erfahrung zugrunde, die sie sammelte aufgrund der vielen Kontakte und Beziehungen, die sie auf allen Ebenen sowohl in Deutschland als auch im Ausland knüpfen konnte. Ich bin sicher, dass viele Leser, wie ich selbst, die von ihr vorgestellte Methode schätzen werden.

Hassan Bennani, Botschafter seiner Majestät
dem König von Marokko

Autorenvita

Sybille Unique, 1959 geboren, studierte Kommunikation und Kunst und wurde in Schauspiel, TaiChi und Meditation ausgebildet. Zusätzlich ist sie ausgebildet in Transaktionsanalyse, Psychodrama, Inneres Team, Initiatische Therapie nach Carlfried Graf Dürckheim und Focusing. Als Vermittlerin zwischen den Kulturen war sie in mehreren Projekten in Nordafrika tätig. Als Coach und Seminarleiterin für Gesprächsführung, Konfliktmanagement, Team- und Persönlichkeitsentwicklung arbeitet sie seit 1985 selbständig für internationale Konzerne, für mittelständische Unternehmen, Organisationen und soziale Einrichtungen. Sie ist Lehrbeauftragte an mehreren Hochschulen. Vorlesungsthemen sind: Konfliktlösung, Verhandlungstechnik, Teamentwicklung, Rollen und Mythen von Frauen und Männern.

Schwerpunkt ihrer Arbeit ist: Beziehungsmanagement in Form eines erfolgreichen und glückvollen Umgangs mit Mitmenschen und Persönlichkeitsentwicklung. Aus der jahrelangen Praxis mit dieser Thematik entwickelte sie die Methode des Permeagramms.

Adresse für Beratung, Coaching, Vorträge, Seminare:

MENTALENT GbR
Sybille Unique
Im Albersbach 5
D-77654 Offenburg
Tel: 0049 (0)781/36290
unique@mentalent.de
www.mentalent.de